원전의 세계 2 ● 최봉수 옮김

팔리경전이 들려주는

불교의 진리

불광출판부

원전의 세계 ②
팔리경전이 들려주는

불교의 진리

프롤로그

 빛의 속도로 앞을 향해 달리던 기차에서 다시 빛의 속도로 앞을 향해 공을 내던졌다고 가정해 보자. 이 때 던져진 공의 속도는 정지한 사람이 볼 때 얼마일까. 빛의 속도로 달릴 기차도 있을 수 없고 빛의 속도로 공을 내던질 사람이나 공도 원리적으로 불가능하지만, 이 물음의 핵심은 '(빛의 속도)+(빛의 속도)=(얼마)'인가하는 것이다.
 여기서 우리는 쉽사리 빛의 2배 속도를 생각해 볼 수 있다. 그것은 1+1=2라는 기본적인 수식을 우리는 철저히 바탕에 두고 있기 때문이다. 1+1=2!
 우리는 이 수식을 신앙한다. 거의 대부분이 이 수식의 문제점을 의식하지 않고 살아나간다. 그리고 살아나가는 데 있어 별다른 불편도 없다. 가히 수학적인 진리로서 받아들이는 것이다.
 그러나 불행히도 현대 물리학에 조금의 관심이라도 있는 사람은 그 답이 틀렸음을 알 것이다. 정답은 역시 '빛의 속도'일 뿐이다. 1+1=2라는 수식이 여기서는 적용되지 않고 있다. 그리고 오히려 1+1=1이 되어 버리는 모순 상황에 맞닥뜨리게 된 것이다. 1+1=2라는 수식은 현실의 좁은 범위를 살아가는 데 그냥 불편없이 사용된 편의상의 것이었을 뿐, 빛의 속도로 움직이는 존재나 우주의 끝으로 생각되는 곳이나 물질의 가장 깊은 속과 같은 궁극적인 것에는 잘 들어맞지 않는 면이 분명히 있는 것이다. 너무나도 진리인 듯하였던 1+1=2라는 기본적인 수식마저, 어떻게든 보완을 필요로 하여 결코 절대적인 진리는 되지 못하는 상황이라고 정리할 수 있다.

그런데 이런 상황은 단지 물리학자나 수학자들만의 상황은 아닌 듯하다. 우리 종교인들에게도 암시하는 바가 크다. 각각의 종교인들이 절대적으로 신앙하고 있는 자기 종교의 진리도 어떤 상황에서는 전혀 적용되지 않는 경우가 있을 것이기 때문이다. 만약 적용되지 않는 경우가 한 곳이라도 나타난다면 그것은 이미 부분적인 진리일 뿐 궁극적인 진리는 못된다. 이처럼 궁극적인 진리가 아니라면 여기에 작지 않은 문제가 예견된다. 진리가 아닌 것을, 결국 그 종교인은 진리라고 잘못 신앙하는 상황이기 때문이다.

종교에서의 잘못된 신앙은 물리학자나 수학자가 잘못된 판단을 내리는 것과는 질적으로 다르다. 종교인의 신앙은 자신의 삶과 죽음이 전제된 것이기에 그렇다. 나아가 내세(來世)라는 것이 있다면, 그 자신의 세세생생(世世生生)을 전제하는 것이기에 더욱 그러하다. 물리학자나 수학자의 잘못된 판단은 기껏 그의 한 생애에 영향을 끼칠 뿐이지만 종교인의 잘못된 신앙은 그의 영원을 못쓰게 만들 것이다.

또한 종교인의 신앙은 결코 개인에게 국한되는 것이 아니다.

언제나 대중 속으로 확산되고 만다. 반드시 다른 개인과, 그 신앙을 전제하여 합치든지 아니면 대립하고 마는 것이다. 그 범위는 가족 단위일 수도 있고 크게 국가와 국가 사이의 관계일 수도 있다. 여기서 잘못된 신앙때문에 얼마든지 큰 환난을 예견할 수 있는 것이다.

그리고 물리학자나 수학자의 잘못된 판단은 언제든지 고쳐질 수 있다. 학문의 세계란 열려있는 것이기에 그러하다. 그러나 종교인의 신앙은 잘 잘못을 가리지 않고 좀처럼 열리지 않는다. 잘못된 신앙을 폐쇄적으로 집착할 때 개인이나 그가 소속된 사회전체에는 파멸의 씨앗이 잉태되는 것이다.

따라서 우리는 너무도 겸손하고 진지한 자세로, 자신의 종교를 통해 파악한 신앙의 핵심인 '진리' 주장에 대해 검토해 봐야 한다. 신앙의 문을 활짝 열고 자연스러운 마음의 흐름을 살펴봐야 한다.

첫 걸음마를 시작하는 어린 아이의 심정으로 되돌아가 무엇이 진리일까를 다시 물어 봐야 하지 않을까 한다.

그럴 때 이 책에 실려 있는 불교의 진리 주장에 관련된 경전들은 많은 도움이 되리라고 생각한다.

먼저 첫번째, 두번째 경에서는 진리에 대한 불교의 기본 입장이 천명되고 있다. 진리 주장에 있어 결코 조급히 굴지 않는, 그리고 철저한 보편성과 타당성을 강조하는 불교라는 종교를 만날 수 있을 것이다.

그리고 세번째와 네번째 경에서는 유일신론적인 종교의 진리 주장에 대해 과감히 그 허점을 지적하면서 비판하는 것을 볼 수 있다. 어떤 수행이나 노력을 통해서도 결코 볼 수 없는 존재라면 그 존재성을 부정하는 것이 낫다라는 입장이 깔려 있다. 독자들의 생각은 어떠한지 궁금하다.

그리고 다섯째와 여섯째 경에서는 유신론 이외의 다양한 종교 및 철학사상을 소개한 뒤 비판하고 있다. 그 속에는 유물론(唯物論), 부대현상론(附帶現象論, Epiphenomenalism), 회의론, 영육이원론(靈肉二元論), 숙명론 등의 다양한 종교 사상이 소개되므로 흥미로울 것이다.

그리고 일곱째와 여덟째는 이상의 종교 및 철학사상들에 대한 종합적인 비판을 행하고 있다. 이 중 일곱째 경은 '죄악'과 '의지'에 얽힌 문제를, 이상의 사상들이 결코 타당하게 해결하지 못함을 지적하고 있다. 매우 설득력 있는 지적이라고 생각한다. 또한 여덟째 경은 당시 종교 사상을 62가지로 폭넓게 정돈하여 제시한 뒤 그들이 모두 합리적인 타당성을 결여한 채 '느낌을 말한 것에 지나지 않는다.'라고 최종적인 평가를 내린다.

끝으로 아홉째 경과 열번째 경전군은 결론적으로 불교의 진리를 우리에게 들려준다. 수행에 의한 깨달음이 불교에 있어서 진리의 내용이다. 아홉째 경은 수행을 중점적으로 설해 주는 대표적인 경이다. 그리고 열번째 경전군은 깨달음의 내용으로 12연기설(十二緣起說)을 설파하고 있다.

이상과 같이 이 책이 마무리 되거니와 이러한 내용들은 불교인뿐만 아니라 비불교인들에게도 얻는 바가 크리라고 믿는다. 그것은 불교의 개방적 성격이 열 개의 경전들 속에 모두 잘 깔려있기 때문이다. 아무쪼록 이 책을 통하여 자신의 신앙을 다시금 되돌아 보는 계기가 되었으면 한다.

이 책에 실린 경의 선별과 배열순서는 은사이신 병고(丙古) 고

익진(高翊晋) 박사님의 『한역불교근본경전의 아함경정선』을 주로 참고하였다. 스승님께 머리 숙여 감사 드린다. 그리고 원전의 세계라는 기획코너의 제2권으로 이 책『불교의 진리』를 선뜻 받아들여 준 불광출판부의 주간 송암(松庵) 스님과 편집장 남동화 씨께 고마움을 표한다. 끝으로 다음 생에도 보살의 길을 함께 걷고 싶은 송영숙 법우님께 감사하는 바이다.

불기 2537(1993)년 2월
불교원전번역연구소 이천 도량에서
최봉수 합장

차 례

프롤로그 ... 3

1. 창키 경 ... 15
   1. 창키 사제가 붓다를 찾아뵙다 ... 15
   2. 바라드바자의 질문에 대한 답 ... 23
      (1) 이것만이 진리이고 다른 것은 거짓이다 ... 24
      (2) 어느 정도에서 진리는 지켜지는가 ... 29
      (3) 어느 정도에서 진리의 깨달음이 있는가 ... 30
      (4) 어느 정도에서 진리의 획득이 있는가 ... 34
   3. 바라드바자의 귀의 ... 38

2. 사자후 경 ... 41
   1. 다른 수행자에 대한 논쟁은 공허한 것 ... 41
   2. 탐착·분노·어리석음을 떠난 자 ... 47
   3. 어떤 믿음이 바르지 못한가 ... 48
   4. 어떤 믿음이 올바른가 ... 51
   5. 밝힘 아닌 것에서 벗어난 동등하신 붓다 ... 52

3. 범천청불 경 ... 55
   1. 바카 범신의 잘못된 견해 ... 56
   2. 붓다께서 신통을 나투시다 ... 64
   3. 마신이 범신의 권속 사이에 들어가다 ... 65

4. 삼명 경 69
  1. 바셋타와 바라드바자의
    길과 길 아닌 것에 대한 대화   70
  2. 세 가지 베다에 대한 눈먼 자의 비유   73
  3. 범신과 함께 하는 곳   76
    (1) 나라에서 가장 아름다운 여인의 비유   78
    (2) 사다리의 비유   80
    (3) 아치라바티 강의 비유   82
  4. 세 가지 베다는 황야이고 손해이다   85
  5. 범신과 함께 하는 곳으로 향하는 길   87

5. 사문과 경 93
  1. 여섯 명의 다른 종교 사상가   94
  2. 왕은 지바카의 망고 동산으로 붓다를 찾아뵙다   97
  3. 수행자의 결과를 질문함   100
  4. 여섯 가지 다른 종교사상   101
    (1) 푸라나 카싸파의 사상   102
    (2) 막칼리 고살라의 사상   104
    (3) 아지타 케사캄발라의 사상   107
    (4) 파쿠다 캇차야나의 사상   108
    (5) 니간타 나타풋타의 사상   110
    (6) 산자야 벨라타풋타의 사상   112
  5. 붓다의 사상   115
    (1) 수행자의 첫번째 결과   115
    (2) 수행자의 두번째 결과   117
    (3) 수행자의 더욱 고상한 결과   119
  6. 아자타삿투 왕이 붓다의 신자가 됨   140

6. 데바다하 경 ······································· 143
  1. 괴로움의 멸진에 대한 니간타의 주장   143
  2. 결과가 없는 행동과 노력   150
  3. 결과가 있는 행동과 노력   159
    (1) 괴로움의 근거에 대한 담담히 바라봄   159
    (2) 스스로 힘겹게 노력함   161
    (3) 괴로움의 멸진으로 향하는 길을 닦는 자   162
  4. 그렇게 오신 붓다의 찬탄받는 열 가지   165

7. 나루터 경 ······································· 169

8. 범망 경 ··· 179
  1. 방랑 종교인 수피야의 이야기   179
  2. 계율   183
    (1) 짧은 계율   183
    (2) 가운데 계율   186
    (3) 긴 계율   190
  3. 잘못된 견해를 일으키는 여러 가지 근거들   194
    (1) 과거에 대한 18가지 견해   195
    (2) 미래에 대한 44가지 견해   224
  4. 이상의 견해들은
     갈애에 빠진 자들의 번민일 뿐   238
  5. 견해들은 부딪침에 기대어 일어난 것   242
  6. 견해들의 갈 곳은 둥글게 윤회하는 것   247
  7. 견해의 그물   248

9. 대념처 경   251
   1. 가르침의 주제   252
   2. 몸을 보는 것   253
     (1) 숨쉬기   253
     (2) 절도 있는 행동   254
     (3) 지혜   255
     (4) 역겨운 모습을 사유함   255
     (5) 계층에 대해 사유함   256
     (6) 시바티카 묘지   256
   3. 느낌을 보는 것   258
   4. 마음을 보는 것   259
   5. 법을 보는 것   261
     (1) 덮개를 제거함   261
     (2) 근간을 알아냄   263
     (3) 포섭처를 알아냄   264
     (4) 깨달음의 인자를 수행함   266
     (5) 네 가지 진리를 알아냄   269
   6. 기억의 확립을 수행할 때 얻게 되는 공덕   279

10. 연기상응의 4개 경   281
   1. 연기 경   281
   2. 분별 경   284
   3. 연고 경   287
   4. 캇차나곳타 경   292

에필로그   295

그렇게 오셨으며
동등하시며 바르고 원만하게
깨달으신 저 붓다께 절하옵니다.

1. 창키 경[1]
진리에 대한 근본입장 I [2]

1. 창키 사제[3]가 붓다를 찾아뵙다

1 이와 같이 내가 들었다. 한때에 붓다께서는 커다란 제자 승단과 함께 코살라 국을 여행하시다가, 오파사다라고 하는 코살라 국의 한 사제 마을에 이르러셨다. 붓다께서는 그곳 오파사다에서

●●●●●●●●●●●
1) 중니카야(Majjhima-Nikāya) 제2권 제45경(Caṅkīsutta) 〔M.N. II, p.427~440(N. D.P) p.164~177(P.T.S)〕: 한역4아함(漢譯四阿含)에는 대응경이 없다.
2) 이 경은 진리(Sacca Sk. Satya)라는 말을 적극적으로 언급하면서, 진리에 대한 원시불교의 근본적인 입장을 잘 보여 주고 있다. 특히 '진리의 보호'라는 표현을 쓰고 있거니와 이는 불교가 진리에 대해 얼마나 신중한 태도를 지니고 있는가를 단적으로 암시한다 할 것이다.
3) 사제(司祭): 바라문(Brāhmaṇa)이라는 음사어를 우리말로 옮겨 본 것이다. 신들에 대한 제사의 기능을 수행하지 않는 일반인으로서의 바라문은 '사제계급 출신자'라고 옮겼다.

도 북쪽에 있는 천신(에게 제사를 지내는) 숲인 살라나무 숲에서 지내셨다.

오파사다는 사람이 많이 살고 풀과 나무와 물이 풍부하고 곡물이 풍부하고, 코살라 국 왕의 보살핌을 받아 (왕인 파세나디의) 보시물이 주어졌다. (또한 오파사다는) 범신⁴⁾처럼 보시물을 받을 자격이 있는 곳이기도 하였다. 마침 그때 그곳 오파사다에 창키라는 사제가 살고 있었다.

오파사다에 살고 있는 사제 계급의 거사들이 다음과 같이 들었다.⁵⁾ '사캬 족의 아들인 수행자⁶⁾ 고타마가 사캬 족의 집안에서 출가하여 커다란 제자 승단과 함께 코살라 국을 여행하시다가 오파사다에 이르신 후 오파사다의 북쪽에 있는 천신(에게 제사를 지내는) 숲인 살라나무 숲에서 지내고 계신다. 그 고타마 님에게는 ㅡ 저 어른은 (그렇게 온·) 동등한·바르고 원만하게 깨달은·밝힘에의 진행을 완성한·잘 간·세간을 아는·더 이상 없는·사람을 길들이는·천신과 인간의 스승인·깨달은 붓다이시다.

그분은 천신, 범신, 마신⁷⁾을 포함한 이 세계와 수행자와 사제를 포함한 사람 등 모든 천신과 사람을 포함한 세계를 스스로 잘 알고 똑똑히 보아 가르치신다. 또 그분은 처음도 좋고 가운데도

---

4) 범신(梵神):'Brahman'의 譯語이다.
5) 다음에 인용되는 내용은 따옴표("~")를 사용해야 하나 이 책에서는 '~'를 사용하였다. 팔리 경전은 인용의 체계가 매우 복잡하여 양이 많은 인용문들은 줄을 바꾸어 인용문임을 식별케 하였다.
6) 수행자 : 사문(samaṇá)의 옮김이다.
7) 마신(魔神) : Māra의 옮김이다.

좋고 끝도 좋으며, 의미와 문구를 갖춘 법을 가르치신다. 그리고 온통 충족되고 순결하고 청정한 수행을 드러내신다. 그래서 그와 같은 자격있는 성자를 뵙는다는 것은 훌륭한 일이다.-라는 착한 명성이 일고 있다.[8]'

2 그리하여 오파사다에 사는 사제 계급의 거사들은 오파사다를 출발해 무리를 짓고 군중을 이루어 북쪽 문을 통하여 천신(에게 제사를 지내는) 살라나무 숲을 향해 갔다.

그때 창키 사제가 누각 위에서 한낮의 휴식에 들어있다가, 오파사다에 사는 사제 계급의 거사들이 오파사다를 출발해 무리를 짓고 군중을 이루어 북쪽 문을 통하여 천신(에게 제사를 지내는) 숲인 살라나무 숲을 향해 가는 것을 보았다. 보고서 한 친구를 불러 말했다.

"여보게 친구, 어찌하여 오파사다에 사는 사제 계급의 거사들이 오파사다를 출발해 무리를 짓고 군중을 이루어 북쪽 문을 통하여 천신(에게 제사를 지내는) 숲인 살라나무 숲을 향해 가고 있는가."

"여보게 창키, 사캬 족의 아들인 수행자 고타마가 사캬 족의 집안에서 출가하여 커다란 제자 승단과 함께 코살라 국을 여행하다가 오파사다에 이르러 오파사다의 북쪽에 있는 천신(에게 제사를 지내는) 숲인 살라나무 숲에서 지내고 있다. 그분 고타마에게

---

[8] 고타마 붓다에 대한 당시 인도사회의 긍정적인 평가를 보여주는 대목이다. 붓다는 어느 곳을 가든지 이러한 명성으로서 소개되고 있다. 그 내용은 붓다의 깨달음과 교법을 찬탄하는 것이다.

는 '저 어른은 (그렇게 온·) 동등한·바르고 원만하게 깨달은·밝
힘에의 진행을 완성한·잘 간·세간을 아는·더 이상 없는·사람을
길들이는·천신과 인간의 스승인·깨달은 붓다이시다.'라는 명성
이 일고 있다. 그분 고타마를 뵙기 위해 그들은 가고 있는 것이
다."

"그렇다면 여보게 친구, 그대는 오파사다에 사는 사제 계급의
거사들에게로 가라. 가서 오파사다의 사제계급 거사들에게 '여보
시오, 창키 사제가 수행자 고타마를 보러 갈 것이니 당신들은 좀
기다리시오.'라는 나의 말을 전하라."

"여보게 알았소."라고 하며 그 친구는 창키 사제에게 응답한
뒤 오파사다의 사제계급 거사들에게 가서 "여보시오, 창키 사제
가 수행자 고타마를 보러 갈 것이니 당신들은 좀 기다리시오."라
고 하는 그의 말을 전하였다.

3 그때 오파사다에는 여러 다른 나라에 사는 사제계급 출신자들
약 500명이 어떤 일 때문에 들어와 있었는데, 그들은 '창키 사제
가 수행자 고타마를 보러 간다.'라는 (소식)을 듣게 되었다. 그러
자 그들은 창키 사제가 있는 곳으로 갔다. 가서 창키 사제에게
말하였다.

"창키 님께서 수행자 고타마를 보러 가는 것이 사실입니까."

"여러분, 나는 그럴 생각이오. 나(도) 수행자 고타마를 보러
갈 것이오."

"창키 님께서는 수행자 고타마를 보러 간다는 것은 온당치가
않습니다. 수행자 고타마야말로 창키 님을 뵈러 오는 것이 온당

합니다. 실로 창키 님은[9] 좋은 양친 곧 좋은 아버지와 좋은 어머니로부터 태어났고, 청정한 태에서 태어났고, 위로 7대에 걸쳐 출생을 논함에 있어서 욕될 부분이 없고 비난받지 않습니다. 바로 창키 님께서는 좋은 양친 곧 좋은 아버지와 좋은 어머니로부터 태어났고, 청정한 태에서 태어났고, 위로 7대에 걸쳐 출생을 논함에 있어서 욕될 부분이 없고 비난받지 않는다라는 그점 때문에도, 창키 님께서는 수행자 고타마를 보러 간다는 것이 온당치 않습니다. 수행자 고타마야말로 창키 님을 뵈러 오는 것이 온당합니다.

또 창키 님은 부유하고 재산이 많고 가진 것이 많습니다.…또 창키 님은 베다를 배우는 자이고, 주문을 지니고 있고, 세 가지 베다에 정통하고, 어휘풀이·의식수행·음성학·주석달기 다섯째로 전설 등에도 능통합니다. 그리고 베다의 시 구절에 밝고 문법에도 밝고 위대한 사람의 특징을 알아보는 데 완전무결합니다.……또 창키 님은 잘 생기고 볼 만하고 깨끗하고 최상의 화려한 얼굴빛을 갖추었으니 범신의 얼굴빛이고 범신의 몸매이고 보기에 그 외모가 결코 작지 않습니다.……또 창키 님은 계율을 지니고 있으니 계율 속에서 자랐으며 그 계율들을 모두 지킵니다.…… 또 창키 님은 착한 말을 하니 점잖고 뚜렷하고 티없고 뜻을 잘 알릴 수 있는 말을 합니다.……또 창키 님은 많은 이들의 스승이거나 스승의 스승이니, 300명의 사제계급 동자에게 주문을 가르치고

●●●●●●●●●●
[9] 이하의 창키 사제에 대한 소개는 당시 사제계급들이 추구하던 덕목과 중요 가치에 대해서 잘 보여 주고 있다.

있습니다.……또 창키 님은 코살라 국의 왕 파세나디가 존경하고 존중하고 공경하고 공양하고 우러러봅니다.……또 창키 님은 폭카라사티 사제가 존경하고 존중하고 공경하고 공양하고 우러러봅니다.…… 또 창키 님은 오파사다에 살고 있는데, 오파사다는 사람이 많이 살고, 풀과 나무와 물이 풍부하고, 곡물이 풍부하고, 왕의 보살핌을 받으니 코살라 국의 왕 파세나디의 보시물이 주어지고 범신처럼 보시물을 받을 자격이 있는 곳입니다. 이처럼 오파사다는 사람이 많이 살고, 풀과 나무와 물이 풍부하고, 곡물이 풍부하고, 왕의 보살핌을 받으니 코살라 국의 왕 파세나디의 보시물이 주어지고 범신처럼 보시물을 받을 자격이 있는 곳입니다. 그리고 이 오파사다에 창키 님이 살고 있습니다. 바로 이 점 때문에 창키 님이 수행자 고타마를 보러 간다는 것은 온당치가 않습니다. (그리고) 수행자 고타마야말로 창키 님을 뵈러 오는 것이 온당합니다.”

4 이러한 말을 듣고 창키 사제는 그들에게 말하였다.

"그렇다면 여러분, 실로 내가 수행자 고타마를 뵈러 가는 것이 온당하지, 고타마 님이 나를 보러 오는 것은 온당하지 않는 나의 (이유)를 들어 보시오.

실로 여러분, 수행자 고타마는[10] 좋은 양친 곧 좋은 아버지와 좋은 어머니로부터 태어났다. 청정한 태에서 났으니 위로 7대에 이르기까지 출생을 논함에 있어서 욕될 부분이 없고 비난받지 않

●●●●●●●●●●●●●●●●

10) 이하의 내용을 통하여 고타마 붓다에 대해서 당시 사제들이 어떻게 파악하고 있었는가를 잘 알 수 있다.

는다. 여러분, 수행자 고타마가 좋은 양친 곧 좋은 아버지와 좋은 어머니로부터 태어났고 청정한 태에서 났으니 위로 7대에 이르기까지 출생을 논함에 있어서 욕될 부분이 없고 비난받지 않는다라는 바로 이러한 (이유) 때문에 고타마께서 나를 보러 오는 것은 온당치 않으며 내가 고타마 님을 뵈러 가는 것이 온당한 것이오.

또 여러분, 수행자 고타마는 많은 금과 은 및 땅 속과 땅 위에 있는 숱한 보물들을 버리고 출가하였다.…… 또 여러분, 수행자 고타마는 나이가 적은 젊은이로서, 그 머리털이 매우 검었고 황소 같은 젊음을 갖추었던 청년 시절에 집을 떠나 출가하였다.…… 또 여러분, 수행자 고타마는 애욕이란 존재하지 않는 (청정한) 양친께서 눈물을 흘리며 우는 데도, 머리와 수염을 깎고 가사의를 걸치고 집을 떠나 출가하였다.…… 또 여러분, 수행자 고타마는 잘 생기고 볼 만하고 깨끗하고, 최상의 화려한 얼굴빛을 갖추었으니 범신의 얼굴빛이고 범신의 몸매이고, 보기에 그 외모가 결코 작지 않다. 또 여러분, 수행자 고타마는 계율을 지니고 있으니 성스럽고 선한 계율을 지니어 선한 계율을 갖춘 자이다.… 또 여러분, 수행자 고타마는 착한 말을 하니 점잖고 뚜렷하고 티없고 뜻을 잘 알릴 수 있는 말을 한다.… 또 여러분, 수행자 고타마는 많은 이들의 스승이거나 스승의 스승이다.… 또 여러분, 수행자 고타마는 애욕과 탐착이 다하였고 변덕이 사라졌다.… 또 여러분, 수행자 고타마는 업을 말하고 작용을 말하고, 사제계급의 출신자(라는 종성)보다 (행위의) 악하지 않음을 중시한다.… 또 여러분, 수행자 고타마는 높고 순수한 혈통의 왕족 계급의 가문을 (버리고) 출가했다… 또 여러분, 수행자 고타마는 부유하고 재산이 많고 가진 것이 많은 집안을 (버리고) 출가했다.……

또 여러분, 수행자 고타마에게는 다른 왕국 다른 지방에서 무언가를 여쭈어 보기 위해 찾아온다.… 또 여러분, 수행자 고타마에게는 수천의 천신들이 목숨을 바쳐 귀의하고 있다.… 또 수행자 고타마에게는 '저 어른은 (그렇게 온)·동등한·바르고 원만하게 깨달은·밝힘에의 진행을 완성한·잘 간·세간을 아는·더 이상 없는·사람을 길들이는·천신과 인간의 스승인·깨달은 붓다이시다.'라는 착한 명성이 일고 있다.…… 또 여러분, 수행자 고타마는 위대한 사람의 32가지 특징을 갖추고 있다.… 또 여러분, 수행자 고타마에게는 마가다 국의 왕 세니야 빔비사라가 처자와 함께 목숨을 바쳐 귀의하고 있다.…… 또 여러분, 수행자 고타마에게는 코살라 국의 왕 파세나디가 처자와 함께 목숨을 바쳐 귀의하고 있다.… 또 여러분, 수행자 고타마에게는 폭카라사티 사제가 처자와 함께 목숨을 바쳐 귀의하고 있다.……또 여러분, 수행자 고타마는 오파사다에 도착해서 북쪽에 위치한, 천신(에게 제사를 지내는) 숲인 살라나무 숲에 머물고 있다. 그런데 우리 마을 안에 들어와 있는 어떤 수행자 또는 사제라도 모두 우리들의 손님이다. 그리고 우리는 손님에 대해서는 존경하고 존중하고 공경하고 공양해야 한다. 지금 수행자 고타마도 오파사다에 도착해 북쪽의 천신 숲인 살라나무 숲에 머물고 있으니 수행자 고타마는 우리들의 손님이고 손님에 대해 우리는 존경하고 존중하고 공경하고 공양해야 한다.

　바로 이러한 (이유) 때문에 고타마께서 나를 보러 오는 것은 온당치 않고 내가 고타마를 뵈러 가는 것이 온당한 것이오. 저 고타마에 대해서 찬미할 점을 나는 (나름대로) 이 정도로 파악하고 있소. 그러나 고타마에 대하여 찬미할 점은 이 정도만이 아니오. 고타마 님에 대한 찬미는 여러 가지 중 한 가지만을 갖추었다하더라도 고타마께서 우리를 보러오는 것은 온당하지 않고, 우리야말로 저 고타마를 뵈러 가는 것이 온당한 것이오. 따라서 여러분, 우리 모두 수행자 고타마를 보러 가도록 합시다."

그리하여 창키 사제는 커다란 사제계급 출신자들의 무리와 함께 붓다께서 계신 곳으로 다가왔다. 와서 붓다와 함께 인사를 나누고 안부와 근황을 여쭌 뒤에 한쪽에 앉았다.

2. 바라드바자의 질문에 대한 답

5 그때 붓다께서는 나이 많은 사제들과 함께 여러 가지 기억할 만한 (대화)를 나누며 앉아 계셨다. 그때 마침 카파티카라는 사제계급의 동자가 있었는데 태어난 지 16년이 된 젊은이로서 머리를 깎은 채 그 모임에 앉아 있었다. 그는 세 가지 베다에 정통했고 어휘풀이·의식수행·음성학·주석달기, 다섯째로 전설 등에도 능통했다. 또 베다의 시 구절에 밝았고, 문법에도 밝았고, 위대한 사람의 특징을 알아보는 데도 완전무결하였다. 그런데 그는, 나이 많은 사제들과 함께 붓다께서 대화를 나누고 있는 도중에 그 대화를 방해하였다. 그러자 붓다께서는 "나이 많은 사제들과 함께 (내가) 대화를 나누는 도중에 바라드바자는 그 대화를 방해하지 말라."라고 하시며 카파티카 동자를 꾸짖으셨다. 그 꾸짖는 말씀을 듣고 창키 사제가 붓다께 아뢰었다.

"고타마께서는 카파티카 동자를 꾸짖지 마십시오. 카파티카 동자는 좋은 가문 출신입니다. 카파티카 동자는 박식합니다. 카파티카 동자는 현명합니다. 카파티카 동자는 착한 말(만)을 합니다. 카파티카 동자는 고타마 님과 함께 어떤 이야기에 (대해서든) 대화할 수 있는 능력이 있습니다."

그러자 붓다께서는 '필히 카파티카 동자는 세 가지 베다에 관련된 이야기를 할 것이다. 그렇기 때문에 사제들은 그를 존경한다.'라고 생각하셨다. 그리고 카파티카 동자는 '수행자 고타마가 나에게 눈길을 준다면 그때 나는 수행자 고타마에게 질문을 하겠다.'라고 생각하였다. 붓다께서는 마음으로 (동자의) 마음 속의 사색을 아시고는 카파티카 동자를 향해 눈길을 주셨다.

(1) 이것만이 진리이고 다른 것은 거짓이다
6 그러자 카파티카 동자는 '수행자 고타마가 나를 주의하고 있구나. 나는 수행자 고타마에게 질문을 해야겠다.'라고 생각하였다. 그리하여 카파티카 동자는 붓다께 말하였다.

"고타마여, 전통 속에서 유지되어 왔고 (성전의) 바구니 속에 완전하게 (담겨져) 있는, 옛날의 사제들이 (전한) 주문의 구절(들)이 있습니다.[11] 그곳에 (전해진 내용에 대해)서 사제들은 '이것만이 진리이고 다른 것은 거짓이다.'라는 절대적인 (신앙의) 결론에 도달합니다. 이에 대해 고타마께서는 어떤 말씀을 하겠습

●●●●●●●●●●●●●
11) 사제계급들은 베다에 실린 내용을, 啓示의 의미를 띠고 있는 '들린 것(Śruti)'으로 규정하였다. 즉 범신으로부터 '들은 것'이므로 이유 없이 진리라는 종교적 신앙을 가지고 있었다. 그리하여 베다 등의 聖典에 실린 내용만이 진리이고 다른 것은 거짓이다라는 것이 사제계급의 기본적인 진리관이었다.

니까."

"바라드바자야, 여러 사제들 가운데서 '나는 이 (주문의 내용)을 알고 있다. 나는 이 (주문의 내용)을 보고 있다.[12] (따라서) 이것만이 진리이고 다른 것은 거짓이다.'라고 말하는 그런 사제가 한 명이라도 존재하는가."

"고타마여, 실로 그런 자는 없습니다."

"그러면 바라드바자야, 사제들 가운데서 스승 또는 스승의 스승 또는 7대의 스승에 이르기까지 한 명이라도 '나는 이 (주문의 내용)을 알고 있다. 나는 이 (주문의 내용)을 보고 있다. (따라서) 이것만이 진리이고 다른 것은 거짓이다.'라고 말하는 자가 존재하는가."

"고타마여, 실로 그런 자는 없습니다."

"그러면 바라드바자야, 요즈음의 사제들은 옛날에 노래 불리고 선언되고 모아진 주문의 구절을 그대로 따라 노래하고 읊으며 영창된 대로 영창하며 낭송된 대로 낭송하는데, 바로 그 주문을 만

●●●●●●●●●

오늘날의 종교들도 자신들의 正典(canon)의 내용만을 진리로 규정하고 그외는 거짓이다라는 입장을 지니고 있거니와 동서고금에 통하는 현상인 듯하다. 그러나 불교만큼은 진리에 대한 입장이 색다르다. 그러한 색다름에서 사실 불교가 다른 종교와 구별되는 것이라고 해도 과언이 아닐 것이다.

12) 진리라고 주장되는 내용에 대해서 합리적으로 이해하고 있고 현실적으로 검증하였는가를 묻고 있다. '안다'라는 것은 타당성을 갖춘 이해를 뜻하고 '본다'라는 것은 현실에서의 검증을 의미하는 것이다. 앞으로 제4. 삼명 경에서도 보겠지만 Brahmanism의 핵심은 범신의 실재함에 있다. 그러한 범신의 경지를 이해하거나, 범신의 존재를 현실적으로 본 자가 있는가를 묻는다.

여기서 불교는 종교적 진리의 한 기준으로서 '타당성을 갖춘 이해'와 '현실에서의 검증 가능성'을 요청하고 있음을 말할 수 있다.

들고 그 주문을 선언한 도인들이 사제들 가운데 있(었)다. 곧 앗타카, 바마카, 바마데바, 베싸밋타, 야마탁기, 앙기라사, 바라드바자, 바셋타, 카싸파, 바구 등이다. 그들이라도 '우리는 이 (주문의 내용)을 알고 있다. 우리는 이 (주문의 내용)을 보고 있다. (따라서) 이것만이 진리이고 다른 것은 거짓이다.'라고 말하였는가."

"고타마여, 실로 그렇지 않습니다."

"이와 같이 실로 바라드바자야, 여러 사제들 가운데서 '나는 이 (주문의 내용)을 알고 있다. 이 (주문의 내용)을 보고 있다. (따라서) 이것만이 진리이고 다른 것은 거짓이다.'라고 말하는 사제는 한 명도 없다. 또 사제들 가운데서 스승 또는 스승의 스승 또는 7대의 스승에 이르기까지 한 명이라도 '나는 이 (주문의 내용)을 알고 있다. 이 (주문의 내용)을 보고 있다. (따라서) 이것만이 진리이고 다른 것은 거짓이다.'라고 말하는 자는 없다. 또 요즈음의 사제들은 옛날에 노래 불리고 선언되고 모아진 주문의 구절을 그대로 따라 노래하고 읊으며 영창된 대로 영창하며 낭송된 대로 낭송하는데, 바로 그 주문을 만들고 그 주문을 선언한 도인들이 사제들 가운데 있(었)다. 곧 앗타카, 바마카, 바마데바, 베싸밋타, 야마탁기, 앙기라사, 바라드바자, 바셋타, 카싸파, 바구 등이다. 그들 조차 '우리는 이 (주문의 내용)을 알고 있다. 우리는 이 (주문의 내용)을 보고 있다. (따라서) 이것만이 진리이고 다른 것은 거짓이다.'라고 말하지 못한다.

7 바라드바자야, 눈 먼 자들이 줄지어 있는데 앞 사람도 보지 못하고 가운데 사람도 보지 못하고 뒷 사람도 보지 못한다. 바라드바자야, 어떻게 생각하느냐. 이런 상황이라면 사제들의 신앙이

란 근거가 없는 것 아니겠는가."

"고타마여, 사제들은 이 (주문의 내용)에 대해 단지 신앙으로만 임하는 것은 아닙니다. 사제들은 이 (주문의 내용)에 대해 전통으로서 받아들입니다."

"바라드바자야, 너는 앞서 신앙에 입각하더니 이제는 전통을 말하는구나. 바라드바자야, (진리 판단을 위해) 다섯 가지 요건이 있(어 왔)는데 이들은 현재의 상태에서 두 가지 과보를 지닌다. 다섯 가지란 무엇인가. 신앙·성향·전통·양상에 대한 사색·견해에 입각해 선정 속에 들어 지속하는 것 등이[13] 다섯이다. 바라드바자야, 이 요건들이 현재의 상태에서 두 가지 과보를 지닌

●●●●●●●●●●
13) 어떤 내용을 종교적 진리로 규정하게 하는 일반적이고 통속적인 근거를 고타마 붓다는 이들 다섯 가지로 잘 정돈하고 계신다. 여기서의 신앙은 일단 맹목적인 신앙 또는 단순한 신앙으로서의 신앙을 말한다. 『창키경』은 앞으로 살펴가면서 느끼겠지만 진리에 대하여 가장 심각한 적을 맹목적인 신앙으로 규정하고 있다. 그리하여 참된 신앙의 규명에 주력하기도 한다.
우리는 성향(ruci)에 따라 종교를 선택하기도 한다. 그렇게 선택된 종교의 교리는 우리의 인생을 결정짓기도 한다. 따라서 성향도 분명 하나의 근거가 된다. 한 종교가 전통으로 존속되는 사회에서는 그 종교 외의 종교를 택하기란 매우 힘들다. 따라서 전통에 의해 종교적 진리가 규정되는 경우도 많이 볼 수 있다. 그리고 양상에 대한 사색은, 어떤 종교의 겉 모습을 비교해 보는 것을 말한다. 겉 모습을 비교해 보고 비교우위의 판단을 내린 뒤 그 어떤 종교에 귀의한다면, 그러한 양상에 대한 사색도 종교적 진리판단의 한 통속적인 근거가 되는 것이다.
끝으로 '견해에 입각해 선정 속에 들어 지속한다는 것'은 전문적인 종교인들에게 해당하는 것으로 불교학 또는 신학의 연구가들에게 적용되는 근거이다. 이들은 잘못된 어떤 견해에 입각해 나름대로 깊은 명상 속에 잠기고 그 속에서 지속적으로 머물며 얻어낸 결론을 진리 판단의 근거로서 쓰고 있는 것이다. 견해는 diṭṭhi(dṛṣṭi)의 번역어인데 형용사로 한정되지 않는 한 좋지 못한·잘못된 견해를 의미한다. 정당한 견해 또는 인식은 dassana(darśana)라고 한다.

다. 바라드바자야, 훌륭한 신앙의 (대상)이라 하더라도 오히려 그것이 헛되거나 비었거나 거짓인 경우가 있다. 그리고 훌륭한 신앙의 (대상)이 못된다 하더라도 오히려 그것이 진실이고 사실이고 틀림없는 경우가 있다. 또 바라드바자야, 어떤 것이 (자신의) 성향에 훌륭하게 맞는다 하더라도……또 훌륭한 전통이라 하더라도……또 훌륭하게 사색된 (내용)이라 하더라도……또 훌륭한 선정 속에서 얻어진 것이라 하더라도 오히려 그것이 헛되거나 비었거나 거짓인 경우가 있다. 그리고 훌륭한 선정 속에서 얻어진 것이 아니라 하더라도 오히려 그것이 진실이고 사실이고 틀림없는 경우가 있다. 바라드바자야, 진리를 지키려는 지식인들이 볼 때는 이 (정도의 요건)으로는 '이것만이 진리이고 다른 것은 허망하다.'라는 절대적인 결론에 도달하기에는 불충분한 것이다.[14]"

●●●●●●●●●●

14) 물론 다섯 가지 근거에 의한 것이 무조건 잘못되었다는 것은 아니다. 중요한 것은 그 정도로 "이것만이 진리이고 다른 것은 허망하다."라고 주장해서는 안된다는 것이다. 사실 맹목적인 신앙은 일종의 정신과적인 질환이다. 이것은 치유되어야 한다. 병적인 신앙일수록 강렬하고 훌륭해 보일 수가 있다. 주의해야 한다. 그리고 사람의 성향은 다분히 고통의 회피에 기반을 두고 있다. 따라서 고통을 회피케하는 미신적인 주장에 대해 더 가까운 친화력을 느끼게 되는 것을 잘 살펴야 할 것이다. 고통을 극복해야 하지 회피해서는 안되는 것이다.
그리고 전통의 붕괴를 우리는 역사 속에서 수도없이 보아왔음을 상기해야 한다. 또한 양상에 대한 사색에 있어서는 허장성세(虛張聲勢)와 교언영색(巧言令色)을 주의하지 않을 수 없다.
끝으로 명상에 의한 판단은 정당한 기술적인 방법이 요구됨을 잊어서는 아니된다. 인간의 생각의 흐름은 마술사와 같아서 깊은 명상에 빠질 경우 그 결과의 건전함에 대해서 보장하기가 무척 어려운 것이다. 따라서 아무리 훌륭한 깊이의 명상을 통한 것이라고 할지라도 그것으로 진리의 절대적인 파악이 가능한 것은 못된다.

(2) 어느 정도에서 진리는 지켜지는가

8 "그러면 고타마여, 어느 정도에서 진리의 보호라는 것이 존재합니까. 어느 정도에 (이르러야) 진리를 지키게 됩니까. 우리는 고타마께 진리의 보호에 대해서 여쭙는 바입니다."

"바라드바자야, 만약 (어떤) 사람에게 (어떤) 신앙이 있다면, 그는 '나에게는 이러한 신앙이 있다.'라고 말해야지, 그 정도로 '이것만이 진리이고 다른 것은 허망하다.'라는 절대적인 결론에 도달하지는 말아야 한다. 그것이 진리를 보호하는 것이다. 바라드바자야, 만약 (어떤) 사람에게 (어떤) 성향이 있다면……바라드바자야, 만약 (어떤) 사람에게 (어떤) 전통이 있다면……바라드바자야, 만약 (어떤) 사람에게 (어떤) 양상에 대한 사색이 있다면……바라드바자야, 만약 (어떤) 사람에게 (어떤) 견해에 입각해 선정 속에 들어 지속하는 것이 있다면, 그는 '나에게는 이러한 견해에 입각해 선정 속에 들어 지속하는 것이 있다.'라고 말해야지, 그 정도로 '이것만이 진리이고 다른 것은 허망하다.'라는 절대적인 결론에 도달하지는 말아야 한다. 그것이 진리를 보호하는 것이다. 바라드바자야, 이 정도에서 진리의 보호가 존재하며 이 정도에 (이르러야) 진리를 지키게 된다. 그런데 나는 이 정도에서는 진리의 보호라는 것을 설정할 뿐, 이 정도로 진리의 깨달음이 있(다고는 말하)지 않는다.[15]"

---

15) 진리의 보호를 위한 핵심적인 요청은 결국 '자신의 상태에 대한 정확한 반성'과 '궁극적인 진리에 대한 신중함'이다.

(3) 어느 정도에서 진리의 깨달음이 있는가[16]

9 "고타마시여, 이 정도에서라면 진리의 보호가 존재하며, 이 정도에 (이르렀다면) 진리를 지키게 되겠습니다. 그리고 저희들도 이 정도에서라면 진리의 보호를 보게 됩니다. 그런데 고타마시여, 어느 정도에서 진리의 깨달음이 존재합니까. 어느 정도에 (이르러야) 진리를 깨닫게 됩니까. 저희는 고타마 님께 진리의 깨달음에 대해서 여쭙는 바입니다."

"바라드바자야, 여기에 붓다의 한 제자가 어떤 마을 또는 시읍에 의지하여 지낸다. 거사 또는 거사의 아들이 그 제자에게 다가가서, 탐욕을 일으킬 만한 대상과 분노를 일으킬 만한 대상과 어리석게 만들 만한 대상 등 세 가지 대상에서 그 제자(가 어떻게 하는가)를 살펴본다. 즉 '이 장로는 그 마음이 탐욕을 일으킬 만한 대상에 완전히 사로잡혀 알지 못하는 것을 안다라고 말하고, 보지 못하는 것을 본다라고 말하는 것 아닌가. 또 남에게 그런 의미를 전달하여 남으로 하여금 긴 세월 동안 불이익과 고통을 겪게 하는 것 아닌가.'하고 살펴본다.

그 제자를 살펴본 결과 '이 장로는 그 마음이 탐욕을 일으킬 만한 대상에 결코 사로잡혀 있지 않다. 그리하여 알지 못하는 것을 안다라고 말하지 않으며 보지 못하는 것을 본다라고 말하지 않는다. 또 남에게도 (바른) 의미를 전달하여, 남으로 하여금 긴

●●●●●●●●●●
16) 여기서부터 불교의 진리 추구 방법론이 소개된다. 소개에 들기 전에 짚고 가야할 것은 불교의 경우 '궁극적인 진리의 절대적인 파악이 가능한 것이며 또 당위적인 것' 임을 인지해야 한다. 그것이 곧 깨달음(anubodha, bodhi)이라는 술어로 집약된다.

세월 동안 불이익과 고통을 겪게 하지 않는다.'라고 알게 된다. (아울러) '이 장로의 몸의 행동과 말의 (내용)은 결코 탐욕스러운 것이 아니다. 따라서 이 장로가 설하는 법이 있다면, 그 법은 깊은 것이고 보기 어렵고 깨닫기 어렵고 고요한 것이고 미묘한 것이고 단순한 사색을 넘어선 것이고 고상한 것이고 슬기로운 자들이 알 만한 것이다. 그 법은 탐욕스런 자가 잘 설할 수 있는 것은 아니다.'라고 알게 된다.

10 탐욕을 일으킬 만한 대상들에 있어서 그 제자가 정화되어 있음을 분명히 본 뒤에는 더 올라가 분노를 일으킬 만한 대상들에 있어서 그 제자(가 어떻게 하는가)를 살펴본다. 즉 '이 장로는 그 마음이 분노를 일으킬 만한 대상에 완전히 사로잡혀 알지 못하는 것을 안다라고 말하고, 보지 못하는 것을 본다라고 말하는 것 아닌가. 또 남에게도 그런 의미를 전달하여 남으로 하여금 긴 세월 동안 불이익과 고통을 겪게 하는 것 아닌가.'하고 살펴본다. 그 제자를 살펴본 결과 '이 장로는 그 마음이 분노를 일으킬 만한 대상에 결코 사로잡혀 있지 않다. 그리하여 알지 못하는 것을 안다라고 말하지 않으며, 보지 못하는 것을 본다라고 말하지 않는다. 또 남에게도 (바른) 의미를 전달하여 긴 세월 동안 불이익과 고통을 겪게 하지 않는다.'라고 알게 된다. (아울러) '이 장로의 몸의 행동과 말의 (내용)은 결코 분노에 의한 것이 아니다. 따라서 이 장로가 설하는 법이 있다면, 그 법은 깊은 것이고 보기 어렵고 깨닫기 어렵고 고요한 것이고 미묘한 것이고 단순한 사색을 넘어선 것이고 고상한 것이고 슬기로운 자들이 알 만한 것이다. 그 법은 분노를 일으키는 자가 잘 설할 수 있는 것은 아니다.'라고 알게 된다.

11 분노를 일으킬 만한 대상들에 있어서 그 제자가 정화되어 있음을 분명히 본 뒤에는 더 올라가 어리석게 만드는 대상들에 있어서 그 제자(가 어떻게 하는가)를 살펴본다. 즉 '이 장로는 그 마음이 어리석게 만드는 대상에 완전히 사로잡혀 알지 못하는 것을 안다라고 말하고, 보지 못하는 것을 본다라고 말하는 것이 아닌가. 또 남에게도 그런 의미를 전달하여 남으로 하여금 긴 세월 동안 불이익과 고통을 겪게 하는 것 아닌가.'하고 살펴본다. 그 제자를 살펴본 결과 '이 장로는 그 마음이 어리석게 만드는 대상에 결코 사로잡혀 있지 않다. 그리하여 알지 못하는 것을 안다라고 말하지 않으며, 보지 못하는 것을 본다라고 말하지 않는다. 또 남에게도 (바른) 의미를 전달하여 긴 세월 동안 불이익과 고통을 겪게 하지 않는다.'라고 알게 된다. (아울러) '이 장로의 몸의 행동과 말의 (내용)은 결코 어리석지 않다. 따라서 이 장로가 설하는 법이 있다면 그 법은 깊은 것이고 보기 어렵고 깨닫기 어렵고 고요한 것이고 미묘한 것이고 단순한 사색을 넘어선 것이고 고상한 것이고 슬기로운 자들이 알 만한 것이다. 그 법은 어리석은 자가 잘 설할 수 있는 것은 아니다.'라고 알게 된다.

살펴본 결과 어리석게 만드는 대상들에 있어서 그 제자가 정화되어 있음을 분명히 본 뒤에 그 제자에게 신앙[17]을 (일으켜) 머

---

17) 진리를 깨닫거나 획득하기 위해서는, 그것이 종교적 진리인 이상 강한 믿음이 전제된다. 그런데 불교의 진리에 대한 신앙은 합리적인 근거를 다시 전제하고 있는 것이다. 제 9~11 단락의 내용에 입각할 때 그 근거는 첫째, 진리를 설파하려는 자에게 탐욕·분노·어리석음이 있는가 어떤가를 살피고 둘째, 타인에게 설파하여 좋은 결과를 얻게 하였는가를 살피는 데서 얻을 수 있다.

물게 한다. 신앙을 일으켜 가까이 간다.[18] 가까이 가서 모신다. 모시면서 귀를 기울인다. 귀를 기울여 법을 듣는다. 듣고서 간직한다. 간직한 법에 대해 어떤 의미가 있는가를 조사한다. 의미(가 있음)을 조사한 뒤 그 법에 대해 선정 속에 들어 지속한다. 법에 대해 선정 속에 들어 지속하게 되면 의욕이 일어난다. 의욕이 일어나면 (길 을) 모색한다. (여러 길들을) 모색한 뒤 (그 길들을) 비교한다. 비교한 뒤 (가장 나은 길에서) 정진한다. 정진하게 되면 최상의 진리를 몸으로 체득하게 되고, 지혜로 꿰뚫어 보게 된다. 바라드바자야, 이 정도에서 진리의 깨달음이 존재하며 이 정도에 (이르러야) 진리를 깨닫게 된다. 그런데 나는 이 정도에서 진리의 깨달음을 설정할 뿐, 이 정도로 진리의 획득이 있(다고는 말하)지 않는다."

∙∙∙∙∙∙∙∙∙∙∙∙∙∙∙

우리는 재물과 명예와 이권에 대한 탐욕으로 거짓을 진리라고 주장하는 사람을 경계해야 한다. 자신의 현실과 경쟁상대에 대한 분노로 말미암아 거짓을 진리라고 주장하는 사람도 경계해야 한다. 그리고 무엇보다도 진리에 대한 최소한 조건도 알지 못하는 어리석은 자가 감히 진리를 주장하는 것을 경계해야 한다. 또한 그에게서 진리의 설파를 들은 자가 구체적으로 정신적, 육체적, 종교적으로 안락을 얻고 있는가를 살펴야 할 것이다.
그와 같이 냉철하게 살폈는 데도 전혀 문제가 없다면 그에 대해서 신앙을 두어도 좋으니 여기서 불교의 신앙이 처음으로 시작되는 것이라 해도 좋을 것이다.

18) 이 이후는 원시불교의 수행과정을 구체적으로 언급을 하고 있는 것으로 매우 가치가 있다. 그리하여『창키경』은 여기의 수행과정을 진리의 획득에 도움이 되는 법으로서 다시 한번 언급하고 있다. 그리고 여기의 수행과정 중 '법에 입각해(＝대해) 선정 속에 들어 지속하는 것'이라는 수행의 단계가 들어 있는데 이 과정은 앞서 진리판단의 통속적인 근거들 중 다섯번째와 비교할 만하다. 그것과의 차이는 '견해와 법'의 차이이다. 즉 견해에 입각하면 통속적인 근거가 되지만 법에 입각하면 수행과정의 한 단계가 되는 것이다. 아울러 이 단계에 뒤이어 여러 가지 새로운 단계가 다시 제시됨도 그 의미가 심중하다.

(4) 어느 정도에서 진리의 획득[19]이 있는가

12 "고타마시여, 이 정도에서라면 진리의 깨달음이 존재하며, 이 정도에 (이르른다면) 진리를 깨닫게 되겠습니다. 그리고 저희들도 이 정도에서라면 진리의 깨달음을 보게 됩니다. 그런데 고타마시여, 어느 정도에서 진리의 획득이 존재합니까. 어느 정도에 (이르러야) 진리를 획득하게 됩니까. 저희는 고타마 님께 진리의 획득에 대해서 여쭙는 바입니다."

"바라드바자야, 저 법들을 실천하고 닦고 많이 실행할 때 진리의 획득이 있다. 바라드바자야, 이 정도에서 진리의 획득이 존재하며 이 정도에 (이르러야) 진리를 획득하게 된다. 나는 이 정도에서 진리의 획득을 설정한다."

13 "고타마시여, 이 정도에서라면 진리의 획득이 존재하며, 이 정도에 (이르른다면) 진리를 획득하게 되겠습니다. 그리고 저희들도 이 정도에서라면 진리의 획득을 보게 됩니다. 그런데 고타마시여, 진리의 획득을 위하여 많은 도움을 주는 것은 어떤 법입니까. 저희는 고타마 님께 진리의 획득을 위하여 많은 도움을 주는 법에 대해서 여쭙는 바입니다."

● ● ● ● ● ● ● ● ● ●

19) 여기서 진리의 획득이라는 표현은 진리에 대한 깨달음 이후 그 깨달음에 입각해서 삶을 영위해 나가는 것을 일컫는 것으로 이해 된다. 즉, 진리를 깨닫고 난 뒤에도 여전히 신앙을 지니고 내지 정진을 하면서 훌륭한 법들을 실천할 때 비로소 완전한 진리의 획득이 선언되는 것이다.
그리고 진리에 대한 획득에 이른다는 것은 진리에 대한 현실에서의 검증을 의미하기도 한다. 검증되지 않는 진리는 진리가 아니다. 또한 진리는 현실에 결국 적용되어야 함을 파악하게 한다. 현실에서 유리된 진리는 아무리 종교적인 이유에 의해서라도 더 이상 궁극적인 진리는 못되는 것이다.

"바라드바자야, 진리의 획득을 위하여 많은 도움을 주는 것은 (가장 나은 길에서의) 정진이다. (가장 나은 길에서) 정진하지 않는다면 진리를 획득할 수 없다. (가장 나은 길에서) 정진하는 까닭에 진리를 획득할 수 있는 것이다. 그리고 (가장 나은 길에서의) 정진을 위하여 많은 도움을 주는 것은 (여러 길들에 대한) 비교이다."

"그러면 고타마시여, (여러 길들에 대한) 비교를 위하여 많은 도움을 주는 것은 어떤 법입니까. 저희는 고타마 님께 (여러 길들에 대한) 비교를 위하여 많은 도움을 주는 법에 대하여 여쭙는 바입니다."

"바라드바자야, (여러 길들에 대한) 비교를 위하여 많은 도움을 주는 것은 (여러 길들의) 모색이다. (여러 길들을 미리) 모색하지 않는다면 (여러 길들을) 비교할 수 없다. (여러 길들을 미리) 모색하는 까닭에 (여러 길들을) 비교할 수 있는 것이다. 따라서 (여러 길들에 대한) 비교를 위하여 많은 도움을 주는 것은 (여러 길들의) 모색이다."

"그러면 고타마시여, (여러 길들의) 모색을 위하여 많은 도움을 주는 것은 어떤 법입니까. 저희는 고타마 님께 (여러 길들의) 모색을 위하여 많은 도움을 주는 법에 대하여 여쭙는 바입니다."

"바라드바자야, (여러 길들의) 모색을 위하여 많은 도움을 주는 것은 의욕이다. 의욕을 일으키지 않는다면 (여러 길들을) 모색할 수 없다. 의욕을 일으키는 까닭에 (여러 길들을) 모색할 수 있는 것이다. 따라서 (여러 길들의) 모색을 위하여 많은 도움을 주는 것은 의욕이다."

"그러면 고타마시여, 의욕을 위하여 많은 도움을 주는 것은 어떤 법입니까. 저희는 고타마 님께 의욕을 위하여 많은 도움을 주는 법에 대하여 여쭙는 바입니다."

"바라드바자야, 의욕을 위하여 많은 도움을 주는 것은 법에 대해 선정 속에 들어 지속하는 것이다. 법에 대해 선정 속에 들어 지속하지 않는다면 의욕을 일으킬 수 없다. 법에 대해 선정 속에 들어 지속하는 까닭에 의욕을 일으킬 수 있는 것이다. 따라서 의욕을 위하여 많은 도움을 주는 것은 법에 대해 선정 속에 들어 지속하는 것이다."

"그러면 고타마시여, 법에 대해 선정 속에 들어 지속하는 것을 위하여 많은 도움을 주는 것은 어떤 법입니까. 저희는 고타마 님께 법에 대해 선정 속에 들어 지속하는 것을 위하여 많은 도움을 주는 법에 대해 여쭙는 바입니다."

"바라드바자야, 법에 대해 선정 속에 들어 지속하는 것을 위하여 많은 도움을 주는 것은 (그 법이) 의미가 있는가를 조사하는 것이다. 의미가 있는가를 조사하지 않는다면 법에 대해 선정 속에 들어 지속할 수가 없다. 의미(가 있음)을 조사하는 까닭에 법에 대해 선정 속에 들어 지속할 수 있는 것이다. 따라서 법에 대해 선정 속에 들어 지속하는 것을 위하여 많은 도움을 주는 것은 (그 법이) 의미가 있는가를 조사하는 것이다."

"그러면 고타마시여, 의미의 조사를 위하여 많은 도움을 주는 것은 어떤 법입니까? 저희는 고타마 님께 의미의 조사를 위하여 많은 도움을 주는 법에 대해 여쭙는 바입니다."

"바라드바자야, 의미의 조사를 위하여 많은 도움을 주는 것은 법을 간직하는 것이다. 법을 간직하지 않는다면 (그 법의) 의미를 조사할 수 없다. 법을 간직하는 까닭에 (그 법의) 의미를 조사할 수 있는 것이다. 따라서 의미의 조사를 위하여 많은 도움을 주는 것은 법을 간직하는 것이다."

"그러면 고타마시여, 법을 간직하는 데 있어서 많은 도움을 주는 것은 어떤 법입니까. 저희는 고타마 님께 법을 간직하는 데 있어서 많은 도움을 주는 (그러한) 법에 대해 여쭙는 바입니다."

"바라드바자야, 법을 간직하는 데 있어서 많은 도움을 주는 것은 법을 듣는 것이다. 법을 듣지 않는다면 (그) 법을 간직할 수 없다. 법을 듣는 까닭에 (그) 법을 간직할 수 있는 것이다. 따라서 법을 간직하는 데 있어서 많은 도움을 주는 것은 법을 듣는 것이다."

"그러면 고타마시여, 법을 듣는 데 있어서 많은 도움을 주는 것은 어떤 법입니까. 저희는 고타마 님께 법을 듣는 데 있어서 많은 도움을 주는 (그러한) 법에 대해 여쭙는 바입니다."

"바라드바자야, 법을 듣는 데 있어서 많은 도움을 주는 것은 귀를 기울이는 것이다. 귀를 기울이지 않는다면 법을 들을 수 없다. 귀를 기울이는 까닭에 법을 들을 수 있는 것이다. 따라서 법을 듣는 데 있어서 많은 도움을 주는 것은 귀를 기울이는 것이다."

"그러면 고타마시여, 귀를 기울이는 데 있어서 많은 도움을 주는 것은 어떤 법입니까. 저희는 고타마 님께 귀를 기울이는 데 있어서 많은 도움을 주는 (그러한) 법에 대해서 여쭙는 바입니다."

"바라드바자야, 귀를 기울이는 데 있어서 많은 도움을 주는 것은 모시는 일이다. 모시지 않는다면 귀를 기울일 수 없다. 모시는 까닭에 귀를 기울일 수 있는 것이다. 따라서 귀를 기울이는 데 있어서 많은 도움을 주는 것은 모시는 일이다."

"그러면 고타마시여, 모시는 일을 위하여 많은 도움을 주는 것은 어떤 법입니까. 저희는 고타마 님께 모시는 일을 위하여 많은 도움을 주는 (그러한) 법에 대해서 여쭙는 바입니다."

"바라드바자야, 모시는 일을 위하여 많은 도움을 주는 것은 가까이 가는 것이다. 가까이 가지 않는다면 모실 수 없다. 가까이 가는 까닭에 모실 수 있는 것이다. 따라서 모시는 일을 위하여 많은 도움을 주는 것은 가까이 가는 것이다."

"그러면 고타마시여, 가까이 가는 것을 위하여 많은 도움을 주는 것은 어떤 법입니까. 저희는 고타마 님께 가까이 가는 것을 위하여 많은 도움을 주는 (그러한) 법에 대해서 여쭙는 바입니다."

"바라드바자야, 가까이 가는 것을 위하여 많은 도움을 주는 것은 신앙이다. 신앙(심)이 일어나지 않는다면 가까이 가지 않는다. 신앙(심)이 일어나는 까닭에 가까이 갈 수 있는 것이다. 따라서 가까이 가는 것을 위하여 도움을 주는 것은 신앙이다."

3. 바라드바자의 귀의

14 진리의 보호에 대해 저희들은 고타마 님께 질문하였습니다. (그리고) 고타마께서는 진리의 보호에 대해 답하였습니다. 그 답을 저희들은 기뻐하고 수긍합니다. 그리고 그 답으로 말미암아 마음을 잡았습니다.

　진리의 깨달음에 대해 저희들은 고타마 님께 질문하였습니다. (그리고) 고타마께서는 진리의 깨달음에 대해 답하였습니다. 그 답을 저희들은 기뻐하고 수긍합니다. 그리고 그 답으로 말미암아 마음을 잡았습니다.
 진리의 획득에 대해 저희들은 고타마 님께 질문하였습니다. (그리고) 고타마께서는 진리의 획득에 대해 답하였습니다. 그 답을 저희들은 기뻐하고 수긍합니다. 그리고 그 답으로 말미암아 마음을 잡았습니다.
 진리의 획득을 위하여 많은 도움을 주는 법에 대해 저희들은 고타마 님께 질문하였습니다. (그리고) 고타마께서는 진리의 획득을 위하여 많은 도움을 주는 법에 대해 답하였습니다. 그 답을 저희들은 기뻐하고 수긍합니다. 그리고 그 답으로 말미암아 마음을 잡았습니다.
 저희들이 고타마 님께 질문하는 것마다, 고타마께서는 답해 주셨는데 그 모든 답을 저희들은 기뻐하고 수긍합니다. 그리고 그 답으로 말미암아 마음을 잡았습니다.
 "고타마시여, 저는 예전에 '천하고 검고 범신의 발에서 태어났고 머리를 깎은 열등한 수행자들이 있거니와 (그 중) 법을 아는 자는 없다.'라고 알고 있었습니다. 그런데 지금 고타마께서는 저 (의 마음) 속에 수행자에 대한 관심과 수행자에 대한 믿음과 수행자에 대한 존경심을 불러 일으켰습니다.
 고타마시여, 뛰어나십니다. (고타마시여, 뛰어나십니다. 고타마시여, 마치 뒤집힌 것을 바로 세우고 덮힌 것을 벗겨내고, 모르는 자에게 길을 안내하는 것 같습니다. 어둠 속에서 기름등을 켜 눈 있는 자라면 색을 보게끔 고타마시여, 고타마께서는 그와 같이 여러 단계로 법을 드러내셨습니다. 고타마시여, 저는 고타마께 귀의하오며 법과 제자 승단에 귀의하옵니다.) 고타마께서는 저를 신자로서 받아 주십시오. 오늘부터 생명이 다할 때까지 귀의하겠습니다.[20]"

― 1. 창키경 끝 ―

●●●●●●●●●●
20) 이상의 『창키경』의 내용에 입각할 때 일관되게 요청되는 진리에 대한 불교의 근본 입장은 '신중한 태도' '합리적인 이해'와 '현실에서의 검증 가능성'을 전제하는 것임을 알 수 있다.

2. 사자후 경[1]
진리에 대한 근본 입장 II[2]

1. 다른 수행자에 대한 논쟁은 공허한 것

1 이와 같이 내가 들었다. 한때에 붓다께서는 사밧티 시의 제타바나 숲에 있는 아나타핀디카 장자의 동산에서 지내셨다. 그곳에서 붓다께서는 "제자들아."라고 하시며 제자들을 부르셨다. "붓다시여."라고 하며 그 제자들은 붓다께 응답하였다. (이어서) 붓다께서는 말씀하셨다.

---

1) 중니카야(Majjhima Nikāya) 제1권 제11경(Cūlasīhanāda Sutta) [M.N.I, p. 90~95(N.D.P) ; p.63~68(P.T.S)] : 한역 4아함 중에는 중아함(103) 사자후경[대정장 1, p.590 中~]이 그 대응경이다.
2) 이 경은 진리(Sacca)라는 말 대신 '궁극적인 것(niṭṭhā)'이라는 표현을 통해 궁극적인 진리의 조건을 다루고 있다. 아울러 참된 믿음의 대상에 대해서도 설하고 있다. 진리의 조건과 믿음의 대상은 상호 밀접한 관계가 있으므로, 이 경의 내용 전개는 주의할 만하다.

"제자들아, 오직 여기에만 (첫째의) 수행자가 있고, 여기에 둘째의 수행자가 있고, 여기에 셋째의 수행자가 있고, 여기에 넷째의 수행자가 있을 뿐이다.[3] 그외의 수행자들에 대한 논쟁은 공허

●●●●●●●●●●●●●●●

우선 제1절에서는 붓다의 가르침은 궁극적인 진리일 수 있음을 주장한다(첫째 단락). 그 주장에 대해 다른 종교인들이 타당한 이유를 묻는다면, 붓다와 교법과 계율과 대중의 넷에 대한 깨끗한 믿음을 지닐 수 있기에 그렇게 주장한다고 답하게 한다(둘째 단락). 다른 종교도 스승과 가르침과 규칙과 무리의 넷에 대해 믿음을 역시 지니고 있거니와 어떤 차이가 있는가라고 묻는다면(셋째 단락), 일단 궁극적인 진리는 9가지 조건을 지니고 있음을 분명히 해야 한다고 가르친다(넷째 단락).
다음 제2절에서는 궁극적인 진리의 조건을 갖추고 있는 자가 누구인가 그리하여 믿음을 둘 만한 자가 누구인가를 살펴나가면서, 붓다와 다른 종교사상가와 비교를 유도한다. 즉 어떤 종교 사상가라도 有(bhava) 無(vibhava)의 양 극단에 집착한다면 궁극적인 진리의 9가지 조건을 갖추지 못한다(다섯째 단락).
제3절 : (그런데 有(bhava) 또는 無(vibhava)에 집착하는 것은 네 가지 취착(取着)을 지니는 데 기인한 것이다. 12연기설에서 取着(upādana)을 연하여 有(됨, bhava)가 있다라고 하는 대목을 상기할 것.) 여기서 다른 수행자 또는 사제들은 네 가지 취착 중 최소한 자아의 이론(attavāda, theory of self)에 대한 취착을 지니고 있다. 따라서 그들에 대한 믿음은 올바른 것이 못된다.(취착하므로, 有·無에 집착하고 그리하여 진리의 아홉 조건을 갖추지 못할 것이기 때문이다.)(여섯째 단락).
제4절 : 그런데 붓다는 네 가지 취착을 완전히 알아서 (버리셨으므로) 붓다와 그의 교법·계율 및 대중에 대한 믿음은 올바른 것이 된다. (취착하지 않으므로, 有·無에 집착하지 않고 그리하여 진리의 아홉 조건을 갖출 것이기 때문이다.) (일곱째 단락)
제5절 : (그러면 어떻게 붓다만이 네 가지 취착을 완전히 안다라고 주장할 수 있는가.)붓다는 취착의 원인이 갈애임을 깨달았고 내지 밝힘 아닌 것임을 깨달았기 때문이다(여덟째 단락). 이것은 곧 12연기설(十二緣起說)에 대한 깨달음이다.
결국 이 경은 청정한 믿음을 일으킬 만한 궁극적인 진리에 대하여, 불교가 근본적으로 어떤 조건을 제시하고 있는가를 보여준다. 아울러 12연기에 대한 깨달음이 불교에 있어서의 궁극적인 진리임도 천명하고 있다. 진리에 대한 불교의 근본입장이 12연기설로 대변된다 할 것이다.
3) 네 명의 수행자는 이른바 四果의 沙門을 말하는 것으로 주석서는 밝히고 있다. 곧 흐름에 이르른 예류과(預流果, sotāpattiphala)의 수행자, 한 번 옴이 있는 일래과(一來果, sakadāgamīphala)의 수행자, 옴이 없는 불환과(不還果, anāgamīphala)의 수

한 것이다. 제자들아, 이와 같은 (내용을 설파한다면) 그것은 정당하게 사자의 울음을 외친 것이다.

2 제자들아, 다른 종교 사상가 (또는) 방랑 종교인들이 '그런데 당신들께서는 어떤 소식과 어떤 힘에 의거하여, 오직 여기에만 (첫째의) 수행자가 있고, 여기에 둘째의 수행자가 있고, 여기에 셋째의 수행자가 있고, 여기에 넷째의 수행자가 있을 뿐이니 그 외의 수행자들에 대한 논쟁은 공허한 것이다라고 주장하는가.'라고 하며 물을 수가 있다.

제자들아, 이렇게 질문하는 다른 종교 사상가 (또는) 방랑 종교인들에게는 다음과 같이 답해야 한다.

'벗이여, 우리에게는 (큰) 어른이 계신데 그분은 아시는 분이며 보시는 분이며 동등하시며 바르고 원만하게 깨달으신 붓다이시다. 그 붓다께서 네 가지 법을 설하셨다. 그 (법)들을 우리는 스스로에게서 뚜렷이 보는 까닭에, 오직 여기에만 (첫째의) 수행자가 있고, 여기에 둘째의 수행자가 있고, 여기에 셋째의 수행자가 있고, 여기에 넷째의 수행자가 있을 뿐이니, 그외의 수행자들에 대한 논쟁은 공허한 것이다라고 말하고 있다.

넷이란 어떤 것인가. 벗이여, 우리에게는 스승에 대한 깨끗한 믿음이 있다. 그리고 법에 대한 깨끗한 믿음이 있다. 그리고 여러 계율을 완성한 자가 있다. 그리고 재가 및 출가자로서 (우리의)

행자, 동등한 아라한과(阿羅漢果, arahatta)의 수행자를 말하는 듯하다.

진정한 종교적 진리를 수행하는 자는, 불교의 네 성자 또는 그와 같은 수행을 하는 자 외에는 없다고 주장하는 것이다.

마음에 들고 사랑을 받는 자들이 있으니, 법과 함께 하는 자들이 (우리에게) 있는 것이다. 벗이여, 어른으로서 아시는 분이고 보시는 분이고 동등하시며 바르고 원만하게 깨달으신 붓다께서는 (바로) 이들 네 가지 법을 설하셨다. 그 (법)들을 우리는 스스로에게서 뚜렷이 보는 까닭에, 오직 여기에만 (첫째의) 수행자가 있고, 여기에 둘째의 수행자가 있고, 여기에 셋째의 수행자가 있고, 여기에 넷째의 수행자가 있을 뿐이니 그외의 수행자들에 대한 논쟁을 공허한 것이다라고 말하고 있다.'

3 제자들아, 다른 종교 사상가 (또는) 방랑 종교인들이 '벗이여, 우리에게도 역시 우리의 스승에 대한 깨끗한 믿음이 있다. 우리에게도 역시 우리의 법에 대한 깨끗한 믿음이 있다. 우리도 역시 우리의 계율들을 완성한 자들이다. 그리고 우리에게도 역시 재가 및 출가자로서 (우리의) 마음에 들고 사랑을 받는 자들이 있으니, 법과 함께 하는 자들이 (우리에게도) 있는 것이다. 여기서 벗이여, 당신들과 우리 사이에 어떤 차이가 있으며 어떤 차별이 있으며 어떤 구별이 있는가.'라고 하며 물을 수가 있다.

제자들아, 이렇게 질문하는 다른 종교 사상가 (또는) 방랑 종교인들에게는 다음과 같이 말해야 한다. '그런데 벗이여, 궁극적인 (진리)는 하나인가 여럿인가.'라고. 제자들아, 다른 종교 사상가 (또는) 방랑 종교인들이 올바로 답한 것이 되려면 '벗이여, 궁극적인 (진리)는 하나이다. 여럿이지 않다.'라고 답해야 한다.

4 '다시 벗이여, 궁극적인 (진리)는 탐착[4]을 지닌 자에 속한

● ● ● ● ● ● ● ● ● ● ● ● ● ●

4) 탐착(貪着, rāga) : 가장 깊은 차원의 내면적 욕심을 일컫는다.

것인가, 탐착을 떠난 자에 속한 것인가.'

제자들아, 다른 종교 사상가 (또는) 방랑 종교인들이 올바로 답한 것이 되려면 '벗이여, 궁극적인 (진리)는 탐착을 떠난 자에 속한 것이다. 탐착을 지닌 자에 속한 것이 아니다.'라고 답해야 한다.

'다시 벗이여, 궁극적인 (진리)는 분노를 지닌 자에 속한 것인가, 분노를 떠난 자에 속한 것인가.'

제자들아, 다른 종교 사상가 (또는) 방랑 종교인들이 올바로 답한 것이 되려면 '벗이여, 궁극적인 (진리)는 분노를 떠난 자에 속한 것이다. 분노를 지닌 자에 속한 것이 아니다.'라고 답해야 한다.

'다시 벗이여, 궁극적인 (진리)는 어리석음을 지닌 자에 속한 것인가, 어리석음을 떠난 자에 속한 것인가.'

제자들아, 다른 종교 사상가 (또는) 방랑 종교인들이 올바로 답한 것이 되려면 '벗이여, 궁극적인 (진리)는 어리석음을 떠난 자에 속한 것이다. 어리석음을 지닌 자에 속한 것이 아니다.'라고 답해야 한다.

'다시 벗이여, 궁극적인 (진리)는 갈애[5]를 지닌 자에 속한 것인가, 갈애를 떠난 자에 속한 것인가.'

제자들아, 다른 종교 사상가 (또는) 방랑 종교인들이 올바로 답한 것이 되려면 '벗이여, 궁극적인 (진리)는 갈애를 떠난 자에 속한 것이다. 갈애를 지닌 자에 속한 것은 아니다.'라고 답해야

---

5) 갈애(渴愛, taṇhā).

한다.

'다시 벗이여, 궁극적인 (진리)는 취착[6]을 지닌 자에 속한 것인가. 취착을 떠난 자에 속한 것인가.'

제자들아, 다른 종교 사상가 (또는) 방랑 종교인이 올바로 답한 것이 되려면 '벗이여, 궁극적인 (진리)는 취착을 떠난 자에 속한 것이다. 취착을 지닌 자에 속한 것은 아니다.'라고 답해야 한다.

'다시 벗이여, 궁극적인 (진리)는 아는 자에게 속한 것인가, 모르는 자에게 속한 것인가.'

제자들아, 다른 종교 사상가 (또는) 방랑 종교인이 올바로 답한 것이 되려면 '벗이여, 궁극적인 (진리)는 아는 자에게 속한 것이다. 모르는 자에게 속한 것이 아니다.'라고 답해야 한다.

'다시 벗이여, 궁극적인 (진리)는 편들고 대립하는 자에게 속한 것인가. 편들지도 않고 대립하지도 않는 자에게 속한 것인가.'

제자들아, 다른 종교 사상가 (또는) 방랑 종교인이 올바로 답한 것이 되려면 '벗이여, 궁극적인 (진리)는 편들지도 않고 대립하지도 않는 자에게 속한 것이다. 편들고 대립하는 자에게 속한 것은 아니다.'라고 답해야 한다.

'다시 벗이여, 궁극적인 (진리)는 희론을 좋아하고 즐기는 자에게 속한 것인가, 희론으로부터 떠난 것을 좋아하고 즐기는 자에게 속한 것인가.'

제자들아, 다른 종교 사상가 (또는) 방랑 종교인이 올바로 답

---

6) 취착(取着, upādāna).

한 것이 되려면, '벗이여, 궁극적인 (진리)는 희론으로부터 떠난 것을 좋아하고 즐기는 자에게 속한 것이다. 희론을 좋아하고 즐기는 자에게 속한 것은 아니다.'라고 답해야 한다."

2. 탐착 · 분노 · 어리석음을 떠난 자

5 "제자들아, 두 가지 견해가 있다. 있음[7]의 견해와 없음의 견해이다. 제자들아, 수행자 또는 사제로서 있음의 견해에 집착하고, 있음의 견해를 가까이 하고, 있음의 견해를 고집하는 자는 없음의 견해와 대립하는 자이다. 제자들아, 수행자 또는 사제로서 없음의 견해에 집착하고, 없음의 견해를 가까이 하고, 없음의 견해를 고집하는 자는 있음의 견해와 대립하는 자이다.

제자들아, 어떤 수행자 또는 사제라도 이 두 견해의 집기와 소멸과 맛과 환난과 초월을 있는 그대로 알아내지 못한다면, '그들은 모두 탐착을 지닌 자이고 분노를 지닌 자이고 어리석음을 지닌 자이고 갈애를 지닌 자이고 취착을 지닌 자이고 모르는 자이고 편들거나 적대하는 자이고 희론을 좋아하며 희론을 즐기는 자이다. (또한) 그들은 (재)생과 늙음과 죽음과 슬픔과 눈물과 고

──────────

7) 있음(bhava) : 여기서의 있음은 '단순히 존재함(atthi)'을 뜻하는 것과는 다소 다르다. 재생의 근거를 일컫는 것으로서, 취착한 것이 재생의 근거로서 구체화 '되는 것'을 일컫는다.

통과 근심과 번민으로부터 완전히 벗어나지 못한다. (결국) 괴로움으로부터 해탈하지 못한다.'라고 나는 말한다.

그런데 제자들아, 어떤 수행자 또는 사제라도 이 두 견해의 집기와 소멸과 맛과 환난과 초월을 있는 그대로 알아낸다면, '그들은 모두 탐착을 떠난 자이고 분노를 떠난 자이고 어리석음을 떠난 자이고 편들지도 않으며 적대하지도 않는 자이고 희론으로부터 떠난 것을 좋아하며 즐기는 자이다. (또한) 그들은 (재)생과 늙음과 죽음과 슬픔과 눈물과 고통과 근심과 번민으로부터 완전히 벗어난다. (결국) 괴로움으로부터 해탈한다.'라고 나는 말한다."

3. 어떤 믿음이 바르지 못한가

6 "제자들아, 취착에 네 가지가 있다. 네 가지는 어떤 것인가. 애욕을 취하는 것, 견해를 취하는 것, 계율과 금기를 취하는 것, 그리고 자아의 이론을 취하는 것 등이다. 제자들아, 어떤 수행자 (또는) 사제들은 모든 취착에 대해서 완전히 안다라고 (스스로) 주장하고 선언한다. 그런데 그들은 정당하게 모든 취착에 대해 완전히 알지도 가르치지도 못한다. (곧) 애욕의 취착에 대해서는 완전히 알아서 가르친다. 그러나 견해의 취착에 대해 완전히 알지도 가르치지도 못하고, 계율과 금기의 취착에 대해서(도) 완전히 알지도 가르치지도 못한다. (그리고) 자아의 이론에 대한 취착에 있어서(도) 완전히 알지도 가르치지도 못한다. 왜냐하면, 그 수행자 (또는) 사제들은 그 세 가지 경우를 있는 그대로 알아

내지 못하기 때문이다. 그 때문에 그 수행자 (또는) 사제들은 모든 취착에 대해서 완전히 안다라고 (스스로) 주장하고 선언하지만, 그들은 정당하게 모든 취착에 대해 완전히 알지도 가르치지도 못하는 것이다. 곧 애욕의 취착에 대해서는 완전히 알아서 가르치나, 견해의 취착에 대해서는 완전히 알지도 가르치지도 못하고, 계율과 금기의 취착에 대해서(도) 완전히 알지도 가르치지도 못한다. (그리고) 자아의 이론에 대한 취착에 있어서(도) 완전히 알지도 가르치지도 못하는 것이다.

(또) 제자들아, 어떤 수행자 (또는) 사제들은 모든 취착에 대해서 완전히 안다라고 (스스로) 주장하고 선언한다. 그런데 그들은 정당하게 모든 취착에 대해 완전히 알지도 가르치지도 못한다. (곧) 애욕의 취착에 대해 완전히 알아서 가르치고 견해의 취착에 대해 완전히 알아서 가르치지만, 계율과 금기의 취착에 대해서는 완전히 알지도 가르치지도 못하고 자아의 이론에 대한 취착에 있어서(도) 완전히 알지도 가르치지도 못한다. 왜냐하면, 그 수행자 (또는) 사제들은 그 두 가지 경우를 있는 그대로 알아내지 못하기 때문이다. 그 때문에 그 수행자 (또는) 사제들은 모든 취착에 대해서 완전히 안다라고 (스스로) 주장하고 선언하지만, 그들은 정당하게 모든 취착에 대해 완전히 알지도 가르치지도 못하는 것이다. (곧) 애욕의 취착에 대해 완전히 알아서 가르치고 견해의 취착에 대해 완전히 알아서 가르치지만, 계율과 금기의 취착에 대해서는 완전히 알지도 가르치지도 못하고 자아의 이론에 대한 취착에 있어서(도) 완전히 알지도 가르치지도 못하는 것이다.

(또) 제자들아, 어떤 수행자 (또는) 사제들은 모든 취착에 대

해서 완전히 안다라고 (스스로) 주장하고 선언한다. 그런데 그들은 정당하게 모든 취착에 대해 완전히 알지도 가르치지도 못한다. (곧) 애욕의 취착에 대해 완전히 알아서 가르치고, 견해의 취착에 대해 완전히 알아서 가르치고, 계율과 금기의 취착에 대해서(도) 완전히 알아서 가르치지만, 자아의 이론에 대한 취착에 있어서는 완전히 알지도 가르치지도 못한다. 왜냐하면 그 수행자 (또는) 사제들은 그 한 가지 경우를 있는 그대로 알아내지 못하기 때문이다. 그 때문에 그 수행자 (또는) 사제들은 모든 취착에 대해서 완전히 안다라고 (스스로) 주장하고 선언하지만, 그들은 정당하게 모든 취착에 대해 완전히 알지도 가르치지도 못하는 것이다. (곧) 애욕의 취착에 대해 완전히 알아서 가르치고, 견해의 취착에 대해 완전히 알아서 가르치고, 계율과 금기의 취착에 있어서도 완전히 알아서 가르치지만, 자아[8]의 이론에 대한 취착에 있어서는 완전히 알지도 가르치지도 못하는 것이다.

 제자들아, 어떤 교법과 계율이 이러한 상황이라면 (그러한) 스승에 대한 믿음은 올바른 것이 아니다. (또 그러한) 법에 대한 믿음도 올바른 것이 아니다. (또 그러한) 계율에서의 완성자도 올바른 것이 아니다. (그리고 그러한) 법과 함께 하는 자들에 대해 사랑하고 마음에 들어하는 것도 올바른 것이 아니라고 말하게 된다. 왜냐하면 제자들아, 그 교법과 계율은 보호되지 못한 것이

●●●●●●●●●●●●●●

8) 실제 어떤 종교사상도 자아(自我, attan)의 존재함을 강력히 주장한다. 자아의 모습에 대한 견해는 달라도 어떤 모습으로든 자아가 존재한다는 것에는 강하게 집착하고 있다. 이러한 일반의 종교사상에 대해 뚜렷하게 획을 그은 것이 불교의 무아사상(無我思想, anattāvāda)임은 재언할 필요가 없다.

며, 잘못 설해진 것이며, (진리로) 이끄는 것이 아니며, 고요함으로 전개되는 것이 아니며, 그리고 바르고 원만하게 깨달은 붓다에 의해 설해진 것이 아니기 때문이다."

4. 어떤 믿음이 올바른가

7 "제자들아, 그렇게 오셨으며 동등하시며 바르고 원만하게 깨달으신 붓다는 모든 취착에 대해 완전히 안다라고 주장하고 선언하신다. (아울러) 정당하게 모든 취착에 대해 완전히 알아서 가르치신다. (곧) 애욕의 취착에 대해서(도) 완전히 알아서 가르치고, 견해의 취착에 대해서(도) 완전히 알아서 가르치고, 계율과 금기의 취착에 대해서(도) 완전히 알아서 가르치고, (그리고) 자아의 이론에 대한 취착에 있어서(도) 완전히 알아서 가르치신다.

제자들아, 어떤 교법과 계율이 이러한 상황이라면, (그러한) 스승에 대한 믿음은 올바른 것이다. (또 그러한) 법에 대한 믿음도 올바른 것이다. (또 그러한) 계율에서의 완성자도 올바른 것이다. (그리고 그러한) 법과 함께 하는 자들에 대해 사랑하고 마음에 들어하는 것도 올바른 것이라고 말하게 된다. 왜냐하면 제자들아, 그 교법과 계율은 보호된 것이며, 잘 설해진 것이며, (진리로) 이끄는 것이며, 고요함으로 전개되는 것이며, 그리고 바르고 원만하게 깨달으신 붓다에 의해 설해진 것이기 때문이다."

5. 밝힘 아닌 것에서 벗어난 동등하신 붓다

8 "그런데 제자들아, 이 네 가지 취착은 무엇에서 기인하였고 무엇에서 집기[9]하였고 무엇에서 생하였고 무엇에서 나타났는가. 이 네 가지 취착은 갈애에서 기인하였고 갈애에서 집기하였고 갈애에서 생하였고 갈애에서 나타났다.

제자들아, 갈애는 무엇에서 기인하였고 무엇에서 집기하였고 무엇에서 생하였고 무엇에서 나타났는가. 갈애는 느낌에서 기인하였고 느낌에서 집기하였고 느낌에서 생하였고 느낌에서 나타났다.

제자들아, 느낌은 무엇에서 기인하였고 무엇에서 집기하였고 무엇에서 생하였고 무엇에서 나타났는가. 느낌은 충돌[10]에서 기인하였고 충돌에서 집기하였고 충돌에서 생하였고 충돌에서 나타났다.

제자들아, 충돌은 무엇에서 기인하였고 무엇에서 집기하였고 무엇에서 생하였고 무엇에서 나타났는가. 충돌은 여섯 포섭처[11]에서 기인하였고 여섯 포섭처에서 집기하였고 여섯 포섭처에서 생하였고 여섯 포섭처에서 나타났다.

제자들아, 여섯 포섭처는 무엇에서 기인하였고 무엇에서 집기하였고 무엇에서 생하였고 무엇에서 나타났는가. 여섯 포섭처는

● ● ● ● ● ● ● ● ● ● ● ● ● ●

9) 집기(集起, sam-ud-aya) : '함께 일어남'의 뜻을 지닌다. 취착은 과연 무엇과 함께 일어나는가를 묻고 있는 것이다.
10) 충돌〔觸, (sam)phassa〕: 부딪침의 뜻이다. 단순한 접촉이 아닌, 두 모순 상황의 강한 충돌을 의미한다.
11) 여섯 포섭처〔六處, saḷ āyatana〕: 눈, 귀, 코, 혀, 몸, 뜻의 여섯 가지 포섭처를 말한다.

이름과 색에서 기인하였고 이름과 색에서 집기하였고 이름과 색에서 생하였고 이름과 색에서 나타났다.

제자들아, 이름과 색은 무엇에서 기인하였고 무엇에서 집기하였고 무엇에서 생하였고 무엇에서 나타났는가. 이름과 색은 식별에서 기인하였고 식별에서 집기하였고 식별에서 생하였고 식별에서 나타났다.

제자들아, 식별은 무엇에서 기인하였고 무엇에서 집기하였고 무엇에서 생하였고 무엇에서 나타났는가. 식별은 여러 결합에서 기인하였고 여러 결합에서 집기하였고 여러 결합에서 생하였고 여러 결합에서 나타났다.

제자들아, 여러 결합은 무엇에서 기인하였고 무엇에서 집기하였고 무엇에서 생하였고 무엇에서 나타났는가. 여러 결합은 밝힘 아닌 것에서 기인하였고 밝힘 아닌 것에서 집기하였고 밝힘 아닌 것에서 생하였고 밝힘 아닌 것에서 나타났다.

제자들아, 너희들 중 누구에게 밝힘 아닌 것은 버려지고 밝힘이 생한다고 하자. 그러면 그는 밝힘 아닌 것에서 탐착을 여의고 밝힘을 일으킨 까닭에 결코 애욕을 취착하지 않는다. 또 견해를 취착하지 않는다. 또 계율과 금기를 취착하지 않는다. 또 자아의 이론을 취착하지 않는다. 취착하지 않기에 떨지 않는다. 떨지 않기에 스스로 완전한 진리의 세계에 든다. (그리하여) '나의 생은 다하였고 청정한 수행은 완성했고 할 바를 다하였고 여기서의 상태는 다시 없다.'라고 알아낸다."

9 붓다께서는 이와 같이 설하셨다. 뜻을 알게 된 그 제자들은 붓다의 말씀에 매우 기뻐하였다.

— 2. 사자후 경 끝 —

3. 범천청불 경[1]
전통적 진리 주장에 대한 비판 I [2]

• • • • • • • • • • • • •

1) 중니카야(Majjhima Nikāya) 제1권 제49경(Brahmanimantanika Sutta) 〔M.N.I, p.399~405(N.D.P);p.326~331(P.T.S)〕: 대응 한역경은 中阿含(78) 『梵天請佛經』〔大正藏 1, p.547上~〕이다.
2) 불교 흥기시대의 인도 전통사상에 대한 원시불교의 비판을 보여주고 있다. 즉 전통적인 Brahmanism에 대한 비판이다. 이 비판은 두 가지 방향을 취하고 있다.
   첫째는 범신(Brahman)의 영원성과 전체성을 비판하는 것이다. 영원하고 전체적인 것은 보편성(Universality)을 충족시키는 것이고 종교의 궁극적인 진리에 해당한다. 그런 것을 Brahmanism에서는 '범신'으로 규정하고 주장한다.(제1단락~5단락 전반) 이에 대해 붓다는 신화론적인 지식을 동원하여 결코 범신의 세계가 영원하지 않으며, 또 전체가 아님을 지적한다(제 7~8단락). 이로써 범신의 종교적 진리성을 비판하는 것이다.
   둘째는 Brahmanism의 구조에 대한 철학적 비판을 가하는 것이다.
   원래 Brahmanism은 Veda시대의 多神敎로부터 출발한다. 그 뒤 神格에 대한 연구가 발달하여, 造一切神(Viśvakarman) → 生主神(Prajāpati)을 거쳐 우파니샤드 시대의 梵神에 이르게 된다. 이 범신은 태초의 唯一者이거니와, 많아지려는 욕심을 일으켜 地·水·火·風을 내어 놓는다. 이들로부터 神性을 갖춘 복합물(devatā)이 '이루어진다'(bhuta). 이 복합물 속에 태초의 범신이 命我(jiva-ātman)의 상태로 들어가 삼라만상이 벌어진다. 이상이 Brahmanism의 구조이다. 이러한 일련의 과정 속에서 주요한 역할을 하는 요소들이 이 경에서는 "땅·물·불·바람·이루어진 것·천신·생주신·범신"의 여덟 가지로 정리되어 제시된다(제3단락, 제5단락 후반). 그런데 이 여덟 가지를 잘 알아 보면 결코 나라고 할 수 없다(나아가 無我인 것이다). 따라서 그것으로 궁극적인 진리를 논한다는 것은 잘못된 것이다(제8단락). 이처럼 범신의 진리성을 철학적으로 비판하고 있다.

1. 바카 범신의 잘못된 견해

1 이와 같이 내가 들었다. 한때에 붓다께서는 사밧티 시의 제타바나 숲에 있는 아나타핀디카 장자의 동산에서 지내셨다. 그곳에서 붓다께서는 "제자들아."라고 하시며 제자들을 부르셨다. "붓다시여."라고 하며 그 제자들은 붓다께 응답하였다. (이어서) 붓다께서는 말씀하셨다.

"제자들아, 한때 나는 욱캇타의 수바가바나 숲에 있는 가장 큰 살라 나무의 뿌리에서 지냈다. 제자들아, 그때 바카라는 범신이 '이곳은 항구적이다. 이곳은 견고하다. 이곳은 영원하다. 이곳은 전부이다. 이곳은 소멸될 수 없다. 이곳은 태어나는 곳이 아니고 늙는 곳이 아니고 죽는 곳이 아니고 죽었다가 다시 태어나는 곳이 아니다. 다시 이곳 외에 더 뛰어난 초월(의 경지)는 없다.'라는 나쁜 견해를 일으켰다.

제자들아, 나는 (나의) 마음으로 바카 범신이 마음 속으로 하는 생각을 알고서는, 힘센 자가 굽혀진 팔을 펴고 펴진 팔을 굽히는 것 같은 (순간)에 욱캇타의 수바가바나 숲의 가장 큰 살라 나무 뿌리에서 사라져 범신의 세계에 나타났다.

제자들아, 바카 범신은 멀리서 내가 오는 것을 보았다. 보고서는 나에게 '큰 도인이여, 오시오. 큰 도인이여, 잘 오셨소. 큰 도인이여, 오랫만에 이곳에 왔습니다. 큰 도인이여, 이곳은 항구적입니다. 이곳은 견고합니다. 이곳은 영원합니다. 이곳은 전부입니다. 이곳은 소멸될 수 없습니다. 이곳은 태어나는 곳이 아니고 늙는 곳이 아니고 죽는 곳이 아니고 죽었다가 다시 태어나는 곳이 아닙니다. 다시 이곳 외에 더 뛰어난 초월(의 경지)는 없습니다.'

라고 말했다.
 그 이야기를 듣고 제자들아, 나는 바카 범신에게 말하였다.
 '바카 범신이여, 너는 밝힘 아닌 것에 사로 잡혀 있다. 바카 범신이여, 실로 너는 밝힘 아닌 것에 사로 잡혀 있다. 결코 항구적이지 못한 것을 너는 항구적이다라고 말할 뿐이다. 결코 견고하지 못한 것을 너는 견고하다라고 말할 뿐이다. 결코 전부가 못되는 것을 너는 전부이다라고 말할 뿐이다. 결국 소멸되고 마는 것을 너는 소멸될 수 없다라고 말할 뿐이다. 이곳에는 태어나고 늙고 죽고 죽었다가 다시 태어나는 일이 있건만 너는 이곳을 태어나는 곳이 아니고 늙는 곳이 아니고 죽는 곳이 아니고 죽었다가 다시 태어나는 곳이 아니다라고 말할 뿐이다. 다시 더 뛰어난 초월(의 경지)가 있음에도 불구하고 너는 이곳보다 더 뛰어난 초월(의 경지)는 없다라고 말할 뿐이다.'
3 제자들아, 그때 악마신[3]이 어떤 범신들의 무리 사이에 들어와서 나에게 말하였다.
 '걸식자여, 그대는 이 일에 관여하지 말라. 걸식자여, 그대는 이 일에 관여하지 말라. 실로 걸식자여, 이 범신은 대범신이다.

●●●●●●●●●●●●●
3) 이 경은 붓다와 범신 그리고 마신(Māra)의 대화로 구성되는데, 마신이 계속 등장하는 것은 종교적 진리 주장에 있어 주요한 면을 암시한다. 곧 범신을 중심으로 한 Brahmanism이 궁극적 진리가 못되는 것은, 마신으로 상징되는 죽음의 문제를 극복하지 못하기 때문이다. 범신의 경지도 결국 마신의 권한 속에 있음이 그래서 설해지고 있는 것이다(제4단락). 이처럼 종교적으로 궁극적인 진리가 되기 위해서는 죽음의 문제가 반드시 극복되어야 함이 필요조건이 되는 것이다. 아울러 붓다의 가르침이 궁극적인 진리의 자격을 갖춤은 바로 죽음의 문제가 잘 극복되어 있음을 말하는 것이 된다(제15단락).

정복자이지 패자가 아니다. 모든 것을 보고 지배력을 미치고 주인인 자이다. 만드는 자이고 창조하는 자이다. 최승한 자이고 방출자이고 주제력을 지닌 자이다. 그리고 과거와 미래의 아버지이다. 걸식자여, 그대 이전에 수행자 (또는) 사제들이 있었는데 땅을 욕하고 땅을 싫어했으며, 물을 욕하고 물을 싫어했으며, 불을 욕하고 불을 싫어했으며, 바람을 욕하고 바람을 싫어했으며, (그것들로부터) 이루어진 것들을 욕하고 이루어진 것들을 싫어했으며, 천신들을 욕하고 천신들을 싫어했으며, 생주신을 욕하고 생주신을 싫어했으며, 범신을 욕하고 범신을 싫어했다. 그들은 몸이 부서지고 생명이 끝난 뒤 열등한 무리들 (가운데 태어나서) 머물렀다.

그런데 걸식자여, 그대 이전에 수행자 (또는) 사제들이 있었는데 땅을 찬탄하고 땅을 기뻐했으며, 물을 찬탄하고 물을 기뻐했으며, 불을 찬탄하고 불을 기뻐했으며, 바람을 찬탄하고 바람을 기뻐했으며, (그것들로부터) 이루어진 것들을 찬탄하고 이루어진 것들을 기뻐했으며, 천신을 찬탄하고 천신을 기뻐했으며, 생주신을 찬탄하고 생주신을 기뻐했으며, 범신을 찬탄하고 범신을 기뻐했다. 그들은 몸이 부서지고 생명이 끝난 뒤 고상한 무리들 (가운데 태어나서) 머물렀다.

(그러므로) 걸식자여, 나는 그대에게 충고하노니 자, 큰 도인이여. 그대는 범신이 그대에게 말하는 대로 실천하도록 하고 범신의 말을 어기지 말도록 하시오. 걸식자여, 만약 그대가 범신의 말을 어긴다면, 그대는 다가온 행운을 매로 물리치는 사람과 같을 것이며, 지옥의 절벽에서 떨어지는 자가 (잡을 만한) 땅을 놓치는 것과 같은 것이다. (범신의 말을 어긴다면) 걸식자여, 그와

같은 일이 그대에게 생길 것이다. 자, 큰 도인이여. 그대는 범신이 말하는 대로 실천하도록 하고 범신의 말을 어기지 말도록 하시오. 걸식자여, 그대는 범신의 무리들이 모여 있는 것을 보는가.'

제자들아, 악마신은 결국 나를 범신의 무리들에게로 인도하였다.

4 제자들아, 나는 (악마 신의) 말을 듣고 그를 꾸짖었다.

'나쁜 자야, 나는 너를 알고 있다. 내가 너를 모른다고 생각하지 말라. 너는 악마이다. 나쁜 자야, 여기 범신이 있고 범신의 무리가 있는데 그 모든 범신의 무리들이 너의 손 안에 들어가 있고 너의 권한 속에 들어가 있다. 그리하여 나쁜 자야, 너는 생각하길, —이들은 나의 손 안에 들어가 있다. 이들은 나의 권한 속에 들어가 있다.—라고 생각한다. 그러나 나쁜 자야, 나는 너의 손 안에 있지 않고 너의 권한 속에 있지 않다.'

5 제자들아, 내가 악마신을 꾸짖자 바카 범신이 나에게 말하였다. '큰 도인이여, 진실로 나는 오직 항구적인 것을 항구적이다라고 말합니다. 오직 견고한 것을 견고하다라고 말합니다. 오직 영원한 것을 영원하다라고 말합니다. 오직 전부인 것을 전부이다라고 말합니다. 결코 소멸될 수 없는 것을 소멸될 수 없다라고 말합니다. 그리고 이곳은 태어나지 않고 늙지 않고 죽지 않고 죽었다가 다시 태어나지 않는 곳이기에 이곳은 태어나는 곳이 아니고 늙는 곳이 아니고 죽는 곳이 아니고 죽었다가 다시 태어나는 곳이 아니다라고 말합니다. 그리고 다시 더 뛰어난 초월(의 경지)가 없기에, 나는 이곳보다 더 뛰어난 초월(의 경지)는 없다라고 말합니다.

큰 도인이여, 당신 이전에 세상에는 수행자 (또는) 사제들이 있었는데 그들은 당신의 전 생애만큼을 고행한 자들이었습니다. 그들은 이곳보다 더 뛰어난 초월(의 경지)가 있다면 더 뛰어난 초월(의 경지)가 있다라고 알았을 것이며, 더 뛰어난 초월(의 경지)가 없다면 더 뛰어난 초월(의 경지)가 없다라고 알았을 것입니다. (그런데 그들은 더 뛰어난 초월의 경지가 있다라고 말하지 못했습니다. 따라서) 큰 도인이여, 나는 당신께 ㅡ이곳 보다 더 뛰어난 초월(의 경지)는 결코 볼 수 없을 것이오. 오히려 피로와 혼란의 결과만이 있을 것이오.ㅡ라고 말하는 바입니다. 큰 도인이여, 만약 당신께서 땅을 가까이 하여 안주한다면, 그것은 나에게서 거주하는 것이 되며 원하는 대로 (부정적인 것을) 제거할 수 있을 것입니다. 또 만약 물을…… 불을…… 바람을…… 이루어진 것들을…… 천신들을…… 생주신을…… 범신을 가까이 하여 안주한다면, 그것은 나에게서 거주하는 것이 되며 원하는 대로 (부정적인 것을) 제거할 수 있을 것입니다.'

6 '범신이여, 나 또한 그와 같이 알고 있다. 만약 내가 땅을 가까이 하여 안주한다면, 그것은 너에게서 거주하는 것이 될 것이며 원하는 대로 (부정적인 것을) 제거할 수 있을 것이다. 또 만약 내가 물을…… 불을…… 바람을…… 이루어진 것들을…… 천신들을…… 생주신을…… 범신을 가까이 하여 안주한다면, 그것은 너에게서 거주하는 것이 될 것이며 원하는 대로 (부정적인 것을) 제거할 수 있을 것이다. 그런데 범신이여, 나는 너의 움직임도 알아내고 너의 영광도 알아낸다. 곧 ㅡ바카 범신은 이 정도의 신통이 있다. 바카 범신은 이 정도의 위엄이 있다. 바카 범신은 이 정도의 위대한 힘이 있다.ㅡ라고 알아낸다.'

7 '큰 도인이여, 당신께서는 나의 움직임에 대하여 무엇을 알고

있습니까. 그리고 나의 영광에 대해서는 (무엇을 알고 있습니까.) 그리하여 —바카 범신은 이 정도의 신통이 있다. 바카 범신은 이 정도의 위엄이 있다. 바카 범신은 이 정도의 위대한 힘이 있다.—라고 (아는 것입니까.)'

(제자들아, 나는 게송으로 답하였다.)

'해와 달이 운행하여 사방으로 빛을 내비친다.
그 한계가 일천 세계이니 그곳은 너의 권한 속에 있다.

그러나 (범신이여,) 너는 탐착을 지닌 자와 떠난 자의 차이를 아는가. 여기서의 상태와 다른 곳의 상태에 있어서 (그 차이를 아는가.) 중생들의 옴과 감에 있어서 (그 차이를 아는가.)

범신이여, 나는 너의 움직임과 너의 영광에 대해서 이와 같이 알아내었기에, —바카 범신은 이 정도의 신통이 있다. 바카 범신은 이 정도의 위엄이 있다. 바카 범신은 이 정도의 위대한 힘이 있다.—라고 아는 것이다.

8 범신이여, 다른 세계가 있는데 그 세계를 너는 알지 못하고 보지 못한다. 그러나 나는 그것을 알고 본다. 범신이여, 광음천[4]이라는 세계가 있는데 너는 그곳에서 죽은 뒤 여기에 태어났다. 여기에 너무 오랫동안 머물다 보니 너는 그 기억을 잊어 버린 것이다. 그리하여 그 세계를 너는 알지 못하고 보지 못한다. 그러나 나는 그것을 알고 본다. 이와 같이 범신이여, (세계를) 잘 아는

---

4) 光音天 : abhassara. 광음천과 범신의 관계에 대한 신화론적 설법은 제8. 범망경을 참조하시오. 광음천은 色界 제2선의 최상천.

데 있어서 나는 너와 결코 같지도 않다. 하물며 열등하겠는가. 실로 나는 너보다 뛰어난 것이다. 범신이여, 극광정천[5]이라는 세계, 광과천[6]이라는 세계, 승리천[7]이라는 세계 등이 있다. 너는 그 세계를 알지도 못하고 보지도 못한다. 그러나 나는 그것을 알고 본다. 이와 같이 범신이여, (세계를) 잘 아는 데 있어서 나는 너와 결코 같지도 않다. 하물며 열등하겠는가. 실로 나는 너보다 뛰어난 것이다.

범신이여, 나는 땅을 땅으로서 잘 알기에, 땅에 있어서 땅의 성품에 정복당하지 않는다. (또한) 그것을 잘 알기에 땅을 나이다라고 (생각하지 않았고,) 내가 땅에 있다라고 (생각하지 않았고,) 나를 땅이다라고 (생각하지 않았고,) 땅을 나의 것이다라고 (생각하지 않았다.) 그리하여 땅에 절하지 않았던 것이다. 이와 같이 범신이여, (땅을) 잘 아는 데 있어서 나는 너와 결코 같지도 않다. 하물며 열등하겠는가. 실로 나는 너보다 뛰어난 것이다.

범신이여, 나는 물을……범신이여, 나는 불을……범신이여, 나는 바람을……범신이여, 나는 (그것들로부터) 이루어진 것들을……범신이여, 나는 천신들을……범신이여, 나는 생주신을……범신이여, 나는 범신을……범신이여, 나는 광음천의 세계들을……범신이여, 나는 극광정천의 세계들을……범신이여, 나는 광과천의 세계들을……범신이여, 나는 승리천의 세계들을……범신

●●●●●●●●●●●●●●

5) 極光淨天 : Subhakiṇha. 色界 제3선의 최상천.
6) 廣果天 : Vehaphala. 色界 제4선의 하늘. 여기까지 三災가 미친다.
7) 勝利天 : Abhibhu. 정확한 소속을 알기는 어려우나 五淨居天(pañca suddhā-vāsa)을 언급하는 것이 아닌가 한다.

이여, 나는 모든 것을 모든 것으로서 잘 알기에, 모든 것에 있어서 모든 것의 성품에 정복당하지 않는다. (또한) 그것을 잘 알기에 모든 것을 나이다라고 (생각하지 않았고,) 내가 모든 것에 있다라고 (생각하지 않았고,) 나를 모든 것이다라고 (생각하지 않았고,) 모든 것을 나의 것이다라고 (생각하지 않았다.) 그리하여 모든 것에 절하지 않았던 것이다. 이와 같이 범신이여, (모든 것을) 잘 아는 데 있어서 나는 너와 결코 같지도 않다. 하물며 열등하겠는가. 실로 나는 너보다 뛰어난 것이다.'

9 '큰 도인이여, 만약 모든 것에 있어서 모든 것의 성품에 정복당하지 않으셨다면, 그것을 잘 아시어 당신은 공허한 존재가 되지 말아야 할 것이며 허무한 존재가 되지 말아야 할 것입니다.[8]"

10 '(범신이여,) 식별은 보이지 않고 끝도 없이 모든 것에서 빛난다. 그 식별이 땅에 있어서 땅의 성품에 정복당하지 않는다. 물에 있어서 물의 성품에 정복당하지 않는다. 불에 있어서 불의 성품에 정복당하지 않는다. 바람에 있어서 바람의 성품에 정복당하지 않는다. (그것들로부터) 이루어진 것들에 있어서 이루어진 것들의 성품에 정복당하지 않는다. 천신들에 있어서 천신들의 성품에 정복당하지 않는다. 생주신에 있어서 생주신의 성품에 정복당하지 않는다. 범신에 있어서 범신의 성품에 정복당하지 않는다. 광음천의 세계들에 있어서 광음천의 성품에 정복당하지 않는다. 극광정천의 세계들에 있어서 극광정천의 성품에 정복당하지

● ● ● ● ● ● ● ● ● ●

8) 모든 것을 벗어났다면 무엇이 남아 있겠는가. 결국 공허하고 허무하게 빈 존재가 되어 버리는 오류에 빠지는 것이 아닌가 하는 지적이다.

않는다. 광과천의 세계들에 있어서 광과천의 성품에 정복당하지 않는다. 승리천의 세계에 있어서 승리천의 성품에 정복당하지 않는 것이다. 모든 것에 있어서 모든 것의 성품에 정복당하지 않는다.'

2. 붓다께서 신통을 나투시다

11 '그렇다면 큰 도인이여, 지금 당신에게서 사라질터이니 (나를 찾아)보시오.'
 '범신이여, 가능하다면 지금 나로부터 사라져 보아라.'
 제자들아, 바카 범신은 '수행자 고타마로부터 나는 사라져야겠다. 수행자 고타마로부터 나는 사라져야겠다.'라고 애를 썼지만 나로부터 결코 사라질 수 없었다.
12 그러자 제자들아, 나는 바카 범신에게 말하였다.
 '그러면 범신이여, 이제는 내가 너로부터 사라지겠다.'
 '큰 도인이여, 가능하다면 지금 나로부터 사라져 보시오.'
 제자들아, 나는 범신과 범신의 무리와 범신의 권속들이 나의 소리는 들을 수 있으되 나의 (모습)은 볼 수 없는 그와 같은 신통의 결합작용을 일으켰다. 그리하여 사라진 뒤 게송을 읊었다.

 '이루어지는 것을 (본다.)
 이루어지는 것으로부터 벗어나려는 자를 (본다.)
 (결국) 이루어지는 것에서 나는 두려움을 본다.
 그리하여 이루어지는 것에 대해서는

어떤 것이든 절하지 않았다.
그것이 주는 기쁨에 취착하지 않았다.'

13 제자들아, 범신과 범신의 무리와 범신의 권속들은 놀라운 마음을 일으켰다. '여러분 드문 일이오. 여러분 일찍이 없었던 일이오. 수행자 고타마는 큰 신통력을 지녔고 큰 위엄을 지녔소. 사캬 족의 아들로서 사캬 족에서 출가한 수행자 고타마만큼의 큰 신통력과 큰 위엄을 지닌 수행자 또는 사제를 우리는 이전에 결코 보지 못하였소. 여러분 생명있는 것들은 이루어지는 것을 좋아하고 이루어지는 것을 즐기고 이루어지는 것을 기뻐하건만, (수행자 고타마는) 이루어지는 것을 뿌리채 뽑아 버린 것이오.'라고 말하였다."

3. 마신이 범신의 권속 사이에 들어가다

14 "그러자 제자들아, 악마신이 어떤 범신의 권속들 사이로 들어가서 나에게 말하였다.
'큰 도인이여, 만일 당신이 이와 같이 알아내었다면, 그리고 이와 같이 깨달았다면, 당신은 제자들을 인도하지 말아야 하고 출가자들을 인도하지 말아야 한다. 제자들에게 법을 설하지 말아야 하고 출가자들에게 법을 설하지 말아야 한다. 제자들에게 욕망을 두지 말아야 하고 출가자들에게 욕망을 두지 말아야 한다. 큰 도인이여, 당신 이전에 수행자 (또는) 사제들이 세상에 있었는데 그들은 동등하며 바르고 원만하게 깨달았다고 선언하였다. 그들은 제자들과 출가자들을 인도했다. 제자들과 출가자들에게 법을 설했다. 제자들과 출가자들에게 욕망을 두었다. 그리하여 몸이 부서지고 생명이 끝난 뒤 열등한 무리(의 세계에 태어나서) 머물렀다. 그러나 큰 도인이여, 당신 이전에 (다른) 수행자 (또는) 사제들이 세상에 있었는데 그들(도) 동등하며 바르고 원만하게 깨달았다라고 선언하였다. 그들은 제자들과 출가자들을 인도하지도 않았다. 제자들과 출가자들에게 법을 설하지도 않았다. 제자들과 출가자들에게 욕망을 두지도 않았다. 그리하여 몸이 부서지고 생명이 끝난 뒤 뛰어난 무리(의 세계에 태어나서) 머물렀다. 따라서 큰 도인이여, 나는 당신에게 말하노니, 당신은 열의를 식히고 현재의 상태에서 즐겁게 지내는 데에만 전념하시오. 큰 도인이여, 법을 설하지 않는 것이 선한 것이니 다른 존재들을 가르치지 마시오.'

15 제자들아, 이 이야기를 듣고 나는 악마신을 꾸짖었다.

'나쁜 자야, 나는 너를 알고 있다. 내가 너를 모른다고 생각하지 말라. 너는 악마이다. 나쁜 자야, 너는 다른 존재를 위한 이익과 동정을 생각하기에 그와 같이 말하는 것이 아니다. 너는 다른 존재를 위한 이익과 동정을 (바라지) 않기에 그와 같이 말하는 것이다. 나쁜 자야, 너는 ─수행자 고타마가 법을 설하면 그 법을 들은 자들은 나의 영역을 초월한 것이다.─라고 생각하고 있다. 나쁜 자야, (앞서 네가 말한) 자들은 바르고 원만하게 깨닫지 못했으면서 바르고 원만하게 깨달았다고 선언한 것이다. 그러나 나쁜 자야, 나는 실로 바르고 원만하게 깨달았기에 바르고 원만하게 깨달은 붓다라고 선언하는 것이다.

나쁜 자야, 그렇게 오신 붓다는 제자들에게 법을 설해도 그럴 뿐이고 법을 설하지 않아도 그럴 뿐이다. 나쁜 자야, 그렇게 오신 붓다는 제자들을 인도해도 그럴 뿐이고 인도하지 않아도 그럴 뿐이다. 왜냐하면 나쁜 자야, 역류하는 번뇌들이 있으니 때묻은 것이고 재생으로 이끄는 것이고 무서운 것이고 괴로움의 과보를 남기는 것이고 미래에 (재)생과 늙음과 죽음으로 이끄는 것이다. 그 번뇌들이 그렇게 오신 붓다에게는 버려졌으니 뿌리가 잘리었고 탈라 나무의 경우처럼 되었고 (더 이상) 존재할 수 없고 미래에 결코 다시 나타나지 못하게 되었다. 나쁜 자야, 마치 꼭대기가 잘린 탈라 나무는 결코 더 이상 자라날 수 없듯이, 때묻고 재생으로 이끌고 무섭고 괴로움의 과보를 남기고 미래에 (재)생과 늙음과 죽음으로 이끄는 역류하는 번뇌들이 그렇게 오신 붓다에게서는 버려졌고 뿌리가 잘리었고 탈라 나무의 경우처럼 되어 (더 이상) 존재할 수 없고 미래에 결코 다시 나타나지 못하게 되었기 때문이다.'

16 여기서 악마는 (더 이상) 말을 못하였고, 범신은 (오히려) 청하였으므로, 이 (경의) 문답은 범신의 권청에 비유할 만하다."

(붓다께서는 이와 같이 설하였다. 뜻을 알게 된 그 제자들은 붓다의 말씀에 매우 기뻐하였다.)

— 3. 범천청불 경 끝 —

4. 삼명 경[1]
전통적 진리 주장에 대한 비판 II[2]

●●●●●●●●●●●●

1) 장니카야(Dīgha-Nikāya) 제1권 제13경(Tevijja sutta)〔D.N.I, p. 199~212(N.D.P.); p.235~253(P.T.S)〕: 한역대응경은 장아함(26) 三明經〔大正藏 1, p.104~〕이다.
2) 전통사상 Brahmanism의 唯一神인 梵神에 대한 가장 근본적인 문제점을 지적함으로써 그 진리성을 비판한다. 제3. 범천청불 경과 달리 이 경은 '梵神의 존재' 그 자체를 문제삼고 있는 것이다. 즉 어떤 누구에게도 결코 알려진적 없고 보여진적 없는 그러한 絶對他者로서의 梵神을 굳이 '있다'라고 주장할 수 있는가하는 지적이다. 무릇 존재하는 것은 인식되어야 한다는 논리에 기반을 두고 있다. 어떤 수단과 방법을 통해서도 결코 인식될 수 없는 것은 결국 존재하지 않는 것이다라는 입장이다. 이상과 같은 입장이 제3의 (2) 사다리의 비유에 이르기까지 일관되고 있다. 그런뒤 제3의 (3) 아치라바티강의 비유부터는 범신이란 것에 대한 새로운 접근을 보여준다. 곧 '절대타자'로서의 범신은 존재하지 않으나, 四無量心을 중심으로 한 선한 수행을 하였을 경우, 그 '果報身'으로서의 범신은 인정할 수 있다는 입장이다. 그러한 범신에 대해서는 직접 만날 수도 있고, 볼 수도 있고, 인식할 수도 있으니, 그와 같은 수행을 하면 된다는 논리이다. 이 경은 장니카야 제1권의 마지막 경이거니와 사실 이 경을 기점으로 하여 원시불교 경전에 나타나는 범신이 두 가지로 나뉘게 된다. 첫째의 범신은 Brahmanism에서 주장하는 唯一神·創造神으로서의 범신이다. 이것은 원시불교 경전 속에서 언제나 비판된다. 둘째의 범신은 불교적 수행체계 속에서 수행의 과보로 태어난 위대한 중생으로서의 범신이다. 이것은 원시불교경전 속에서 거의 언제나 옹호되고 있으며, 역으로 그러한 범신은 언제나 붓다를 도와 불법홍포에 힘쓴다. 그런데 이 두 종류의 입장이 이『삼명경』속에는 한꺼번에 나타난다. 따라서『三明經』의 음미는 중요하다 하지 않을 수가 없다.

1. 바셋타와 바라드바자의 길과 길 아닌 것에 대한 대화

1 이와 같이 내가 들었다. 한때에 붓다께서는 오백 명 가량의 커다란 제자 승단과 함께 코살라 국의 여러 곳을 다니시다가 마나사카타라고 하는 코살라 국의 한 사제 마을에 이르셨다. 붓다께서는 그 마나사카타 마을의 북쪽에 위치한 아치라바티 강 기슭에 있는 한 망고 동산에서 지내셨다.

2 그때 마나사카타에는 큰 회당을 지닌 매우 뛰어난 사제들이 수많이 살고 있었다. 곧 창키 사제, 타룩카 사제, 폭카라사티 사제, 자누소니 사제, 토데야 사제 그리고 그외 큰 회당을 지닌 매우 뛰어난 사제들도 있었다.

3 그때 바셋타와 바라드바자라는 (두) 사제 계급의 동자는 거닐면서 길과 길 아닌 것에 대한 이야기를 하였다. 바셋타 동자가 이와 같이 말하였다.

"이것이야 말로 곧은 길이다. 이것이 곧바로 이끄는 것이고 인도하는 것이니, 이것을 행하는 자는 범신과 함께 하는 곳으로 인도되는 것이다. 이것은 바로 폭카라사티 사제에 의해 알려진 것이다." (그러자) 바라드바자 동자도 이와 같이 말하였다.

"아니다. 이것이야 말로 곧은 길이다. 이것이 곧바로 이끄는 것이고 인도하는 것이니 이것을 행하는 자가 범신과 함께 하는 곳으로 인도되는 것이다. 이것은 바로 타룩카 사제에 의해 알려진 것이다." 그런데 바셋타 동자는 바라드바자 동자를 결코 (자신과) 같이 생각하게 할 수 없었으며 바라드바자 동자도 바셋타 동자를 결코 (자신과) 같이 생각하게 할 수는 없었다.

4 바셋타 동자가 바라드바자 동자를 불러 말했다.

"바라드바자여, 수행자 고타마는 사캬 족의 아들로서 사캬 족의 가정으로부터 출가하였는데, 마나사카타 마을 북쪽에 위치한 아치라바티 강 기슭에 있는 망고 동산에서 지내시고 계신다. 그 존귀한 고타마에게는 '이리하여 그 어른께서는 동등한·바르고 평등하게 깨달은 밝힘에의 진행을 완성한·잘 간·세계를 아는·더 이상 없는·사람을 길들이는·천신과 인간의 스승인·깨달은 붓다이시다.'라고 하는 명성이 일고 있다. 여보게 바라드바자여, 우리 수행자 고타마께서 계신 곳으로 같이 가보도록 하자. 가서 이러한 뜻을 수행자 고타마께 질문하도록 하자. 수행자 고타마께서 답하는 대로 우리는 그것을 지니도록 하자."

"그러도록 하자 친구여."라고 하며 바라드바자 동자는 바셋타 동자의 말에 동의하였다.

5 그리하여 바셋타와 바라드바자 동자는 붓다께서 계신 곳으로 왔다. 와서 붓다와 함께 인사를 나누고 정중히 안부를 여쭌 후에 한끝에 앉았다. 한쪽에 앉은 바셋타 동자는 붓다께 이렇게 아뢰었다.

"존귀한 고타마여, 여기 저희들은 거닐다가 길과 길 아닌 것에 대하여 이야기를 하였습니다. 저는 이와 같이 말했습니다. '이것이야말로 곧은 길이다. 이것은 곧 바로 이끄는 것이고 인도하는 것이니, 그것을 행하는 자는 범신과 함께 하는 곳으로 인도되는 것이다. 이 길은 바로 폭카라사티 사제에 의해 알려진 것이다.'라고요. (그러자) 바라드바자 동자는 이와 같이 말했습니다. '(아니다) 이것이야말로 곧은 길이다. 이것은 곧바로 이끄는 것이고 인도하는 것이니, 이것을 행하는 자가 범신과 함께 하는 곳으로 인도되는 것이다. 이 길은 바로 타룩카 사제에 의하여 알려진 것이다.'라고요. 존귀한 고타마여, 여기에 바로 시비거리가 있었으며 논쟁이 있었으며 여러 말이 있었던 것입니다."

6 "그런데 참으로 바셋타야, 너는 이와 같이 말했다. '이것이야 말로 곧은 길이다. 이것은 곧 바로 이끄는 것이며 인도하는 것이니 이것을 행하는 자는 범신과 함께 하는 곳으로 인도한다. 이 길은 (바로) 폭카라사티 사제에 의해 알려진 것이다.'라고.

바라드바자 동자는 (또) 이와 같이 말했다.

'(아니다.) 이것이야말로 곧은 길이다. 이것이 곧 바로 이끄는 것이며 인도하는 것이니 이것을 행하는 자가 범신과 함께 하는 곳으로 인도된다. 이 길은 바로 타룩카 사제에 의해 알려진 것이다.'라고. 그러면 바셋타야, 어디에 시비거리가 있고 어디에 논쟁이 있고 어디에 여러 말이 있는가."

7 "존귀한 고타마여, 길과 길 아닌 것에 있습니다. 그리고 앗다리야의 사제들 팃티리야의 사제들 찬도카의 사제들 그리고 바브하릿자의 사제들 등의 여러 사제들이 여러 (갈래) 길을 설정하는데, 그 모든 길은 어떻게든 인도하는 것이 되어 그것을 행하는 자를 범신과 함께 하는 곳으로 인도합니다. 그것은 마치 존귀한 고타마여, 마을이나 시읍의 멀지 않은 곳에 많은 여러 (갈래의) 길들이 있다면, 실로 그 모든 길은 마을에 함께 이르게 됩니다. 이와 같이 실로 존귀한 고타마여, 앗다리야의 사제들 팃티리야의 사제들 찬도카의 사제들 그리고 바브하릿자의 사제들 등, 여러 사제들이 여러 갈래의 길을 설정하는데 그 모든 길이 어떻게든 인도하는 것이 되어 그것을 행하는 자를 범신과 함께 하는 곳으로 인도합니다."

2. 세 가지 베다에 대한 눈먼 자의 비유

8 "바셋타야, (모든 길이) 인도한다라고 말하였느냐."
"존귀한 고타마여, (모든 길이) 인도한다라고 말하였습니다."
"바셋타야, (모든 길이) 인도한다라고 말하였느냐."
"존귀한 고타마여, (모든 길이) 인도한다라고 말하였습니다."
"바셋타야, (모든 길이) 인도한다라고 말하였느냐."
"존귀한 고타마여, (모든 길이) 인도한다라고 말하였습니다."
"바셋타야, 세 가지 베다[3]를 갖춘 어떤 한 사제라도 범신이 있는 곳을 눈으로 똑똑히 본 자가 있는가?"
"존귀한 고타마여, 그렇지 않습니다."
"바셋타야, 세 가지 베다를 갖춘 사제들의 스승 중 한 명이라도 범신이 있는 곳을 눈으로 똑똑히 본 자가 있는가?"
"존귀한 고타마여, 그렇지 않습니다."
"바셋타야, 세 가지 베다를 갖춘 사제들의 스승 중 한 명이라도 범신이 있는 곳을 눈으로 똑똑히 본 자가 있는가?"
"존귀한 고타마여, 그렇지 않습니다."
"바셋타야, 세 가지 베다를 갖춘 사제들의 스승의 스승 중 한

●●●●●●●●●●●●●

3) 三明이라고 漢譯되는 'Tevijja'라는 원어는 Brahmanism에서의 의미와 불교사상 속에서의 의미가 다르다. 불교의 경우 Tisso Vijja(三明)에 기원을 두는 것으로, 숙명통의 明과 천안통의 明과 漏盡明의 셋을 말한다. 이에 비해 Brahmanism은 Irubheda(Ṛg-veda), Yajubheda(Yajur-veda), Sāmabheda(Sāma-veda)의 세 가지 베다에 대한 지식을 소유한 것을 'Tevijja brāhmaṇa(세 가지 베다를 갖춘 사제)'라고 부르는 것이다.

명이라도 범신이 있는 곳을 눈으로 똑똑히 본 자가 있는가?"

"존귀한 고타마여, 그렇지 않습니다."

"바셋타야, 세 가지 베다를 갖춘 바라문 가운데서 일곱 세대 전의 스승들 중에서 어떤 누구라도 범신이 있는 곳을 눈으로 똑똑히 본 자가 있는가?"

"존귀한 고타마여, 그렇지 않습니다."

9 "요즈음의 세 가지 베다를 갖춘 사제들은 옛날에 노래되고 선언되고 모아진 주문의 구절 그대로를 따라 노래하고 읊으며 영창된 대로 영창하며 낭송된 대로 낭송하는데 바로 그 주문을 만들고 그 주문을 선언한 옛 도인들이, 세 가지 베다를 갖춘 사제들에게는 있다. 곧 앗타카, 바마카, 바마데바, 베스마밋타, 야마탁기, 앙기라사, 바라드바자, 바셋타, 카싸파, 바구 등이다. 그들이 '우리는 이것을 안다. 우리는 이것을 본다. 곧 범신이 있는 어떤 곳이라도.'라고 말하였던 적이 있는가?"

"존귀한 고타마여, 그렇지 않습니다."

10 "그렇다면 참으로 바셋타야, 세 가지 베다를 갖춘 사제들 가운데서 어떤 한 사제도 범신이 있는 곳을 눈으로 똑똑히 본 자가 없고, 세 가지 베다를 갖춘 사제들의 스승 중 어떤 한 명도 범신이 있는 곳을 눈으로 똑똑히 본 자가 없고, 세 가지 베다를 갖춘 사제들의 스승의 스승 중 어느 한 명도 범신이 있는 곳을 눈으로 똑똑히 본 자가 없고, 세 가지 베다를 갖춘 사제들의 일곱 세대 전의 스승들 중에도 범신이 있는 곳을 눈으로 똑똑히 본 자가 없는 것이다. 그리고 요즈음의 세 가지 베다를 갖춘 사제들은 옛날에 노래되고 선언되고 모아진 주문의 구절 그대로를 따라 노래하고 읊으며 영창된 대로 영창하며 낭송된 대로 낭송하는데 바로

그 주문을 만들고 그 주문을 선언한 옛 도인들이 세 가지 베다를 갖춘 사제들에게는 있으니, 곧 앗타카, 바마카, 바마데바, 베스마밋타, 야마탁기, 앙기라사, 바라드바자, 바셋타, 카싸파, 바구 등이거니와 그들도 '우리는 이것을 안다. 우리는 이것을 본다. 곧 범신이 있는 어떤 곳이라도.'라고 말한 적이 없는 것이다. (결국) 세 가지 베다를 갖춘 사제들은 이와 같이 말한 것이 된다. 곧 '우리가 알지도 못하고 보지도 못하는 존재가 있다. 그와 함께 하는 곳으로 (향하는) 길을 가르친다. 이것이야말로 바른 길이다. 이것은 곧바로 이끄는 것이며 인도하는 것이니 이것을 행하는 자는 범신과 함께 하는 곳으로 인도된다.'라고.

11 어떻게 생각하느냐 바셋타야, 이러한 경우 세 가지 베다를 갖춘 사제들이 설한 바는 신통스럽지 못한 것으로 전락하지 않겠는가.[4]"

"물론 입니다. 존귀한 고타마여, 이러한 경우 세 가지 베다를 갖춘 사제들이 설한 바는 신통스럽지 못한 것으로 전락합니다."

"옳다, 바셋타야. 실로 바셋타야, 저 세 가지 베다를 갖춘 사제들은 그들이 알지도 보지도 못하는 존재와 함께 하는 곳으로 (향하는) 길을 가르치려 하는 것이다. '이것이야말로 곧은 길이다. 이것은 곧바로 이끄는 것이며 인도하는 것이니 이것을 행하는 자는 범신과 함께 하는 곳으로 인도된다.'라고.

12 그것은 마치 바셋타야, 눈먼 사람들이 이 사람 저 사람 줄을 이어 붙어 선 채 앞에서도 못보고 가운데서도 못보고 뒤에서도

---

4) '종교적 진리라고 할 수 없지 않겠는가.'하는 의미이다.

못보는 것과 같다. 이와 같이 바셋타야, 세 가지 베다를 갖춘 사제들이 설한 바는 눈 먼 사람의 비유와 같나니, 앞에서도 못보고 가운데에서도 못보고 뒤에서도 못본다. (그리하여) 저 세 가지 베다를 갖춘 사제들이 설한 바는 웃음 거리로 떨어지고 이름 뿐이고 공허하고 허울 뿐인 것으로 떨어지는 것이다."

3. 범신과 함께 하는 곳

13 "어떻게 생각하느냐. 바셋타야, 세 가지 베다를 갖춘 사제와 그 외의 다른 많은 사람들도 달과 해를 보고 또 달과 해가 떠오르는 곳을 보고 또 지는 곳을 보며, 빌고 찬양하고 합장하고 절을 하며 따라 다니고 있지 않는가?"

"그렇습니다. 존귀한 고타마여, 세 가지 베다를 갖춘 사제와 그외의 다른 많은 사람들도 달과 해를 보고 또 달과 해가 떠오르는 것을 보고 또 지는 곳을 보며, 빌고 찬양하고 합장하고 절을 하며 따라 다닙니다."

14 "어떻게 생각하느냐. 바셋타야, 세 가지 베다를 갖춘 사제와 그외의 다른 많은 사람들도 달과 해를 보며 달과 해가 떠오르는 곳과 지는 곳을 보며, 빌고 찬양하고 합장하고 절을 하며 따라 다니는데, 세 가지 베다를 갖춘 사제들이 다음과 같이 가르칠 수 있겠는가. 곧 '이것이야말로 곧은 길이다. 이것은 곧바로 이끄는 것이며 인도하는 것이니, 이것을 행하는 자는 달 및 해와 함께 하는 곳으로 인도된다.'라고 하며 달 및 해와 함께 하는 곳으로

(향하는) 길을 가르칠 수 있겠는가."

"그럴 수 없습니다. 존귀한 고타마여."

"그와 같이 참으로 바셋타야, 세 가지 베다를 갖춘 사제와 그 외의 다른 많은 사람들도 달과 해를 보고 달과 해가 떠오르는 곳과 지는 곳을 보며, 빌고 찬양하고 합장하고 절을 하며 따라 다니지만 불가능한 일이 있다. 곧 '이것이야말로 곧은 길이다. 이것은 곧바로 이끄는 것이며 인도하는 것이니 그것을 행하는 자는 해 및 달과 함께 하는 곳으로 인도된다.'라고 하며 해 및 달과 함께하는 곳으로 (향하는) 길을 가르친다는 것은 그들에게 불가능한 일이다.

15 여기서 참으로 세 가지 베다를 갖춘 사제들이 범신을 눈으로 똑똑히 본 적이 없고, 세 가지 베다를 갖춘 사제들의 스승들이 범신을 똑똑히 본 적도 없고, 세 가지 베다를 갖춘 사제들의 스승의 스승들이 범신을 눈으로 똑똑히 본 적도 없고, 세 가지 베다를 갖춘 사제들의 일곱 세대 전의 큰 스승들도 범신을 본 적이 없는 것이다. 그리고 요즈음의 세 가지 베다를 갖춘 사제들은 옛날에 노래되고 선언되고 모아진 주문의 구절을 그대로 따라 노래하고 읊으며 영창된 대로 영창하며 낭송된 대로 낭송하는데 바로 그 주문을 만들고 그 주문을 선언한 옛 도인들이 세 가지 베다를 갖춘 사제들에게는 있다. 곧 앗타카, 바마카, 바마데바, 베스마밋타, 야마탁기, 앙기라사, 바라드바자, 바셋타, 카싸파, 바구 등이거니와 그들도 '우리는 이것을 안다. 우리는 이것을 본다. 곧 범신이 있는 어떤 곳이라도.'라고 말한 적이 없는 것이다. (결국) 세 가지 베다를 갖춘 사제들은 이와 같이 말한 것이 된다. '우리가 알지도 못하고 보지도 못하는 존재가 있다. 그 (존재)와 함께

하는 곳으로 (향하는) 길을 가르친다. 곧 이것이야말로 곧은 길이다. 이것은 곧바로 이끄는 것이며 인도하는 것이니 이것을 행하는 자는 범신과 함께 하는 곳으로 인도된다.'라고.

16 어떻게 생각하느냐 바셋타야, 이러한 경우 세 가지 베다를 갖춘 사제들이 설한 바는 신통스럽지 못한 것으로 전락하지 않겠는가."

"물론입니다. 존귀한 고타마여, 이러한 경우 세 가지 베다를 갖춘 사제들이 설한 바는 신통스럽지 못한 것으로 전락합니다."

"옳다, 바셋타야. 실로 바셋타야, 저 세 가지 베다를 갖춘 사제들은 그들이 알지도 보지도 못하는 존재와 함께 하는 곳으로 (향하는) 길을 가르치려 하는 것이다. '이것이야말로 곧은 길이다. 이것은 곧바로 이끄는 것이며 인도하는 것이니 이것을 행하는 자는 범신과 함께 하는 곳으로 인도된다.'라고 하는 것은 있을 수 없는 (주장)이다."

⑴ 나라에서 가장 아름다운 여인의 비유

17 "바셋타야, 그것은 마치 다음과 같다. 곧 어떤 남자가 '나는 이 나라에서 가장 아름다운 여인을 원하며 그 여인을 사랑한다.'라고 말할 수 있다.

그에게 사람들이 '여보시오, 당신이 원하고 사랑하는, 나라에서 가장 아름다운 그 여인이 왕족인지 사제계급인지 서민인지 노예인지 알고 있는가.' 라고 물을 것이다. 이렇게 질문 받은 그는 '모르오.'라고 답할 수 있다.

(다시) 그에게 사람들이 '여보시오, 당신이 원하고 사랑하는, 나라에서 가장 아름다운 그 여인이 이름이 무엇이고 성씨가 무엇

이며 키가 큰지 작은지 그 중간인지, (살색이) 검은지 갈색인지 노란색인지 그리고 어떤 마을 또는 시읍 또는 도시에 (살고) 있는지에 대해서 알고 있는가.'라고 물을 것이다. 이렇게 질문받은 그는 '모르오.'라고 답할 수 있다. (다시) 그에게 사람들이 '여보시오, 당신은 알지도 못하고, 보지도 못한 여인을 원하며 사랑하고 있는가.'라고 물을 것이다. 이렇게 질문받은 그는 '그렇소.'라고 답할 것이다.

18 바셋타야, 어떻게 생각하느냐. 이러한 경우에 그 남자의 이야기는 신통스럽지 못한 것으로 전락하지 않겠는가?"

"물론입니다. 존귀한 고타마여, 이러한 경우 그 남자의 이야기는 신통스럽지 못한 것으로 전락합니다."

19 "이와 같이 참으로 세 가지 베다를 갖춘 사제들이 범신을 눈으로 똑똑히 본 적이 없고, 세 가지 베다를 갖춘 사제들의 스승들이 범신을 똑똑히 본 적도 없고, 세 가지 베다를 갖춘 사제들의 스승의 스승들이 범신을 눈으로 똑똑히 본 적도 없고, 세 가지 베다를 갖춘 사제들의 일곱 세대 전의 큰 스승들도 범신을 본 적이 없는 것이다. 그리고 요즈음의 세 가지 베다를 갖춘 사제들은 옛날에 노래되고 선언되고 모아진 주문의 구절을 그대로 따라 노래하고 읊으며 영창된 대로 영창하며 낭송된 대로 낭송하는데 바로 그 주문을 만들고 그 주문을 선언한 옛 도인들이 세 가지 베다를 갖춘 사제들에게는 있다. 곧 앗타카, 바마카, 바마데바, 베스마밋타, 야마탁기, 앙기라사, 바라드바자, 바셋타, 카싸파, 바구 등이거니와 그들도 '우리는 이것을 안다. 우리는 이것을 본다. 곧 범신이 있는 어떤 곳이라도.'라고 말한 적이 없는 것이다. (결국) 세 가지 베다를 갖춘 사제들은 이와 같이 말한 것이

된다. '우리가 알지도 못하고 보지도 못하는 존재가 있다. 그와 함께 하는 곳으로 (향하는) 길을 가르친다. 곧 이것이야말로 곧은 길이다. 이것은 곧 바로 이끄는 것이며 인도하는 것이니 이것을 행하는 자는 범신과 함께 하는 곳으로 인도된다.'라고.

20 어떻게 생각하느냐 바셋타야, 이러한 경우 세 가지 베다를 갖춘 사제들의 설한 바는 신통스럽지 못한 것으로 전락하지 않겠는가."

"물론입니다. 존귀한 고타마여, 이러한 경우 세 가지 베다를 갖춘 사제들의 설한 바는 신통스럽지 못한 것으로 전락합니다."

"옳다, 바셋타야. 실로 바셋타야, 저 세 가지 베다를 갖춘 사제들은 그들이 알지도 보지도 못하는 존재와 함께 하는 곳으로 (향하는) 길을 가르치려 하는 것이다. (따라서) '이것이야말로 곧은 길이다. 이것은 곧바로 이끄는 것이며 인도하는 것이니 이것을 행하는 자는 범신과 함께 하는 곳으로 인도된다.'라고 하는 것은 있을 수 없는 주장이다."

(2) 사다리의 비유

21 "바셋타야, 그것은 (또) 다음과 같다. 어떤 사람이 누각에 오르기 위해 큰 사거리에서 사다리를 만들 수 있다. 사람들이 그에게 '여보시오. 당신은 누각에 오르기 위해 사다리를 만들고 있는데 그 누각이 동쪽에 있는지 남쪽에 있는지 서쪽에 있는지 북쪽에 있는지 또는 높은지 낮은지 그 중간인지를 알고 있는가?'하고 물을 것이다. 이렇게 질문 받은 그는 '모르오.'라고 답할 수 있다.

(다시) 그에게 사람들이 '여보시오. 당신은 알지도 못하고 보

지도 못한 누각을 오르기 위해 사다리를 만들고 있는가.'라고 물을 것이다. 이렇게 질문받은 그는 '그렇소.'라고 답할 것이다.

22 바셋타야, 어떻게 생각하느냐. 이러한 경우에 그 사람의 이야기는 신통스럽지 못한 것으로 전락하지 않겠는가?"

"물론입니다. 존귀한 고타마여, 이러한 경우 그 사람의 이야기는 신통스럽지 못한 것으로 전락합니다."

23 "이와 같이 참으로 세 가지 베다를 갖춘 사제들이 범신을 눈으로 똑똑히 본 적이 없고, 세 가지 베다를 갖춘 사제들의 스승들이 범신을 똑똑히 본 적도 없고, 세 가지 베다를 갖춘 사제들의 스승의 스승들이 범신을 눈으로 똑똑히 본 적도 없고, 세 가지 베다를 갖춘 사제들의 일곱 세대 전의 큰 스승들도 범신을 본 적이 없는 것이다. 그리고 요즈음의 세 가지 베다를 갖춘 사제들은 옛날에 노래되고 선언되고 모아진 주문의 구절을 그대로 따라 노래하고 읊으며 영창된 대로 영창하며 낭송된 대로 낭송하는데 바로 그 주문을 만들고 그 주문을 선언한 옛 신선들이 세 가지 베다를 갖춘 사제들에게는 있다. 곧 앗타카, 바마카, 바마데바, 베스마밋타, 야마탁기, 앙기라사, 바라드바자, 바셋타, 카싸파, 바구 등이거니와 그들도 '우리는 이것을 안다. 우리는 이것을 본다. 곧 범신이 있는 어떤 곳이라도.'라고 말한 적이 없는 것이다.

(결국) 세 가지 베다를 갖춘 사제들은 이와 같이 말한 것이 된다. '우리가 알지도 못하고 보지도 못하는 존재가 있다. 그 (존재)와 함께 하는 곳으로 (향하는) 길을 가르친다. 곧 이것이야말로 곧은 길이다. 이것은 곧바로 이끄는 것이며 인도하는 것이니 이것을 행하는 자는 범신과 함께 하는 곳으로 인도된다.'라고.

24 어떻게 생각하느냐 바셋타야, 이러한 경우 세 가지 베다를

갖춘 사제들이 설한 바는 신통스럽지 못한 것으로 전락하지 않겠는가."

"물론입니다. 존귀한 고타마여, 이러한 경우 세 가지 베다를 갖춘 사제들이 설한 바는 신통스럽지 못한 것으로 전락합니다."

"옳다, 바셋타야. 실로 바셋타야, 저 세 가지 베다를 갖춘 사제들은 그들이 알지도 보지도 못하는 존재와 함께 하는 곳으로 (향하는) 길을 가르치려 하는 것이다. (따라서) '이것이야말로 곧은 길이다. 이것은 곧바로 이끄는 것이며 인도하는 것이니 이것을 행하는 자는 범신과 함께 하는 곳으로 인도된다.'라고 하는 것은 있을 수 없는 주장이다."

(3) 아치라바티 강의 비유

25 "바셋타야, 그것은 또 다음과 같다. 여기 아차라바티 강은 물로 가득 차 있는데 둑까지 물이 차 있어 까마귀가 마실 만하다. 어떤 사람이 (여기에) 올 것인데, 그 사람은 건너편에 목적을 두고 건너편에 가고자 하고 건너편을 추구하고 건너편으로 건너가고자 할 것이다. 그는 이쪽 기슭에 서서 '건너편이여, 이리 오라. 건너편이여, 이리 오라.'라고 하며 건너편 기슭을 외쳐 부른다고 하자.

26 어떻게 생각하느냐, 바셋타야. 그 사람이 외치고 빌고 목표로 삼고 기뻐한다고 해서 그것을 원인으로 하여 아치라바티 강의 건너편 기슭이 이쪽 기슭으로 오겠는가."

"그렇지 않습니다. 존귀한 고타마여."

27 "이와 같이 바셋타야, 세 가지 베다를 갖춘 사제들은, 사제를 만드는 (참된) 법들은 버린 채 사제를 만들지 못하는 법들을

받아(지닌) 채 지낸다. 그러면서 '우리는 인다신[5]을 외쳐 부른다. 소마신[6]을 외쳐 부른다. 바루나신을 외쳐 부른다. 이사나신을 외쳐 부른다. 생주신을 외쳐 부른다. 범신을 외쳐 부른다. 마힌다신을 외쳐 부른다. 야마신을 외쳐 부른다.'라고 말하고 있는 것이다.

(결국) 바셋타야, 사제를 만드는 (참된) 법들은 버린 채 지내고, 사제를 만들지 못하는 법들은 받아(지닌) 채 지내기 때문에, 저 세 가지 베다를 갖춘 사제들이 외치고 빌고 목표로 삼고 기뻐한다고 해서 그것을 원인으로 하여 몸이 부서져 죽은 뒤 범신과 함께 하는 곳에 태어날 것이다라고 하는 경우는 있을 수 없다.

28 바셋타야, 그것은 또 다음과 같다. 여기 아치라바티 강은 둑까지 물이 가득 차 있어 까마귀가 마실 만하다. 어떤 사람이 건너편에 목적을 두고 건너편에 가고자 하고 건너편을 추구하고 건너편으로 건너 가고자 하여 (여기에) 올 것이다. 그런데 그 사람이 이쪽 기슭에서 단단한 사슬로 손을 뒤로 하여 단단히 결박되었다하자. 어떻게 생각하느냐 바셋타야, 그 사람은 아치라바티 강의 이 쪽 기슭에서 저쪽 기슭으로 갈 수 있겠는가."

"그럴 수 없습니다. 존귀한 고타마여."

29 "이와 같이 바셋타야, 다섯 종류의 애욕이 있는데 거룩한 율법에서는 애욕들이 사슬이라고도 불리고 묶음이라고도 불린다.

● ● ● ● ● ● ● ● ● ● ● ● ● ●

5) Inda : 베다의 천신 Indra를 말한다. 천신들의 왕으로서 벼락을 가지고 세상을 다스린다고 한다.
6) Soma : 베다의 천신으로서 술의 신〔酒神〕으로 알려져 있다.

다섯이란 어떤 것인가. 눈으로 식별할 색들이 바랄 만하고 사랑스럽고 뜻에 맞고 좋아할 모습이고 애욕을 동반하고 탐착할 만하다. 귀로 식별할 소리들이…코로 식별할 냄새들이…혀로 식별할 맛들이…몸으로 식별할 촉감들이, 바랄 만하고 사랑스럽고 뜻에 맞고 좋아할 모습이고 애욕을 동반하고 탐착할 만하다.

바셋타야, 바로 이 다섯 종류의 애욕들이 거룩한 율법에서는 사슬이라고도 불리고 결박이라고도 불린다. 바셋타야, 이들 다섯 종류의 애욕에 세 가지 베다를 갖춘 사제들은 매이고 심취되고 빠져서, 환난을 보지 못하고 벗어나는 지혜를 갖추지 못한 채 오로지 누리기만 한다. 결국 바셋타야, 세 가지 베다를 갖춘 사제들은 사제를 만드는 (참된) 법들은 버린 채 지내고 사제를 만들지 못하는 법들은 받아지낸 채 지낸다. 아울러 다섯 종류의 애욕에 매이고 심취되고 빠져서, 환난을 보지 못하고 벗어나는 지혜를 갖추지 못한 채 오로지 누리기만 하여 애욕의 사슬과 결박에 묶여 있으니 몸이 부서져 죽은 뒤 범신과 함께 하는 곳에 태어날 것이다라고 하는 경우는 있을 수 없다.

30 바셋타야, 그것은 또 다음과 같다. 여기 아치라바티 강은 둑까지 물이 가득 차 있어 까마귀가 마실 만하다. 어떤 사람이 건너편에 목적을 두고 건너편에 가고자 하고 건너편을 추구하고 건너편으로 건너 가고자 하여 (여기에) 올 것이다. 그 사람이 이쪽 기슭에서 머리까지 덮어 씌우고 누워있다고 하자.

어떻게 생각하느냐. 바셋타야, 그 사람은 아치라바티 강의 이쪽 기슭에서 저쪽 기슭으로 갈 수 있겠는가.”

"그럴 수 없습니다. 존귀한 고타마여."

31 "이와 같이 실로 바셋타야, 다섯 덮개가 거룩한 율법에서는

가리개라고도 불리고 덮개라고도 불리고 장막이라고도 불리고 씌우개라고도 불린다. 어떤 것이 다섯인가? 애욕과 욕심의 덮개, 악심의 덮개, 졸림과 수면의 덮개, 흥분과 걱정의 덮개, 의혹의 덮개가 그것이다. 바셋타야, 이 다섯 덮개가 거룩한 율법에서는 가리개라고도 불리고 덮개라고도 불리고 장막이라고도 불리고 씌우개라고도 불린다.

32 바셋타야, 세 가지 베다를 갖춘 사제들은 다섯 가지 덮개에 쌓여 있고 덮여 있고 가려져 있고 씌워져 있다. (결국) 바셋타야, 세 가지 베다를 갖춘 사제들은 사제를 만드는 (참된) 법들은 버린 채 지내고, 사제를 만들지 못하는 법들을 받아지닌 채 지낸다. 그리고 다섯 가지 덮개에 쌓여 있고 덮여 있고 가려져 있고 씌워져 있으므로 몸이 부서져 죽은 뒤 범신과 함께 하는 곳에 태어날 것이라고 하는 경우는 있을 수 없다."

4. 세 가지 베다는 황야이고 손해이다

33 "어떻게 생각하느냐, 바셋타야. 오래되고 나이가 많은 사제들의 스승의 스승들이 설한 것 가운데 범신은 집착이 있다라고 들었느냐, 없다라고 들었느냐."
"집착이 없다라고 들었습니다. 존귀한 고타마여."
"원망의 마음이 있다라고 들었느냐, 없다라고 들었느냐."
"원망의 마음이 없다라고 들었습니다. 존귀한 고타마여."
"비뚤어진 마음이라고 들었느냐, 비뚤어지지 않은 마음이라고 들었느냐.”

"비뚤어지지 않은 마음이라고 들었습니다. 존귀한 고타마여.”

"그 마음이 흐리다고 들었느냐, 흐리지 않다고 들었느냐.”

"그 마음이 흐리지 않다라고 들었습니다. 존귀한 고타마여.”

"자재력을 갖추고 있다고 들었느냐, 자재력을 갖추고 있지 않다라고 들었느냐.”

"자재력을 갖추고 있다고 들었습니다. 존귀한 고타마여.”

"어떻게 생각하느냐 바셋타야, 세 가지 베다를 갖춘 사제들은 집착이 있느냐, 없느냐.”

"집착이 있습니다. 존귀한 고타마여.”

"그 마음에 원망이 있느냐, 없느냐.”

"그 마음에 원망이 있습니다. 존귀한 고타마여.”

"그 마음이 비뚤어졌느냐, 비뚤어지지 않았느냐.”

"그 마음이 비뚤어졌습니다. 존귀한 고타마여.”

"그 마음이 흐리냐, 흐리지 않느냐.”

"그 마음이 흐립니다. 존귀한 고타마여.”

"자재력이 있느냐, 자재력이 없느냐.”

"자재력이 없습니다. 존귀한 고타마여.”

34 "그렇다면 참으로 바셋타야, 세 가지 베다를 갖춘 바라문들은 집착이 있고 범신은 집착이 없다. (여기서) 실로 집착이 있는, 세 가지 베다를 갖춘 사제들과 집착이 없는 범신과는 합류하고 일치하겠는가?”

"그렇지 못합니다. 존귀한 고타마여.”

"옳다, 바셋타야. (결국) 바셋타야, 집착이 있는 세 가지 베다를 갖춘 사제들이 몸이 부서져 죽은 뒤 범신과 함께 하는 곳에 태어날 것이라고 하는 경우는 있을 수 없다.
 그렇다면 (또) 참으로 바셋타야, 세 가지 베다를 갖춘 사제들은 원망의 마음이 있고 범신은 원망의 마음이 없다.······세 가지 베다를 갖춘 사제들은 그 마음이 비뚤어져 있고 범신은 그 마음이 비뚤어져 있지 않다.······세 가지 베다를 갖춘 사제들은 그 마음이 흐려있고, 범신은 그 마음이 흐려있지 않다.······세 가지 베다를 갖춘 사제들은 자재력이 없고, 범신은 자재력이 있다. (여기서) 실로 자재력이 없는, 세 가지 베다를 갖춘 사제들과 자재력이 있는 범신과는 함께 합류하고 일치하겠는가."
 "그렇지 못합니다. 존귀한 고타마여."
 "옳다, 바셋타야. (결국) 바셋타야, 자재력이 없는, 세 가지 베다를 갖춘 사제들이 몸이 부서져 죽은 뒤 범신과 함께 하는 곳에 태어날 것이라고 하는 경우는 있을 수 없는 것이다.
35 여기에서 실로 바셋타야, 저 세 가지 베다를 갖춘 사제들은 주저 앉아 버리는 까닭에 빠지게 되고 빠져서는 혼란함만을 얻는다. 더 좋은 곳으로 건너간다는 것은 생각뿐이다. 그러므로 세 가지 베다를 갖춘 사제들에게 있어 세 가지 베다는 사막이라고도 불리고 황야라고도 불리고 손해라고도 불린다."

5. 범신과 함께 하는 곳으로 향하는 길

36 이와 같이 설하셨을 때 바셋타 동자는 붓다께 여쭈었다.
 "존귀한 고타마여, '수행자 고타마는 범신과 함께 하는 곳으로

(향하는) 길을 안다.'라고 들었습니다."

"어떻게 생각하느냐. 바셋타야, 마나사카타는 여기에서 가까이에 있고 멀리 있는 것은 아니지 않느냐."

"예, 존귀한 고타마여. 마나사카타는 여기에서 가까이에 있지 멀리 있지 않습니다."

37 "어떻게 생각하느냐. 바셋타야, 여기에 (어떤) 사람이 마나사카타에서 나서 자랐을 것이다. 이제 막 마나사카타를 떠나 있게 된 그에게 마나사카타의 길을 묻는다고 하자. 바셋타야, 마나사카타에서 나서 자란 그 사람이 마나사카타의 길을 질문받았을 때 바보같다든지 아니면 당황할 수 있겠는가."

"그렇지 않습니다. 존귀한 고타마여."

"그것은 무슨 까닭이냐."

"존귀한 고타마여, 그 사람은 실로 마나사카타에서 나서 자랐으니 마나사카타의 길이라면 모조리 잘 알고 있는 것입니다."

"바셋타야, 저 마나사카타에서 나서 자란 그 사람이 마나사카타의 길을 질문받았을 때 바보같다든지 아니면 당황할 수는 있을지언정, 그렇게 오신 붓다가 범신의 세계나 범신의 세계에 이르는 길을 질문받았을 때 바보같다거나, 당황할 수는 없는 것이다. 바셋타야, 나는 범신을 알고 있고, 범신의 세계에 이르는 길을 알고 있다. 그리고 그 길대로 간 자가 범신의 세계에 태어난 것을 알고 있다."

38 이와 같이 설하셨을 때, 바셋타 동자는 붓다께 아뢰었다.

"존귀한 고타마여, 저는 수행자 고타마는 범신과 함께 하는 곳으로 (향하는) 길을 가르친다라고, 이와 같이 들었습니다. 존귀한 고타마께서는 범신과 함께 하는 곳으로 (향하는) 길을 저희에게 가르쳐 주셨으면 좋겠습니다. 존귀한 고타마께서는 사제계급 출신의 사람들을 구하옵소서."

"그렇다면 바셋타야, 듣고 잘 생각하라. 내가 설하겠다."

"예, 존귀한 분이시여."라고 하며 바셋타 동자는 붓다께 동의하였다.

39 붓다께서는 설하셨다.

"이 세계에 바셋타야, 그렇게 온·동등한·바르고 원만하게 깨달은 붓다께서 탄생하신다.…(사문과 경[7])에서와 같이 펼쳐져야 함.) 이와 같이 실로 바셋타야, 붓다의 제자는 계율을 완성한 이가 된다.…… 이러한 다섯 덮개가 스스로에게서 버려진 것을 보고 있는 붓다의 제자에게는 희열이 일어난다. 희열하기에 기쁨이 일어나고 기뻐하기에 몸이 편안해지고 몸이 즐거움을 느끼게 된다. 그리고 즐거움을 느끼기에 마음이 명상에 들게 된다.

그는 친근함[8]을 동반한 마음으로 한 방향을 채우고 지낸다. 그

● ● ● ● ● ● ● ● ● ● ●

7) 다음 제5 사문과 경의 제41단락부터 제76단락까지 그대로 되풀이 되므로 반드시 그곳의 해당부분을 읽어주길 바란다. 원래 삼명경은 장니카야 제1권의 제13경이고 『사문과경』은 제2경이어서 사문과경에 설해진 것으로 되풀이 되는 내용을 이와 같이 줄인 것이다. 물론 대화하는 상대자는 사문과경의 '대왕'이 여기서는 '바셋타'가 되어야 할 것이다.

8) mettā. 友情을 뜻하는 말이다. 친근함으로 의역하였다. 친근함〔慈〕, 슬픔〔悲, karuṇā), 기쁨〔喜, muditā〕, 담담히 바라봄〔捨, upekhā〕의 네 가지 마음을 무량하게 닦는 것이 이른바 四無量心說이다. 이 수행법은 표면적으로는 범신의 세계에 가기 위한 직접적인 방법론으로 설해진다. 그런데 이 수행법은 실제 큰 중요성과 의미를 지닌다. 즉 전문적인 수행을 못하는 재가의 일반인들도 色界의 경지를 경험하게 하는 것이기 때문이다.

색계를 경험하기 위해서는 色界의 선정에 들어야 한다. 이것은 주로 전문적인 수행자

렇게 둘째, 셋째, 넷째 그리고 위, 아래, 옆 등 모든 방향을 채우고 지낸다. (나아가) 모든 곳에서의 모든 것을 갖추고 있는 세계를, 친근함을 동반한 마음으로 (그리고 그 마음을) 광대하고 거대하고 무량하게 하며 (또) 원망함이 없고 비뚤어짐이 없게 하여 채우고 지낸다.

그것은 다음과 같다. 바셋타야, 나팔을 가진 힘센 사람은 별로 어렵지 않게 사방으로 소리를 알린다. 이와 같이 바셋타야, (별로 어렵지 않게 모든 방향으로) 수행하여 친근함의 마음으로 해탈한 자에게는 이 (세상)에서 지어야 할 업으로서 남은 것이 없고 머무는 것이 없다. 바셋타야, 이것이 범신과 함께 하는 곳으로 (향하는) 길이다.

다시 또 바셋타야, 붓다의 제자는 슬픔을 동반한 마음으로…기쁨을 동반한 마음으로……담담히 바라봄을 동반한 마음으로 한 방향을 채우고 지낸다.

그렇게 둘째, 셋째, 넷째 그리고 위, 아래, 옆 등 모든 방향을 채우고 지낸다. 모든 곳에서의 모든 것을 갖추고 있는 세계를, 담담히 바라봄을 동반한 마음으로, (그리고 그 마음을) 광대하고 거대하고 무량하게 하여 (또) 원망함이 없고 비뚤어짐이 없게

● ● ● ● ● ● ● ● ● ● ● ● ● ● ●

들에게 가능한 것이다. 그런데 선정을 닦지 않고도 4무량심을 닦으면 욕계(欲界)를 넘어서 색계에 취입한다는 것이다. 4무량심설은 業說의 妙法이며 궁극이며, 究竟이며 꽃이다. 그리고 業說은 일반의 재가자들이 가장 닦기에 용이한 수행법이다. 欲界는 世間이고 色界부터는 어떤 의미에서 出世間의 길이 시작된다. 애욕에 묻혀있는 재가자들에게 출세간의 길을 열어주는 유일한 교설이 있다면 바로 사무량심설이다. 주의해서 음미해야 하리라고 본다.

하여 채우고 지낸다.
  그것은 다음과 같다. 바셋타야, 나팔을 가진 힘센 사람은 별로 어렵지 않게 사방으로 소리를 알린다. 이와 같이 바셋타야, (별로 어렵지 않게 모든 방향으로) 수행하여 담담히 바라봄의 마음으로 해탈한 자에게는 이 (세상)에서 지어야 할 업으로서 남은 것이 없고 머무는 것이 없다. 바셋타야, 이것이 범신과 함께 하는 곳으로 (향하는) 길이다.

40 어떻게 생각하느냐. 바셋타야, 이와 같이 지내는 붓다의 제자는 집착함이 있는가, 없는가."
  "집착이 없습니다. 존귀한 고타마여."
  "그 마음에 원망함이 있는가, 없는가."
  "그 마음에 원망함이 없습니다. 존귀한 고타마여."
  "그 마음이 비뚤어졌는가. 비뚤어지지 않았는가."
  "그 마음이 비뚤어지지 않았습니다. 존귀한 고타마여."
  "그 마음이 흐려 있는가, 흐리지 않은가."
  "그 마음이 흐리지 않습니다. 존귀한 고타마여."
  "자재력이 있는가, 없는가."
  "자재력이 있습니다. 존귀한 고타마여."
  "그렇다면 참으로 바셋타야, 붓다의 제자는 집착함이 없고 범신도 집착함이 없다. 집착함이 없는 붓다의 제자와 집착함이 없는 범신은 서로 합류하고 일치하겠는가."
  "그렇습니다. 존귀한 고타마여."
  "옳다. 바셋타야, (결국) 집착함이 없는 저 붓다의 제자가 몸이 부서져 죽은 뒤, 집착함이 없는 범신과 함께 하는 곳에 태어날 것이다라는 주장은 타당한 것이다.

41 그렇다면 (또) 참으로 바셋타야, 붓다의 제자는 그 마음에 원망함이 없고 범신도 그 마음에 원망함이 없다.……붓다의 제자는 그 마음이 비뚤어져 있지 않고, 범신도 그 마음이 비뚤어져 있지 않다.……붓다의 제자는 그 마음이 흐리지 않고 범신도 그 마음이 흐리지 않다.……붓다의 제자는 자재력을 지니고 범신도 자재력을 지닌다. 자재력을 지닌 붓다의 제자는 자재력을 지닌 범신과 서로 합류하고 일치하겠는가."

"그렇습니다. 존귀한 고타마여."

"옳다, 바셋타야. (결국) 바셋타야, 자재력 있는 붓다의 제자가 몸이 부서져 죽은 뒤 자재력 있는 범신과 함께 하는 곳에 태어날 것이다라는 주장은 타당한 것이다."

42 이와 같이 설하셨을 때 바셋타와 바라드바자 동자는 붓다께 이렇게 아뢰었다.

"존귀한 고타마여, 뛰어나십니다. 존귀한 고타마여, 뛰어나십니다. 존귀한 고타마여. 마치 뒤집힌 것을 바로 세우고 덮힌 것을 벗겨내고 모르는 자에게 길을 안내하는 것 같습니다. 어둠 속에서 기름 등을 켜 눈 있는 자라면 색을 보게끔, 존귀한 고타마께서는 그와 같이 여러 단계로 법을 드러내셨습니다. 저는 존귀한 고타마께 귀의하오며 법과 제자 승단에 귀의하옵니다. 존귀한 고타마께서는 저를 신자로서 받아 주옵소서. 오늘부터 생명이 다할 때까지 귀의하겠습니다."

— 4. 삼명경 끝 —

5. 사문과 경[1]
신흥사상의 진리주장에 대한 비판 I [2]

●●●●●●●●●●●●●

1) 장니카야(Dīgha-Nikāya) 제1권 제2경(Sāmañña-phala-Sutta) 〔D.N.I, p. 41~75 (N.D.P);p.47~86(P.T.S)〕:漢譯의 대응경으로는 長阿含 27경 沙門果經〔大正藏 1, p.107上~ 〕竺曇無蘭譯 寂志果經〔大正藏 1, p.270~〕의 2譯이 대표적이다.
2) 고타마 붓다 시대에 인도는 사회 및 종교적 측면에서 큰 변화를 맞이하였다. 사회적으로도 농업중심에서 상업경제 중심으로 옮겨가는 변화가 가속화되었고, 종교적으로 전통적인 Brahmanism에 반발하는 다양한 자유사상가의 새로운 발흥을 보게 된 것이다. 자유사상가들은 이른바 사문(沙門, Samaṇa)이라고 불렀던 자들로서 붓다도 큰 범위에서는 여기에 속하였다. 숱한 자유사상가들 중 대표적인 여섯 명의 사상가가 이 경에서 소개된다.
　세계의 철학 및 종교사상은 세 가지 주제에 대한 연구였다고 볼 만하다. 즉 神과 物質과 정신에 대한 다양한 접근일 것이다. 이 중, 신에 대한 사상 및 주장은 앞서의 전통사상에서 잘 보아왔다. 이에 대해 神은 궁극적 원리로 인정하지 않고 물질 또는 물질과 정신을 궁극적인 원리로 인정하는 사상 및 주장이 신흥사상이다. 물질만을 궁극적 원리로 보는 사상은 제3 아지타의 사상이다. 그리고 물질을 중심으로 정신을 종속적으로 파악하여 궁극적 원리를 규정하는 사상은 제2 막칼리와 제4 파쿠다의 사상이다. 이 세 사상가로부터 특히 도덕의 부정이라는 입장이 나타난 것이 제1 푸라나의

1. 여섯 명의 다른 종교 사상가

1 이와 같이 내가 들었다. 한때에 붓다께서는 라자가하 시에 있는 소아과 의사 지바카의 망고 동산에서 1,250인의 커다란 제자 승단과 함께 지내셨다. 그때 마가다 국의 왕인 아자타삿투 베데히풋타는 우기 중의 네번째 달, 제 십오 일인 코무디 날의 포살일을 맞아 보름달이 둥글게 뜬 밤에, 신하들에게 둘러싸인 채로 궁전 누각에 올라가 앉았다. 마가다 국의 왕 아자타삿투 베데히풋타는 그 포살일에 다음과 같이 감흥을 읊었다.

"달 밝은 밤은 참으로 즐길 만하다. 달 밝은 밤은 참으로 아름답다. 달 밝은 밤은 참으로 볼 만하다. 달 밝은 밤은 참으로 마음이 깨끗해진다. 달 밝은 밤은 참으로 상서롭다. 오늘 같은 날은 어떤 수행자 또는 사제를 뵈어야 그 마음이 진정 깨끗해질까."

2 이렇게 말하였을 때, 어떤 신하가 마가다의 왕 아자타삿투 베데히풋타에게 다음과 같이 아뢰었다.

━━━━━━━━━━━━━━━━━━

●●●●●●●●●

사상이다. 그리고 물질과 정신의 위상을 동등히 인정하여 靈肉二元論적인 사상을 기반으로 하는 것이 제5 니간타의 사상이다. 그리고 神에 대한 이론이든 物質과 정신에 대한 이론이든 그 모든 것을 회의비판하는 것이 제6 산자야의 사상이다.

우리는 당시의 이와 같은 종교사상들을 대하면서, 그 유형에 있어서는 인간이 생각할 수 있는 모든 사유의 유형이 그 시대에 이미 존재하였음을 느끼게 된다. 그러한 사유의 토양 위에서 진정한 종교의 꽃으로서 피어나는 고타마 붓다의 불교를 접하게 되는 것이다. 고타마 붓다는 '바른 수행에 의한 깨달음'을 통하여 이상의 사상들에 대한 대안과 해결책을 제시한다. 그 과정이 차근차근 자세히 제40단락부터 전개된다. 그 내용은 가히 원시불교의 要諦라고 할 만한 것으로서 불교의 진면목이 유감없이 발휘된다. 잘 음미해 주기 바란다.

"천왕이시여,[3] 푸라나 카싸파라는 사상가가 있는데 그는 승단을 이끌고 집단을 이끌고 그 집단의 스승이며, (널리) 알려져 있고 명예로운 자이고 스스로의 사상을 개창하였고, 대중들로부터 훌륭하다고 존경받으며, 경험있고 출가한 지 오래되었고, 나이가 많고 완숙한 노년에 이른 자입니다. 천왕께서는 이러한 푸라나 카싸파를 방문하십시오. 천왕께서 푸라나 카싸파를 방문하시면 그 마음이 진정 깨끗해질 것입니다."

이렇게 말했을 때 마가다의 왕 아자타삿투 베데히풋타는 (그저) 조용히 있었다.

3 그러자 또 어떤 신하가 마가다의 왕 아자타삿투 베데히풋타에게 다음과 같이 아뢰었다.

"천왕이시여, 막칼리 고살라라는 사상가가 있는데 그는 승단을 이끌고 집단을 이끌고 그 집단의 스승이며, (널리) 알려져 있고 명예로운 자이고 스스로의 사상을 개창하였고, 대중들로부터 훌륭하다고 존경받으며 경험있고 출가한 지 오래되었고, 나이가 많고 완숙한 노년에 이른 자입니다. 천왕께서는 이러한 막칼리 고살라를 방문하십시오. 천왕께서 막칼리 고살라를 방문하시면 그 마음이 진정 깨끗해질 것입니다."

이렇게 말했을 때 마가다의 왕 아자타삿투 베데히풋타는 그저 조용히 있었다.

4 그러자 또 어떤 신하가 마가다의 왕 아자타삿투 베데히풋타에

●●●●●●●●●●●●●●

3) 세속인이 왕을 부를때는 Deva(天)라고 하고 종교인이 왕을 부를 때는 Mahārāja(大王)라고 한다.

게 다음과 같이 아뢰었다.

"천왕이시여, 아지타 케사캄발라라는 사상가가 있는데, 그는 승단을 이끌고 집단을 이끌고 그 집단의 스승이며, 널리 알려져 있고 명예로운 자이고, 스스로의 사상을 개창하였고 대중들로부터 훌륭하다고 존경받으며, 경험 있고 출가한지 오래되고 나이가 많고 완숙한 노년에 이른 자입니다. 천왕께서는 이러한 아지타 케사캄발라를 방문하십시오. 천왕께서 아지타 케사캄발라를 방문하시면 그 마음이 진정 깨끗해질 것입니다."

이렇게 말했을 때 마가다의 왕 아자타삿투 베데히풋타는 그저 조용히 있었다.

5 그러자 또 어떤 신하가 마가다의 왕 아자타삿투 베데히풋타에게 다음과 같이 아뢰었다.

"천왕이시여, 파쿠다 캇차야나라는 사상가가 있는데 그는 승단을 이끌고 집단을 이끌고 그 집단의 스승이며, 널리 알려져 있고 명예로운 자이고 스스로의 사상을 개창하였고 대중들로부터 훌륭하다고 존경받으며, 경험 있고 출가한지 오래되고 나이가 많고 완숙한 노년에 이른 자입니다. 천왕께서는 이러한 파쿠다 캇차야나를 방문하십시오. 천왕께서 파쿠다 캇차야나를 방문하시면 그 마음이 진정 깨끗해질 것입니다."

이렇게 말했을 때 마가다의 왕 아자타삿투 베데히풋타는 그저 조용히 있었다.

6 그러자 또 어떤 신하가 마가다의 왕 아자타삿투 베데히풋타에게 다음과 같이 아뢰었다.

"천왕이시여, 산자야 벨라티풋타라는 사상가가 있는데 그는 승단을 이끌고 집단을 이끌고 그 집단의 스승이며, 널리 알려져 있고 명예로운 자이고 스스로의 사상을 개창하였고, 대중들로부터 훌륭하다고 존경받으며, 경험있고 출가한 지 오래되고 나이가 많고 완숙한 노년에 이른 자입니다. 천왕께서는 이러한 산자야 벨라티풋타를 방문하십시오. 천왕께서 산자야 벨라티풋타를 방문하시면 그 마음이 진정 깨끗해질 것입니다."

이렇게 말했을 때 마가다의 왕 아자타삿투 베데히풋타는 그저 조용히 있었다.

7 그러자 또 어떤 신하가 마가다의 왕 아자타삿투 베데히풋타에게 다음과 같이 아뢰었다.

"천왕이시여, 니간타 나타풋타라는 사상가가 있는데 그는 승단을 이끌고 집단을 이끌고 그 집단의 스승이며, 널리 알려져 있고 명예로운 자이고 스스로의 사상을 개창하였고 대중들로부터 훌륭하다고 존경받으며, 경험있고 출가한 지 오래되고 나이가 많고 완숙한 노년에 이른 자입니다. 천왕께서는 니간타 나타풋타를 방문하십시오. 천왕께서 니간타 나타풋타를 방문하시면 그 마음이 진정 깨끗해질 것입니다."

이렇게 말했을 때 마가다의 왕 아자타삿투 베데히풋타는 그저 조용히 있었다.

2. 왕은 지바카의 망고 동산으로 붓다를 찾아뵙다

8 그때 소아과 의사 지바카는 마가다의 왕 아자타삿투 베데히풋타 가까이에서 조용히 앉아 있었다. 그러자 마가다의 왕 아자타

삿투 베데히풋타는 소아과 의사 지바카에게 다음과 같이 말하였다.

"여보시오 지바카, 당신은 어찌하여 조용히 있소."

"천왕이시여, 동등하시며 바르고 원만하게 깨달으신 붓다께서 저의 망고 동산에서 1,250인의 커다란 제자 승단과 함께 머물고 계십니다. 저 붓다께는 다음과 같은 착한 명성이 일고 있습니다. 곧 '저 붓다께서는 동등한·바르고 원만하게 깨달은·밝힘에의 진행을 완성한·잘 간·세계를 아는·더 이상 없는·사람을 길들이는·천신과 인간의 스승인·깨달은 붓다이시다.'라고요. 천왕께서는 저 붓다를 방문하십시오. 천왕께서 붓다를 방문하신다면 그 마음이 진정 깨끗해질 것입니다."

9 "그렇다면, 여보시오 지바카, 코끼리 수레들을 준비시키시오."

그리하여 소아과 의사 지바카는 마가다의 왕 아자타삿투 베데히풋타에게 "예."하고 답한 뒤 500마리의 암코끼리와 (왕이) 탈 용과 같은 코끼리를 준비하였다. 그리고 마가다 국의 왕 아자타삿투 베데히풋타에게 "천왕이시여, 코끼리 수레들이 준비되었습니다. 지금이 때이옵니다."라고 말하였다.

10 그러자 마가다의 왕 아자타삿투 베데히풋타는 500마리의 암코끼리에 여인들을 각각 한 명씩 타게 하고 스스로는 왕이 타는 용 같은 코끼리에 올라탔다. 그리고 모두들 횃불을 들게 하는 등, 크게 왕의 위엄을 갖추어 라자가하 시를 출발하여 소아과 의사 지바카의 망고 동산을 향해 나아갔다. 그런데 마가다의 왕 아자타삿투 베데히풋타는 망고 동산에서 멀지 않은 곳에 이르자 두려움이 일고 몸이 뻣뻣해지고 털이 곤두섰다. 두렵고 정신을 차릴

수 없고 털이 곤두서게 된 마가다의 왕 아자타삿투 베데히풋타는 소아과 의사 지바카에게 다음과 같이 말하였다.

"여보시오, 지바카. 나를 속이려는 것 아니오. 여보시오, 지바카. 나를 배신하려는 것 아니오. 여보시오, 지바카. 나를 적들에게 넘겨주려는 것 아니오. 어찌 1,250명이 모여 있는 커다란 제자 승단에서 재채기 소리 하나, 기침소리 하나, 말소리 하나도 나지 않는가 말이오."

"천왕이시여, 두려워 마십시오. 천왕이시여, 두려워 마십시오. 저는 천왕을 속이지 않습니다. 천왕이시여, 저는 천왕을 배신하지 않습니다. 천왕이시여, 저는 천왕을 적들에게 넘겨 주지 않습니다. 나아갑시다. 천왕이시여, 나아갑시다. 천왕이시여, 저기 둥근 진흙 집들이 등불을 밝히고 있습니다."

11 그리하여 마가다 왕 아자타삿투 베데히풋타는 왕의 코끼리가 쉬는 곳까지 가서 그 코끼리에서 내린 다음에 둥근 진흙 집의 문으로 걸어갔다. 그리고 소아과 의사 지바카에게 다음과 같이 말하였다.

"여보시오, 지바카. 붓다께서는 어디 계시오."

"천왕이시여, 저분이 붓다이십니다. 천왕이시여, 가운데 기둥에 기대어 동쪽을 향하여 앉아 계신 분이 붓다이십니다. 그리고 제자 승단은 붓다를 바라보는 위치로 앉아 있습니다."

12 그리하여 마가다의 왕 아자타삿투 베데히풋타는 붓다께서 계신 곳으로 다가왔다. 그리고 한 곳에 섰다. 한 곳에 서서 마가다의 왕 아자타삿투 베데히풋타는 조용하고 호수처럼 맑은 제자 승단을 바라보았다. 그리고 감흥을 읊었다.

"여기 붓다의 제자 승단이 갖추고 있는 고요함을 내 아들 우다야밧다도 갖추었으면!"

(그러자 붓다께서는) "대왕이여, 당신은 사랑하는 것에 따라 움직이는구려." (라고 말씀하셨다.)

(이에 마가다 왕 아자타삿투 베데히풋타는) "붓다시여, 우다야밧다는 저의 사랑하는 아들입니다. 여기 붓다의 제자 승단이 갖추고 있는 고요함을 저의 아들 우다야밧다도 갖추었으면 합니다." (라고 말하였다.)

13 그리고 붓다께 공손히 인사하고 제자 승단을 향하여 합장한 뒤 한 곳에 앉았다. 한 곳에 앉은 마가다 왕 아자타삿투 베데히풋타는 붓다께 다음과 같이 말하였다.

"붓다시여, 제가 여쭈는데 답하실 여유가 있으시다면 저는 붓다께 사소한 것이나마 여쭙고자 합니다."

"대왕이시여, 원하는 대로 물으시오."

3. 수행자의 결과를 질문함

14 "붓다시여, 여러 가지 기술(과 직책)이 있습니다. 곧 코끼리 몰이꾼, 말 몰이꾼, 수레 몰이꾼, 궁술가(弓術家), 기수(旗手), 군대 참모(參謀), 식량 보급자, 고위 관리, 왕자, 정찰병, 큰 용(龍) 같은 영웅, 중기병(重騎兵), 노예, 요리사, 이발사, 목욕 보조원, 과자 만드는 사람, 정원사, 염색업자, 직공(織工), 바구니 만드는 사람, 항아리 만드는 사람, 경리 보는 사람, 가락지 만드는 사람, 그외에도 여러 가지 기술과 직책이 있습니다. 사람들은

이러한 기술과 직책으로 말미암아 현재의 상태에서 (눈에) 보이는 결과(를 얻고 그것)에 의지해 살아갑니다. 그리고 그것으로 스스로를 즐겁게 하고 기쁘게 하며, 부모를 즐겁게 하고 기쁘게 하며, 처자를 즐겁게 하고 기쁘게 하며, 친구들을 즐겁게 하고 기쁘게 합니다. 그리고 수행자와 사제들에게 그것으로 계속 보시물을 바치니, 그 보시물은 매우 고매한 것이고 하늘에 속한 것이어서 즐거움(의 결과)를 맺고 하늘에 나게 하는 것입니다. (그런데) 붓다시여, 현재의 상태에서 수행자에게 (그 수행)으로 말미암아 생기는 눈에 보이는 결과가 있다라고 가르칠 수 있으십니까?"

4. 여섯 가지 다른 종교사상

15 "대왕이여, 당신은 이런 질문을 받은, 다른 수행자나 사제를 잘 알고 있겠지요."
"붓다시여, 저는 이런 질문을 받은, 다른 수행자나 사제를 잘 알고 있습니다."
"대왕이여, 어렵지 않다면 그들이 답한 대로 말해 보시오."
"붓다시여, 붓다와 붓다 같으신 분들이 앉아 계신 이곳에서라면 어렵지 않습니다."
"대왕이시여, 그렇다면 말해 보시오."

(1) 푸라나 카싸파의 사상

16 "붓다시여, 한때 저는 푸라나 카싸파가 있는 곳으로 갔습니다. 가서 푸라나 카싸파와 함께 인사를 나누고 서로 정중히 안부를 여쭌 후에 한 곳에 앉았습니다. 붓다시여, 한 곳에 앉은 뒤 저는 푸라나 카싸파에게 다음과 같이 물었습니다.

'여보시오, 카싸파. 여러 가지 기술과 직책이 있습니다. 곧 코끼리 몰이꾼, 말 몰이꾼, 수레 몰이꾼, 궁술가, 기수, 군대 참모, 식량 보급자, 고위 관리, 왕자, 정찰병, 큰 용 같은 영웅, 중기병, 노예, 요리사, 이발사, 목욕 보조원, 과자 만드는 사람, 정원사, 염색업자, 직공, 바구니 만드는 사람, 항아리 만드는 사람, 경리 보는 사람, 가락지 만드는 사람, 그외도 여러 가지 기술과 직책이 있습니다. 사람들은 이러한 기술과 직책으로 말미암아 현재의 상태에서 눈에 보이는 결과를 얻고 그것에 의지해 살아갑니다. 그리고 그것으로 스스로를 즐겁게 하고 기쁘게 하며, 부모를 즐겁게 하고 기쁘게 하며, 처자를 즐겁게 하고 기쁘게 하며, 친구들을 즐겁게 하고 기쁘게 합니다. 그리고 수행자와 사제들에게 그것으로 계속 보시물을 바치니, 그 보시물은 매우 고매한 것이고 하늘에 속한 것이어서 즐거움의 결과를 맺고 하늘에 나게 하는 것입니다. 그런데 여보시오 카싸파, 현재의 상태에서 수행자에게 (그 수행으로) 말미암아 생기는 눈에 보이는 결과가 있다고 가르칠 수 있습니까.'

17 붓다시여, 이렇게 말했을 때 푸라나 카싸파는 저에게 다음과 같이 말하였습니다.

'대왕이여, 짓거나 짓게 하거나, 자르거나 자르게 하거나, 끓이거나 끓이게 하거나, 슬퍼하거나 슬퍼하게 하거나, 피곤해 하거나 피곤하게 하거나, 떨리거나 떨리게 하거나, 살생하거나, 훔치거나, 모여 있는 것을 자르거나, 약탈하거나, 강도짓을 하거나, 노상강도를 하거나, 남의 부인을 범하거나, 거짓을 말하여도 그렇게 한 자가 나쁜 악을 지은 것은 아닙니다.

면도칼처럼 날카로운 날을 지닌 원반으로 이 땅의 생명 있는 것을 한 고기 더미 또는 한 고기 덩어리로 만든다해도 그 때문에 (지어진) 악이란 없고, 악의 갚음도 없습니다. 강가 강의 남쪽 기슭에 가서 죽이고 죽게 하고, 자르고 자르게 하고, 끓이고 끓이게 하여도 그 때문에 지어진 악이란 없고, 악의 갚음도 없습니다. 강가 강의 북쪽 기슭에 가서 보시하고 보시하게 하고, 희생을 바치고 희생을 바치게 하여도, 그 때문에 지어진 복이란 없고 복의 보상도 없습니다. 보시에 의해서도 극기에 의해서도 자제에 의해서도 진실한 말에 의해서도 복이란 없으며 복의 보상도 없습니다.'

여기서 붓다시여, 수행자에게 (그 수행으로) 말미암아 생기는 눈에 보이는 결과에 대해서 질문받은 푸라나 카싸파는, 행위(에 상응하는 결과)는 없다[4]라고 답한 것입니다. 붓다시여, 마치 망고 나무에 대해서 질문받은 자가 빵 나무에 관해서 답하고 또는

●●●●●●●●●●●●●●

4) akriyayaṁ, akiriyaṁ이 원어이다. 이 말은 無作用으로 보통 번역된다. a-kiriyaṁ의 구조로서, 이 중 Kiriya는 √kṛ (to do) Gerundive形이고 우리 말로는 '반드시 지어야 할 것'의 의미이다. 이 문맥 속에서 이 단어는 '행위라는 것은 그에 상응하는 결과를 짓지 못하는 것이다'라고 하는 의미를 지닌다. 그리하여 akriyaṁ이라는 한 단어를 '행위(에 상응하는 결과)는 없다'라고 옮겼다. 이 푸라나 카싸파의 사상은 도덕부정론이라고도 불린다.

빵 나무에 대해서 질문받은 자가 망고 나무에 관해서 답하는 것
처럼 붓다시여, 수행자의 수행으로 말미암아 생기는 눈에 보이는
결과에 대해서 질문받은 푸라나 카싸파는 행위(에 상응하는 결과
는) 없다라고 답한 것입니다.

 붓다시여, 그때 저는 이렇게 생각했습니다. '실로 (나의)
영토에 살고 있는 수행자나 사제를 내가 어찌 경시할 수 있겠는
가.'라고요. 붓다시여, 그래서 저는 푸라나 카싸파가 한 이야기를
기뻐하지도 않고 비난하지도 않았습니다. 그리고 뜻을 잡지 못한
채 이 말, 저 말을 제시하다가, 그의 말을 받들지도 않고 그의 말
앞에 굽히지도 않은 채 자리에서 일어나 떠나 버렸던 것입니다."

(2) 막칼리 고살라의 사상

18 "붓다시여, 한때 저는 막칼리 고살라가 있는 곳으로 갔습니
다. 가서 함께 인사를 나누고 서로 정중히 안부를 여쭌 후에 한
곳에 앉았습니다. 한 곳에 앉은 뒤 저는 막칼리 고살라에게 다음
과 같이 물었습니다.

 '여보시오 고살라, 여러 가지 기술과 직책이 있습니다.…… 그
런데 여보시오 고살라, 현재의 상태에서 수행자에게 (그 수행으
로) 말미암아 생기는, 눈에 보이는 결과가 있다고 가르칠 수 있
습니까.'

19 붓다시여, 이렇게 말했을 때 막칼리 고살라는 저에게 다음과
같이 말하였습니다.

 '대왕이여, 중생의 더럽혀짐에는 원인도 없고 연고도 없습니다.
원인도 연고도 없이 중생은 더럽혀집니다. 중생의 청정함에는 원
인도 없고 연고도 없습니다. 원인도 없고 연고도 없이 중생은 청

정해집니다. 자기의 지음으로 (이루어지는 것도) 없고, 남의 지음으로 (이루어지는 것도) 없으니, 사람의 지음으로 이루어지는 것이란 없습니다. 힘도 없고, 정진력도 없고, 사람의 저항력도 없고, 사람의 노력도 없습니다. 모든 중생, 모든 생명, 모든 존재, 모든 영혼은 지배력이 없고 힘이 없고 정진력이 없어, (이미) 정해진 (요소간의) 결합과 (요소의) 성질[5]에 의하여 변하며 여러 가지 재생의 단계에서 즐거움과 괴로움을 감수합니다.

140만 가지 생의 근원, 6천 가지 생의 근원, 6백 가지 생의 근원, 5백의 업, 5업, 3업, 1업, 반(半)업, 62가지 길, 62겁(劫), 6가지 생(生)의 단계, 8가지 사람의 땅, 4천 9백의 존재 평등론자[6], 4천 9백의 방랑 종교인, 4천 9백의 용의 거주처, 2천의 감관(感官), 3천의 지옥, 36가지 먼지의 계층[層], 일곱 가지 생각 있는 태아, 일곱 가지 생각 없는 태아, 일곱 가지 니간타[離繫者]의 태아, 일곱 하늘, 일곱 사람, 일곱 귀신, 일곱 가지 호수, 일곱 가지 파부타[7], 칠백의 파부타, 일곱 가지 조각, 칠백의 조각, 일곱 가지 꿈, 칠백의 꿈, 그리고 8백4십만 큰 겁이 있으니, 어리

●●●●●●●●●●●●●

5) niyati-saṅgati-bhāva의 번역문이다. 원어를 그대로 옮기면 '정함·결합·성질'이다. 이것을 '要素'라는 말을 사용하여 풀어 옮긴 것이다. 막칼리 고살라는 地·水·火·風·苦·樂·命·生·死·得·失·空의 十二要素說을 주장하여 이 우주의 생성과 전개를 그 요소들의 이합집산으로 이해하고 있다.
6) ājivaka, ājīvika의 번역어이다. 신흥사상의 한 부파로서 영혼(jīva) 또는 삶(ājīva) 그 자체를 '존재하는 이상 평등하다'고 보고 있다. 즉 어떤 모습·양태·빈·부·귀·천·지위의 고하 등에 있어서도 존재하는 이상 모두 평등한 것으로 보는 절대평등사상이다. 그러한 주장 사상을 지닌자들이 ājīvaka로서, '존재평등론자'라고 번역해 보았다.
7) pavuṭa : 무엇을 지칭하는 것인지 정확히 알려져 있지 않다.

석은 자든지 슬기로운 자든지 여기서 떠돌고 윤회한 뒤에 괴로움을 끝내게 됩니다.

그곳에서 (누군가가 말하길,) 나는 이러한 계율, 금기, 고행 또는 청정한 수행을 통해 숙성되지 않은 업을 숙성케 하고 그리하여 업의 숙성에 이르러 업을 끝내겠다라고 할 수는 없습니다. 도나[8]통으로 측정된 듯한 즐거움과 괴로움이 윤회 중에 제한되는 일이란 없고, 줄거나 늘어나는 일도 없고, 넘치거나 모자라는 일도 없습니다. 마치 던져진 실패가 실이 풀리면서 굴러가는 것과 같이, 어리석은 자든지 슬기로운 자든지 떠돌고 윤회한 뒤에 괴로움을 끝내게 됩니다.'

20 여기서 붓다시여, 수행자의 수행으로 말미암아 생기는 눈에 보이는 결과에 대해 질문받은 막칼리 고살라는 윤회를 통해 깨끗해진다고 답한 것입니다. 붓다시여, 마치 망고 나무에 대해서 질문받은 자가 빵 나무에 관하여 답하고, 빵 나무에 대해서 질문받은 자가 망고 나무에 관하여 답하는 것처럼 붓다시여, 수행자의 수행으로 말미암아 생기는 눈에 보이는 결과에 대해 질문받은 막칼리 고살라는 윤회를 통해 깨끗해진다고 답한 것입니다. 붓다시여, 그때 저는 '실로 나의 영토에 살고 있는 수행자나 사제를 내가 어찌 경시할 수 있겠는가.'라고 생각했습니다.

붓다시여, 그래서 저는 막칼리 고살라가 한 이야기를 기뻐하지도 않고 비난하지도 않았습니다. 그리고 뜻을 잡지 못한 채 이 말, 저 말을 제시하다가 그의 말을 받들지 않고 그의 말 앞에 굽

●●●●●●●●●●
8) 도나 : 약 한 말 정도의 양.

히지도 않은 채 자리에서 일어나 떠나 버렸던 것입니다."

(3) 아지타 케사캄발라의 사상

21 "붓다시여, 한때 저는 아지타 케사캄발라가 있는 곳으로 갔습니다. 가서 아지타 케사캄발라와 함께 인사를 나누고 서로 정중히 안부를 여쭌 후에 한 곳에 앉았습니다. 붓다시여, 한 곳에 앉은 뒤 저는 아지타 케사캄발라에게 다음과 같이 물었습니다. '여보시오, 아지타. 여러 가지 기술과 직책이 있습니다.…… 그런데 여보시오, 아지타. 현재의 상태에서 수행자에게 (그 수행으로) 말미암아 생기는 눈에 보이는 결과가 있다고 가르칠 수도 있습니까.'

22 붓다시여, 이렇게 말했을 때 아지타 케사캄발라는 저에게 다음과 같이 말하였습니다.

'대왕이시여, 보시를 행함도 없고, 희생을 바침도 없고, 제사를 지냄도 없습니다. 잘 짓고 못 지은 업의 과보도 없습니다. 이 세상도 없고, 저 세상도 없습니다. 어머니도 없고, 아버지도 없고, 화생하는 중생도 없습니다. 올바로 가고, 올바로 이르러 이 세상과 저 세상을 스스로 잘 알고 똑똑히 보아 가르치는 그런 수행자 또는 사제가 세상에는 없습니다.

사람이란 네 가지 중요한 원소로 되어 있어 죽게 되면 땅은 땅의 무리로, 물은 물의 무리로, 불은 불의 무리로, 바람은 바람의 무리로 들어가고 돌아갑니다. 여러 감관은 허공으로 넘어갑니다. 네 사람이 매우 긴 의자 위에 다섯째로 죽은 자를 싣고 가 버립니다. 화장터까지 송덕문이 읊어지지만 뼈는 비둘기 빛이 되고, 제물은 재속으로 떨어집니다.

보시란, 바보들이 가르치는 것. 누군가 '있다'라는 사상을 지닌 다면 그것은 공허하고 거짓이고 헛된 말인 것입니다. 어리석은 이든지, 슬기로운 이든지, 몸이 부서지면 단멸하고 소멸하여 죽은 뒤에는 아무것도 없습니다.'

23 여기서 붓다시여, 수행자의 수행으로 말미암아 생기는 눈에 보이는 결과에 대해 질문받은 아지타 케사캄발라는 (죽은 뒤에는) 단멸[9]한다고 답한 것입니다. 붓다시여, 마치 망고 나무에 대해서 질문받은 자가 빵 나무에 관하여 답하고, 빵 나무에 대해서 질문받은 자가 망고 나무에 관하여 답하는 것처럼 붓다시여, 수행자의 수행으로 말미암아 생기는 눈에 보이는 결과에 대해 질문받은 아지타 케사캄발라는 죽은 뒤에는 단멸한다고 답한 것입니다. 붓다시여, 그때 저는 '실로 나의 영토에 살고 있는 수행자 또는 사제를 내가 어찌 경시할 수 있겠는가.'라고 생각했습니다. 붓다시여, 그래서 저는 아지타 케사캄발라가 한 이야기를 기뻐하지도 않고 비난하지도 않았습니다. 그리고 뜻을 잡지 못한 채 이 말, 저 말을 제시하다가 그의 말을 받들지 않고 그의 말 앞에 굽히지도 않은 채, 자리에서 일어나 떠나 버렸던 것입니다."

(4) 파쿠다 캇차야나의 사상

24 "붓다시여, 한때 저는 파쿠다 캇차야나가 있는 곳으로 갔습니다. 가서 함께 인사를 나누고 서로 정중히 안부를 여준 후에

● ● ● ● ● ● ● ● ●
9) 아지타 케사캄발라의 이러한 사상은 '극단적 유물론', '死後斷滅論' 등으로도 불린다.

한 곳에 앉았습니다. 붓다시여, 한 곳에 앉은 뒤 저는 파쿠다 캇차야나에게 다음과 같이 물었습니다.
'여보시오, 캇차야나. 여러 가지 기술과 직책이 있습니다.……그런데 여보서오, 캇차야나. 현재의 상태에서 수행자에게 (그 수행으로) 말미암아 생기는 눈에 보이는 결과가 있다고 가르칠 수 있습니까?'
25 붓다시여, 이렇게 말하였을 때 파쿠다 캇차야나는 저에게 다음과 같이 말하였습니다.
'대왕이여, 일곱 가지 몸이 있으니 창조되지 않고, 창조되는 종류가 아니고, 만들어지지 않고, 만드는 자가 아니고, 불모(不毛)이고, 산의 정상처럼 움직이지 않고, 기둥처럼 고정된 것입니다. 그것들은 흔들리지 않고, 변하지 않고, 서로를 침해하지 않고, 서로의 즐거움 또는 괴로움 또는 즐거움과 괴로움에 영향을 미칠 수 없습니다.
어떤 것이 일곱인가? 땅의 몸, 물의 몸, 불의 몸, 바람의 몸 그리고 즐거움, 괴로움, 일곱째로 영혼에도 몸이 있습니다. 이 일곱 가지 몸은 창조되지 않고, 창조되는 종류가 아니고, 만들어지지 않고, 만드는 자가 아니고, 불모이고, 산의 정상처럼 움직이지 않고, 기둥처럼 고정된 것입니다. 그것들은 흔들리지 않고, 변하지 않고, 서로를 침해하지 않고, 서로의 즐거움 또는 괴로움 또는 즐거움과 괴로움에 영향을 미칠 수 없습니다. 그곳에는 죽이는 자도 죽이게 하는 자도 듣는 자도 듣게 하는 자도 식별하는 자도 식별하게 하는 자도 없습니다. 누군가 날카로운 칼로 머리를 자른다 해도 결코 생명을 뺏을 수 없습니다. 칼은 실로, 일곱 가지 몸의 틈 사이를 통과할 뿐입니다.'

26 여기서 붓다시여, 수행자의 수행으로 말미암아 생기는, 눈에 보이는 결과에 대해 질문받은 파쿠다 캇차야나는 동문서답을 한 것입니다.[10] 마치 붓다시여, 망고 나무에 대해서 질문받은 자가 빵 나무에 관하여 답하고, 또는 빵 나무에 대해서 질문받은 자가 망고 나무에 관하여 답하는 것처럼 붓다시여, 수행자의 수행으로 말미암아 생기는, 눈에 보이는 결과에 대해 질문받은 파쿠나 캇차야나는 동문서답을 한 것입니다. 붓다시여, 그때 저는 '실로 나의 영토에 살고 있는 수행자 또는 사제를 내가 어찌 경시할 수 있겠는가.'라고 생각했습니다. 붓다시여, 그래서 저는 파쿠다 캇차야나가 한 이야기를 기뻐하지도 않고 비난하지도 않았습니다. 그리고 뜻을 잡지 못한 채 이 말, 저 말을 제시하다가 그의 말을 받들지도 않고 그의 말 앞에 굽히지도 않은 채 자리에서 일어나 떠나 버렸던 것입니다."

(5) 니간타 나타풋타의 사상

27 "붓다시여, 한때 저는 니간타 나타풋타가 있는 곳으로 갔습니다. 가서 니간타 나타풋타와 함께 인사를 나누고 서로 정중히 안부를 여쭌 후에 한 곳에 앉았습니다. 붓다시여, 한 곳에 앉은

---

10) 파쿠다 캇차야나의 주장은 앞서의 막칼리 고살라의 사상과 통하는 바가 많다. 그 둘은 한결같이 정신의 존재를 인정하면서도 그 정신에 더 이상 의지적인 요소를 인정하지 않고 있는 것이다. 그리하여 우리 인간 존재는 어떤 상황에 처해서도 그 상황을 단순히 수동적으로 감수할 뿐이지 능동적으로 고치거나 변화시킬 수 없는 존재로 파악하고 있는 것이다. 결국 그 상황은 요소들의 성질에 의해 결정되어 있으므로 '결정론'이라고 불리기도 한다. 현대사상으로는 부대현상론(Epiphenomenalism)에 해당한다.

뒤 저는 니간타 나타풋타에게 다음과 같이 물었습니다.

'여보시오, 아기베싸나 여러 가지 기술과 직책이 있습니다. …… 그런데 여보시오, 아기베싸나. 현재의 상태에서 수행자에게 (그 수행으로) 말미암아 생기는 눈에 보이는 결과가 있다고 가르칠 수도 있습니까?'

28 붓다시여, 이렇게 말하였을 때 니간타 나타풋타는 저에게 다음과 같이 말하였습니다.

'대왕이여, 우리들은 네 가지 절제(節制)로 지켜지고 있습니다. 어떻게 우리들이 네 가지 절제로 지켜지는가? 여기에서 우리들은 모든 물로 지켜지고, 모든 물로 수행하고, 모든 물로 (죄를) 떨어내고, 모든 물로 충만되어 있습니다. 우리들은 이와 같이 네 가지 절제로 지켜지는 까닭에, 우리들은 자아에 이르렀고 자아를 보호하고 자아에 머문다라고 불립니다.'

29 여기서 붓다시여, 수행자의 수행으로 말미암아 생기는, 눈에 보이는 결과에 대해 질문받은 니간타 나타풋타는 '네 가지 절제로 지켜진다.'라고 답한 것입니다.[11] 붓다시여, 마치 망고 나무에 대해서 질문받은 자가 빵 나무에 관하여 답하고, 또는 빵 나무에 대해서 질문받은 자가 망고 나무에 관하여 답하는 것처럼 붓다시

● ● ● ● ● ● ● ● ● ● ● ● ●

11) 니간타 나타풋타의 사상은 바로 Jainism의 사상으로서 매우 주목받을 만하다. 그런데 이 경에서 제시되는 Jainism의 사상은 매우 간략하여 그 모습을 정확히 파악하기 힘들다. 따라서 이 다음 경에서는 Jainism의 사상만을 중점적으로 부각하여 그에 대한 붓다의 지적을 음미할 것이다. Jainism은 이 사문과경에 소개되는 다른 사상가에 비해서 '의지적인 해탈사상'을 천명하고 있어 매우 이색적이다. 해탈사상은 Brahmanism과 불교에서 볼 수 있고 나머지 사상가에서는 보기 어렵기 때문이다.

여, 수행자의 수행으로 말미암아 생기는 눈에 보이는 결과에 대해 질문받은 니간타 나타풋타는 '네 가지 절제로 지켜진다.'라고 답한 것입니다.

붓다시여, 그때 저는 '실로 나의 영토에 살고 있는 수행자 또는 사제를 내가 어찌 경시할 수 있겠는가.'라고 생각했습니다. 붓다시여, 그래서 저는 니간타 나타풋타가 한 이야기를 기뻐하지도 않고 비난하지도 않았습니다. 그리고 뜻을 잡지 못한 채 이 말, 저 말을 제시하다가 그의 말을 받들지도 않고 그의 말 앞에 굽히지도 않은 채 자리에서 일어나 떠나 버렸던 것입니다."

(6) 산자야 벨라타풋타의 사상

30 "붓다시여, 한때 저는 산자야 벨라타풋타가 있는 곳으로 갔습니다. 가서 함께 인사를 나누고 서로 정중히 안부를 여쭌 후에 한 곳에 앉았습니다. 붓다시여, 한 곳에 앉은 뒤 저는 산자야 벨라타풋타에게 다음과 같이 물었습니다.

'여보시오 산자야, 여러 가지 기술과 직책이 있습니다.······그런데, 여보시오 산자야, 현재의 상태에서 수행자에게 (그 수행으로) 말미암아 생기는, 눈에 보이는 결과가 있다고 가르칠 수도 있습니까?'

31 붓다시여, 이렇게 말하였을 때 산자야 벨라타풋타는 저에게 '저승이 있는가라고 왕께서 저에게 물을 때, 만약 저승이 있다라고 생각되면 저승이 있다라고 왕께 답할 것입니다. 그런데 이러하다고도 저는 생각하지 않으며, 그러하다고도 생각하지 않으며, 다르다고도 생각하지 않으며, 아니라고도 생각하지 않으며, 아니지 않다라고도 저는 생각하지 않습니다. 저승이 없는가라고······.

저승이 있기도 하고 없기도 한가라고……. 저승이 있는 것도 아니고 없는 것도 아닌가라고……. 색계 하늘의 중생이 있는가라고……. 색계 하늘의 중생이 있는 것도 아니고 없는 것도 아닌가라고……. 잘 지었거나 또는 잘못 지은 여러 업에 대해 그 결과 또는 대가란 있는 것인가라고……. 잘 지었거나 또는 잘못 지은 여러 업에 대해 그 결과 또는 대가란 없는 것인가라고……. 잘 지었거나 또는 잘못 지은 여러 업에 대해 그 결과 또는 대가란 있기도 하고 없기도 한 것인가라고……. 잘 지었거나 또는 잘못 지은 여러 업에 대해 그 결과 또는 대가란 있는 것도 아니고 없는 것도 아닌 것인가라고……. 사후에 그렇게 오신 붓다가 있는가라고……. 사후에 그렇게 오신 붓다가 없는가라고……. 사후에 그렇게 오신 붓다가 있기도 하고 없기도 한가라고……. 사후에 그렇게 오신 붓다가 있는 것도 아니고 없는 것도 아닌가라고 저에게 물을 때, 사후에 그렇게 오신 붓다가 있는 것도 아니고 없는 것도 아니라고 생각이 되면, 사후에 그렇게 오신 붓다가 있는 것도 아니고 없는 것도 아니라고 왕께 대답할 것입니다.

그런데 이러하다고도 저는 생각하지 않으며, 그러하다고도 생각하지 않으며, 다르다고도 생각하지 않으며, 아니라고도 생각하지 않으며, 아니지 않다라고도 저는 생각하지 않습니다.'라고 말하였습니다.

32 여기서 붓다시여, 수행자의 수행으로 말미암아 생기는 눈에 보이는 결과에 대해 질문받은 산자야 벨라타풋타는 교란되게 답한 것입니다.[12] 붓다시여, 마치 망고 나무에 대해서 질문받은 자

●●●●●●●●●●
12) 철학적 '회의론'이라고도 불린다. 서양철학자 중 I.Kant의 비판철학과 매우 유사한

가 빵 나무에 관하여 답하고, 또는 빵 나무에 대해서 질문받은 자가 망고 나무에 관하여 답하는 것처럼 붓다시여, 수행자의 수행으로 말미암아 생기는 눈에 보이는 결과에 대해서 질문받은 산자야 벨라타풋타는 교란되게 답한 것입니다. 붓다시여, 그때 저는 이렇게 생각했습니다. '이 자는 (이전에) 만났던 수행자 또는 사제들의 바보스러움과 우둔함을 모두 갖추었구나. 수행자의 수행으로 말미암아 생기는, 눈에 보이는 결과에 대해서 질문받은 자가, 실로 어찌하여 (어떠한 주장도 없이) 교란되게만 답할 수 있을까.'

(이어서) 붓다시여, 저는 또 이렇게 생각했습니다. '실로 나의 영토에 살고 있는 수행자 또는 사제를 내가 어찌 경시할 수 있겠는가.'

그래서 저는 붓다시여, 산자야 벨라타풋타가 한 이야기를 기뻐하지도 않고 비난하지도 않았습니다. 그리고 뜻을 잡지 못한 채 이 말, 저 말을 제시하다가 그의 말을 받들지도 않고 그의 말 앞에 굽히지도 않은 채 자리에서 일어나 떠나 버렸던 것입니다."

•••••••••••
면이 많다.

5. 붓다의 사상

(1) 수행자의 첫번째 결과

33 "붓다시여, 저는 붓다께도 역시 다음과 같이 여쭈옵니다. 붓다시여, 여러 가지 기술과 직책이 있습니다. 곧 코끼리 몰이꾼, 말 몰이꾼, 수레 몰이꾼, 궁술가, 기수, 군대 참모, 식량 보급자, 고위 관리, 왕자, 정찰병, 큰 용 같은 영웅, 중기병, 노예, 요리사, 이발사, 목욕 보조원, 과자 만드는 사람, 정원사, 염색업자, 직공, 바구니 만드는 사람, 항아리 만드는 사람, 경리 보는 사람, 가락지 만드는 사람, 그외도 여러 가지 기술과 직책이 있습니다. 사람들은 이러한 기술과 직책으로 말미암아 현재의 상태에서 눈에 보이는 결과를 얻고 그것에 의지해 살아갑니다. 그리고 그것으로 스스로를 즐겁게 하고 기쁘게 하며, 부모를 즐겁게 하고 기쁘게 하며, 처자를 즐겁게 하고 기쁘게 하며, 친구들을 즐겁게 하고 기쁘게 합니다.

그리고 수행자와 사제들에게 그것으로 계속 보시물을 바치니, 그 보시물은 매우 고매한 것이고 하늘에 속한 것이어서 즐거움의 결과를 맺고 하늘에 나게 하는 것입니다. 그런데 붓다시여, 현재의 상태에서 수행자의 수행으로 말미암아 생기는, 눈에 보이는 결과가 있다고 가르칠 수 있으십니까?"

34 "대왕이여, 가르칠 수 있소. 대왕이여, 지금 당신에게 되물어 볼테니 맞다고 생각되는 대로 대답해 보시오.

어떻게 생각하시오, 대왕이여. 지금 왕에게는 왕보다 먼저 일어나고 나중에 누우며, 왕에게 순종하고 뜻에 따라 움직이며, 왕에게 사랑스러운 말을 하고, 밝은 얼굴로 대하며 왕의 일을 하는 종이 있을 것이요. 그 종이 다음과 같이 생각할 수가 있소.

'놀라운 일이다. 일찍이 없었던 일이다. 복의 거취(去趣)와 복의 대가란 무엇인가? 이 마가다 왕 아자타삿투 베데히풋타는 사람이다. 나 또한 사람이다. 그런데 이 마가다 왕 아자타삿투 베데히풋타는 다섯 가지 종류의 애욕을 소유하고 갖추어 즐기고 있는데 마치 천신과 같다. 하지만 나는 그의 종으로서 그보다 먼저 일어나고 나중에 누우며, 그에게 순종하고 뜻에 따라 움직이며, 그에게 사랑스러운 말을 하고, 밝은 얼굴로 대하며 그의 일을 하고 있다. 실로, 나도 그와 같은 복을 지어야겠다. 나는 머리와 수염을 깎고 (3종의) 가사의[13]를 입고 출가를 해야겠다.'

그는 얼마 뒤에 머리와 수염을 깎고 (3종의) 가사의를 입고 출가를 할 것이요. 그는 이와 같이 출가하여 몸을 지키고, 말을 지키고, 뜻을 지키며 지낼 것이요. 그리고 최소한의 음식과 옷으로 만족하고 홀로 떠나서 지냄을 즐길 것이요.

사람들이 왕에게 '천왕이시여, 왕의 종으로서 왕보다 먼저 일어나고 나중에 누우며, 왕에게 순종하고 뜻에 따라 움직이며, 왕에게 사랑스러운 말을 하고, 밝은 얼굴로 대하며 왕의 일을 하던 그 사람을 아실 것입니다. 천왕이시여, 그가 머리와 수염을 깎고 3종의 가사의를 입고 출가하였습니다. 그는 출가하여 몸을 지키고, 말을 지키고, 뜻을 지키며 지냅니다. 그리고 최소한의 음식과

●●●●●●●●●●●●●●●

13) 원어는 Kāsāyāni Vatthāni로 여러 가사의들로 옮겨진다. 가사의는 大衣(Saṅghāti), 上衣(Uttāra Saṅga), 安陀會(Antarvāsaka)의 세 가지로 구성되어 袈裟衣(Kāsāya)라고 하므로 '(3종의) 가사의'로 옮겼다.

옷으로 만족하고 홀로 떠나서 지냄을 즐기고 있습니다.'라고 아뢸 것이요.

　그때 왕은 '여봐라, 그 사람을 나에게 오라고 하라. 그리고 다시 나보다 먼저 일어나고 나중에 누우며, 나에게 순종하고 뜻에 따라 움직이며, 나에게 사랑스러운 말을 하고, 밝은 얼굴로 대하며 나의 일을 하는 종이 되게 하라.'고 말하겠소?"

35 "붓다시여, 그럴 수 없습니다. 오히려 저는 그에게 경의를 표할 것입니다. 또 일어설 것입니다. 또 자리에 청할 것입니다. 또 법의와 발우(鉢盂), 음식과 좌와구(坐臥具) 및 병에 도움되는 약 등의 필수품을 가지고 그를 청할 것입니다. 그리고 법다운 보호를 그에게 베풀 것입니다."

36 "대왕이여, 어떻게 생각하시오. 만약 이와 같은 경우라면 수행자의 수행으로 말미암아 생기는, 눈에 보이는 결과가 있는 것이오, 없는 것이오."

　"붓다시여, 만약 이와 같은 경우라면 수행자의 수행으로 말미암아 생기는, 눈에 보이는 결과가 있음에 틀림없습니다."

　"대왕이여, 이것이 바로 현재의 상태에서 수행자의 수행으로 말미암아 생기는, 눈에 보이는 첫번째의 결과라고 나는 당신에게 가르치는 것이오."

(2) 수행자의 두번째 결과

37 "다시 붓다시여, 현재의 상태에서 수행자의 수행으로 말미암아 생기는, 눈에 보이는 또 다른 결과를 가르칠 수 있으십니까?"

　"대왕이여, 가르칠 수 있소. 대왕이여, 지금 당신에게 되물어 볼테니 맞다고 생각되는 대로 대답해 보시오. 어떻게 생각하시오, 대왕이여. 지금 왕에게는 세금을 내고 그리하여 왕의 부를 늘려주는 농사를 짓는 거사가 있을 것이요. 그는 다음과 같이 생각할 수가 있소.

'놀라운 일이다. 일찍이 없었던 일이다. 복의 거취와 복의 대가란 무엇인가? 이 마가다의 왕 아자타삿투 베데히풋타는 다섯 가지 종류의 애욕을 소유하고 갖추어 즐기고 있는데 마치 천신과 같다. 하지만 나는 농사를 짓는 거사로서 세금을 내고 그리하여 왕의 부를 늘려주고 있다. 실로, 나도 그와 같은 복을 지어야겠다. 나는 머리와 수염을 깎고 (3종의) 가사의를 입고 출가를 해야겠다.'

그는 얼마 뒤에 작은 재산 또는 큰 재산을 모두 버리고, 적은 수의 친척 또는 많은 수의 친척과 모두 이별한 뒤 머리와 수염을 깎고 가사의를 입고 출가할 것이요. 그는 이와 같이 출가하여 몸을 지키고, 말을 지키고, 뜻을 지키며 지낼 것이요. 그리고 최소한의 음식과 옷으로 만족하고 홀로 떠나서 지냄을 즐길 것이오.

사람들이 왕에게 '천왕이시여, 농사를 짓던 거사로서 세금을 내고 그리하여 왕의 부를 늘려 주던 그 사람을 아실 것입니다. 천왕이시여, 그가 머리와 수염을 깎고 가사의를 입고 출가하였습니다. 그는 출가하여 몸을 지키고, 말을 지키고, 뜻을 지키며 지냅니다. 그리고 최소한의 음식과 옷으로 만족하고 홀로 떠나서 지냄을 즐기고 있습니다.'라고 아뢸 것이요. 그때 왕은 '여봐라, 그 사람을 나에게 오라고 하라. 그리고 다시 농사를 짓는 거사로서 세금을 내고 나의 부를 늘리도록 시켜라.'고 말하겠소?"

38 "붓다시여, 그럴 수 없습니다. 오히려 저는 그에게 경의를

표할 것입니다. 또 일어설 것입니다. 또 자리에 청할 것입니다. 또 법의와 발우, 음식과 좌와구 및 병에 도움되는 약 등의 필수품을 가지고 그를 청할 것입니다. 그리고 법다운 보호를 그에게 베풀 것입니다."

39 "대왕이여, 어떻게 생각하시오. 만약 이와 같은 경우라면, 수행자의 수행으로 말미암아 생기는, 눈에 보이는 결과가 있는 것이오, 없는 것이오."

"붓다시여, 만약 이와 같은 경우라면 수행자의 수행으로 말미암아 생기는, 눈에 보이는 결과가 있음에 틀림없습니다."

"대왕이여, 이것이 바로 현재의 상태에서 수행자의 수행으로 말미암아 생기는, 눈에 보이는 두번째의 결과라고 나는 왕에게 가르치는 것이오."

(3) 수행자의 더욱 고상한 결과

40 "붓다시여, 수행자의 수행으로 말미암아 생기는, 눈에 보이는 이상의 결과들보다 더욱 뛰어나고 더욱 고상한, 현재의 상태에서 (받게 되는) 또 다른 결과를 가르칠 수 있으십니까."

"대왕이여, 가르칠 수 있소. 그러면 대왕이여, 들으시오. 그리고 잘 생각해보시오. 내가 설하겠소."

"예, 붓다시여."라고 하며 마가다의 왕인 아자타삿투 베데히풋타는 붓다께 응답하였다.

41 붓다께서는 다음과 같이 말씀하셨다.

"대왕이여, 이 세계에 그렇게 온·동등한·바르고 원만하게 깨달은·밝힘에의 진행을 완성한·잘 간·세간을 아는·더 이상 없는·사람을 길들이는·천신과 인간의 스승인 깨달으신 붓다께서 탄생하시지요. 그분은 천신·마신·범신을 포함한 이 세계와 수행자 및 사제를 포함한 사람 등 모든 천신과 사람을 포함한 세계를 스스로 잘 알고 똑똑히 보아 가르치시오. 또 그분은 처음도 좋고 가운데도 좋고 끝도 좋으며, 의미와 문구를 갖춘 법을 가르치시오. 그리고 온통 충족되고 순결하고 청정한 수행을 드러내시지요.

42 거사 또는 거사의 아들 또는 다른 가정에서 태어난 이가 그 법을 듣소. 그는 그 법을 듣고 그렇게 오신 붓다에게 믿음을 갖게 되오. 그는 믿음을 갖게 된 뒤 '재가(在家) 생활은 방해가 많으며 먼지만 자욱한 길이다. 그런데 출가생활은 공기처럼 자유롭다. 재가생활을 하는 자가 오로지 충족되고 오로지 순결하며 깎아놓은 진주처럼 빛나는 청정한 수행을 행하기란 쉽지 않구나. 나는 머리와 수염을 깎고 가사의를 걸치고 출가를 해야겠다.'라고 숙고하게 되오.

43 그는 얼마 뒤에 작은 재산 또는 큰 재산을 모두 버리고, 적은 수의 친척 또는 많은 수의 친척과 모두 이별한 뒤 머리와 수염을 깎고 가사의를 입고 출가할 것이요.

44 그는 이와 같이 출가하여 파티목카 계본(戒本)을 지키고, 다닐 만한 경계에서만 다니고, 매우 작은 허물에서 두려움을 보고, 수련할 조목들을 받아 배우고, 선한 몸의 업과 말의 업을 성취하고, 순결한 생활을 하고, 계율을 완성하고, 여러 감관의 문을 잘 지키고, 기억과 지혜를 갖추고, 만족하며 지내게 되오.

• 짧은 계율

45 대왕이여, 어떠한 것이 붓다의 제자가 계율을 완성한 것인가? 여기서 대왕이여, 붓다의 제자가 살생하는 것을 버리어 살생

을 멀리하고 있으니, 매를 놓았고 칼을 놓았고 조심성이 있고 친절한 자이오. 그리고 모든 생명있는 존재의 이익을 꾀하고 그 존재를 동정하며 살아가오. 여러 계율 가운데에서 바로 이것이 그 제자에게 있는 것이오.

또는 훔치는 짓을 버리어 훔치는 짓을 멀리하고 있으니, 주어진 것만을 받고 주어진 것만을 기대하고 정직하고 깨끗하게 자력으로 살아가오. 여러 계율 가운데에서 이것도 그 제자에게 있는 것이오.

또는 음욕행을 버린 청정한 수행자이니, 음행으로부터 떨어져 수행하고, (음행에서) 멀어져 있소. 여러 계율 가운데에서 이것도 그 제자에게 있는 것이오.

또는 거짓말을 버리어 거짓말을 멀리하고 있으니, 진실을 말하고 진실과 함께 하고 확실하고 기댈 만하고 세상을 속이지 않소. 여러 계율 가운데에서 이것도 그 제자에게 있는 것이오.

또는 험담을 버리어 험담을 멀리하고 있으니, 이쪽에서 듣고 이쪽 사람과 헤어지도록 저쪽에다 말하지는 않으며, 저쪽에서 듣고 저쪽 사람과 헤어지도록 이쪽에다 말하지 않소. 이처럼 오히려 헤어진 자들을 모이게 하고 모인 자들을 북돋우고 있으니, 화합을 즐기고 화합을 즐거워하고 화합을 기뻐하며 화합시킬 수 있는 말을 하는 자이다. 여러 계율 가운데에서 바로 이것도 그 제자에게 있는 것이오.

또는 거친 말을 버리어 거친 말을 멀리하고 있으니 티가 없고, 귀에 듣기 좋고, 정답고, 가슴에 와닿고, 젊잖고, 많은 사람이 사랑하고, 많은 사람의 뜻에 맞는 그러한 말을 하는 자이오. 여러 계율 가운데서 이것도 그 제자에게 있는 것이오.

또는 쓸데 없는 말을 버리어 쓸데 없는 말을 멀리하고 있으니 때를 맞추어 말하고, 있었던 것을 말하고, 이익되는 말을 하고, 법을 말하고, 율을 말하오. 그리고 아량있고 합리적이고 한계가 분명하고 의미를 갖춘 말을 때에 맞추어 말하는 자이오. 여러 계율 가운데서 이것도 그 제자에게 있는 것이오.

　또는 여러 가지 종자들과 초목들을 해치는 일을 멀리하고 있소.……또는 하루 한 끼를 먹으니 밤에는 먹지 않고, 때 아닌 때 먹는 것도 멀리하고 있소.……또는 무용, 노래, 주악, 연주 등의 구경거리를 멀리하고 있소.……또는 화환을 쓰고 향으로 치장하고 화장품으로 장식하는 것을 멀리하고 있소.……또는 높고 큰 잠자리를 멀리하고 있소.……또는 금과 은을 받는 일을 멀리하고 있소.……또는 날곡식을 받는 일을 멀리하고 있소.……또는 여인과 소녀를 받는 일을 멀리하고 있소.……또는 남녀 노비를 받는 일을 멀리하고 있소.……또는 염소와 양을 받는 일을 멀리하고 있소.……또는 닭과 돼지를 받는 일을 멀리하고 있소.……또는 코끼리와 소와 숫말과 암말을 받는 일을 멀리하고 있소.……또는 중개인이나 심부름꾼으로서의 역할을 멀리하고 있소.……또는 사고 파는 일을 멀리하고 있소.……또는 가짜 저울을 사용하고 돈을 위조하고 칫수를 속이는 일을 멀리하고 있소.……또는 속이고 기만하고 사기치는 등의 부정한 짓을 멀리하고 있소.……또는 상처를 입히고 살인을 하고 누군가를 구속하고 강도짓을 하고 무엇인가를 강탈하고 폭력을 행사하는 등의 짓을 멀리하고 있소.…… 여러 계율 가운데서 이것도 제자에게 있는 것이오.

(46~63)¹⁴⁾

• 감관의 보호
64 그리고 대왕이여, 그 제자는 여러 감관에서 어떻게 감관의 문을 지키는가. 대왕이여, 그 제자는 눈으로 색을 보고도 모습을 집착하지 않고 속성을 집착하지 않소. 눈이라는 감관을 지키지 않고 지낸다면 탐욕과 근심 그리고 악하고 선하지 못한 법들이 흘러 들게 되오. 그래서 그 제자는 눈의 감관을 지키고 보호하고 방비하는 것이오. 귀로 소리를 듣고도……코로 냄새를 맡고도……혀로 맛을 보고도……몸으로 촉감을 느끼고도……뜻으로 법을 식별하고도 모습을 집착하지 않고 속성을 집착하지 않소. 뜻이라는 감관을 지키지 않고 지낸다면 탐욕과 근심 그리고 악하고 선하지 못한 법들이 흘러 들게 되오. 그래서 그 제자는 뜻의 감관을 지키고 보호하고 방비하는 것이오. 그 제자는 이 거룩한 감관의 보호를 갖춘 까닭에 안으로 젖지 않는 즐거움을 느끼게 되오. 대왕이여, 그 제자는 여러 감관에서 이와 같이 감관의 문을 지키는 것이오.

• 되새겨 알아냄
65 그리고 대왕이여, 그 제자는 어떻게 기억과 지혜를 갖추는가. 대왕이여, 그 제자는 나아가고 물러설 때 (그 법도를 되새겨) 알아내고 (그에 입각해) 움직이오. (그와 같이) 앞을 보고

---
14) 제46~63 단락이 생략되었는데 이 부분은 『범망경』(8~27)에서 확인할 것.

뒤를 볼 때 지혜에 입각해 움직이고, 굽히고 펼 때 지혜에 입각해 움직이고, 승가리(僧伽梨)와 발우(鉢盂)와 법의를 입을 때 지혜에 입각해 움직이고, 먹고 마시고 쓰고 맛볼 때 지혜에 입각해 움직이고, 대소변을 볼 때 지혜에 입각해 움직이고, 가고 머물고 앉고 자고 깨고 말하고 침묵할 때도 지혜에 입각해 움직이는 것이오. 대왕이여, 그 제자는 이와 같이 기억과 지혜를 갖추는 것이오.
66 그리고 대왕이여, 그 제자는 어떻게 만족하는가. 대왕이여, 그 제자는 몸을 가릴 만한 법의와 배를 채울 만한 발우음식으로 만족하오. 그래서 그 제자는 가는 곳마다 단지 그것만 지니고 가오. 대왕이여, 날개 달린 새가 날아갈 때 언제나 날개만을 짐으로 가지고 날듯이 대왕이여, 그 제자는 몸을 가릴 만한 법의와 배를 채울 만한 발우음식으로 만족하여 가는 곳마다 그것만을 지니고 가오. 대왕이여, 그 제자는 이와 같이 만족하고 있소.

• 덮개를 버림
67 그 제자는 이와 같이 거룩한 계율의 근간을 갖추고, 또 거룩한 감관의 보호를 갖추고, 또 거룩한 기억과 지혜를 갖추고, 또 거룩한 만족함을 갖추어, 떨어져 거처함을 즐기고 있소. 그리하여 외진 곳, 나무 뿌리, 산속, 동굴, 산골짜기, 묘지, 숲속, 노천, 짚더미 등에 거처함을 즐기오. 그리고 그 제자는 탁발한 음식을 먹은 뒤 돌아와 가부좌를 맺고 몸을 바르게 펴고 새길 것을 앞에 떠올린 채로 앉소.
68 그 제자는 세상에서 탐욕을 버리어 탐욕을 제거한 마음으로 살아가니 탐욕으로부터 마음을 깨끗이 한 것이오. 화냄과 성냄을 버리어 화내지 않는 마음으로 살아 있는 모든 것과 존재하는 것

을 이익케하고 동정하며 지내니, 화냄과 성냄으로부터 마음을 깨끗이 한 것이오. 둔감과 무기력을 버리어 둔감과 무기력을 제거하고 빛을 생각하며 살아가니, 둔감과 무기력으로부터 마음을 깨끗이 한 것이오. 흥분과 걱정을 버리어 흥분하지 않으며 안으로 마음을 고요하게 하며 살아가니, 흥분과 걱정으로부터 마음을 깨끗이 한 것이오. 의혹을 버리어 의혹을 건너고 선한 법에서 의혹 없이 살아가니, 의혹으로부터 마음을 깨끗이 한 것이오.

69 대왕이여, 어떤 사람이 빚을 얻어 사업에 착수할 것이오. 그리고 그 사업이 성공할 것이오. 그러면 그는 과거에 빌렸던 원래의 빚을 갚아 버리고도 가족을 부양할 만한 나머지를 더 가질 것이오. 그는 '나는 옛날에 빚을 얻어 사업에 착수했다. 그리고 그 사업에 성공했다. 그리하여 나는 과거에 빌렸던 원래의 빚을 갚아 버리고도 가족을 부양할 만한 나머지를 더 가질 수 있었다.'라고 생각할 것이오. 그는 그 때문에 희열을 느끼고 안심하게 될 것이오.

70 대왕이여, 병들어 괴로워하는 병이 깊은 사람이 있소. 음식을 소화시킬 수도 없고 몸에는 조금의 기력도 없소. 그런데 그가 얼마 뒤에 그 병에서 벗어나 음식도 소화시키고 얼마간의 기력도 갖추게 될 것이오. 그는 '나는 옛날에 병들어 괴로워하는 병이 깊은 사람이었다. 음식을 소화시킬 수도 없고 몸에는 조금의 기력도 없었다. 그러했던 내가 지금은 그 병에서 벗어나 음식을 소화시키고 몸에 얼마간의 기력도 갖추게 되었다.'라고 생각할 것이오. 그는 그 때문에 희열을 느끼고 안심하게 될 것이오.

71 또 대왕이여, 감옥에 갇힌 사람이 있소. 그가 얼마 뒤에 다행히 안전하게 감옥에서 풀려나고 또 어떤 재산상의 손실도 입지

않을 수가 있소. 그는 '나는 옛날에 감옥에 갇힌 적이 있다. 그러했던 내가 얼마 뒤에 다행히도 안전하게 감옥에서 풀려났고 또 어떤 재산상의 손실도 입지 않았다.'라고 생각할 것이오. 그는 그 때문에 희열을 느끼고 안심하게 될 것이오.

72 또 대왕이여, 어떤 사람은 종으로서 자립하지 못하고, 남에게 의존하고 있어 가고 싶은 곳도 가지 못하오. 그는 얼마 뒤에 종의 신분에서 벗어나 자립하여 남에게 의존하지 않으며 자유인이 되어 가고 싶은 곳을 갈 것이오. 그는 '나는 옛날에 종으로서 자립하지 못하고 남에게 의존하고 있어 가고 싶은 곳도 가지 못하였다. 그러했던 내가 지금은 종의 신분에서 벗어나 자립하여 남에게 의존하지 않으며 자유인이 되어 가고 싶은 곳을 가게 되었다'라고 생각할 것이오. 그는 그 때문에 희열을 느끼고 안심하게 될 것이오.

73 또 대왕이여, 돈과 재물을 가진 어떤 사람이 다니기 험하고 방심할 수 없고 두려움이 느껴지는 길을 가게 될 것이오. 그는 얼마 뒤에 그 험한 길을 안전하게 빠져 나와 두려워할 것이 없는 안온한 마을 안으로 들어갈 것이오. 그는 '나는 이전에 돈과 재물을 가진 채 다니기 험하고 방심할 수 없고 두려움이 느껴지는 길을 갔었다. 그런데 지금은 그 험한 길을 안전하게 빠져나와 두려워할 것이 없는 안온한 마을 안으로 들어와 있다.'라고 생각할 것이오. 그는 그 때문에 희열을 느끼고 안심하게 될 것이오.

74 대왕이여, 그 제자는 스스로에게서 이 다섯 덮개가 버려지지 않았다면 마치 빚이 있고, 병이 있고, 감옥에 갇히고, 종의 신분이고 그리고 다니기 힘든 길에 든 것과 같이 생각할 것이오.

75 그리고 대왕이여, 그 제자는 스스로에게서 이 다섯 덮개가

버려졌다면 마치 빚이 없고, 병이 없고, 감옥을 벗어나고, 자유인이고 그리고 안온한 마을에 이르는 것과 같이 생각할 것이오.
76 이러한 다섯 덮개가 스스로에게서 버려진 것을 보고 있는 그 제자에게는 희열이 일어나오. 희열하기에 기쁨이 일어나고 기뻐하기에 몸이 편안해지고 몸이 편안하기에 즐거움을 느끼게 되오. 즐거움을 느끼기에 마음이 명상에 들게 되오.

• 첫번째 선정
77 그 제자는 애욕과 선하지 못한 법을 떠나서, 사색과 사려를 갖추고, 떠남에서 생긴 기쁨과 즐거움을 갖춘 첫번째 선정을 구족하여 지내게 되오. 그는 떠남에서 생긴 기쁨과 즐거움으로 이 몸을 넘쳐 흐르게 하고 가득 차게 하고 충만하게 하여, 온 몸 가운데 어떤 부분도 떠남에서 생긴 기쁨과 즐거움에 부딪치지 않는 곳이란 없소.
78 대왕이여, 능숙한 목욕보조원이나 그 제자가 있어 금속 그릇에 목욕에 쓸 비누가루를 풀고 물을 흩뿌리며 섞을 것이오. 그리하면 씻어야할 물건은 비누기름기에 빠지고 뒤덮여 비누기름기가 안팎으로 가득 차 빈 곳이 없을 것이오. 이와 같이 대왕이여, 그 제자가 떠남에서 생긴 기쁨과 즐거움으로 이 몸을 넘쳐 흐르게 하고 가득 차게 하고 충만하게 하여 온 몸 가운데 어떤 부분도 떠남에서 생긴 기쁨과 즐거움에 부딪치지 않은 곳이란 없소. 대왕이여, 이것이 참으로 눈에 보이는 수행자의 결과로서 이전의 결과들보다 훨씬 뛰어나고 더욱 고상한 것이오.

● 두번째 선정

79 대왕이여, 나아가 그 제자는 사색과 사려가 적정해져 안으로 깨끗하고, 마음이 하나로 되고, 사색과 사려가 없고, 집중에서 생긴 기쁨과 즐거움을 갖춘 두번째의 선정을 구족하여 지내게 되오. 집중에서 생긴 기쁨과 즐거움으로 이 몸을 넘쳐 흐르게 하고 가득 차게 하고 충만하게 하며 온 몸 가운데 어떤 부분도 명상에서 생긴 기쁨과 즐거움에 부딪치지 않은 곳이란 없소.

80 대왕이여, 깊이가 있고 물이 솟아나는 호수가 있는데 이 호수는 동쪽에도 물이 흐를 수 있는 출구가 없고, 남쪽·서쪽·북쪽에도 물이 흐를 수 있는 출구가 없으며, 비도 때에 맞춰 내리지 않을 것이오. 이 호수로부터는 차가운 물줄기가 솟아나 그 호수를 차가운 물로 넘쳐 흐르게 하고 가득 차게 하고 충만하게 하여 호수 가운데 어떤 부분도 차가운 물에 부딪치지 않는 곳이란 없을 것이오. 이와 같이 대왕이여, 그 제자가 명상에서 생긴 기쁨과 즐거움에 부딪치지 않는 곳이란 없소. 대왕이여, 이것 또한 참으로, 눈에 보이는 수행자의 결과로서 이전의 결과들보다 훨씬 뛰어나고 더욱 고상한 것이오.

● 세번째 선정

81 대왕이여, 나아가 그 제자는 기쁨에 대한 탐착을 떠나 담담히 바라보면서도 기억과 지혜를 갖추어 지내오. 그리하여 몸으로 즐거움을 느끼게 되어, '담담히 바라보고 기억을 갖춤은 즐거운 삶이다.'라고 성인들이 말하는 세번째의 선정을 구족하여 지내게 되오. 그는 기쁨에 대한 탐착을 떠난 즐거움으로 이 몸을 넘쳐 흐르게 하고, 가득 차게 하고, 충만하게 하여 온 몸 가운데 어떤

부분도 기쁨에 대한 탐착을 떠난 즐거움에 부딪치지 않는 곳이란 없소.

82 대왕이여, 물백합의 연못 또는 홍련의 연못 또는 백련의 연못이 있는데, 여기에는 물에서 태어나 물에서 자라고 물에 잠긴 채 물에서 영양을 취하는 이러 저러한 여러 가지의 물백합 또는 홍련 또는 백련이 있을 것이오. 그들은 뿌리로부터 끝에 이르기까지 차가운 물이 넘쳐 흐르고 가득 차고 충만하여, 물백합 또는 홍련 또는 백련의 어떤 부분도 차가운 물에 부딪치지 않는 곳이란 없을 것이오. 이와 같이 대왕이여, 그 제자는 기쁨에 대한 탐착을 떠난 즐거움으로 이 몸을 넘쳐 흐르게 하고 가득 차게 하고 충만하게 하여 온 몸 가운데 어떤 부분도 기쁨에 대한 탐착을 떠난 즐거움에 부딪치지 않은 곳이란 없소. 대왕이여, 이것 또한 참으로, 눈에 보이는 수행자의 결과로서 이전의 결과들보다 훨씬 뛰어나고 더욱 고상한 것이오.

- 네번째 선정

83 대왕이여, 나아가 그 제자는 즐거움도 버리고 괴로움도 버리어, 또 안심과 근심도 이미 과거에 소멸하여, 괴롭지도 즐겁지도 않은, 담담히 바라보면서도 기억을 갖추어서 청정한 네번째의 선정을 구족하여 지내게 되오. 그는 순결하고 순백한 마음으로 이 몸을 채우고 앉아 있소. 그리하여 온 몸 가운데 어떤 부분도 순결하고 순백한 마음에 부딪치지 않는 곳이란 없소.

84 대왕이여, 어떤 사람이 하얀 천으로 머리까지 덮은 채 앉아 있을 것이오. 그럴 때 그의 온 몸은 하얀 천으로 부딪치지 않는 곳이란 없을 것이오. 이와 같이 대왕이여, 그 제자가 순결하고 순

백한 마음으로 이 몸을 채우고 앉아 있으면, 온 몸 가운데 어떤 부분도 순결하고 순백한 마음에 부딪치지 않는 곳이란 없소. 대왕이여, 이것 또한 참으로, 눈에 보이는 수행자의 결과로서 이전의 결과들보다 훨씬 뛰어나고 더욱 고상한 것이오.

• 관찰에 의한 앎

85 그는 이와 같이 명상에 들어 순백하고 순결하고 흠이 없고 때가 없고 부드럽고 능동적이고 굳건하고 흔들리지 않는 마음에서, 앎과 관찰을 향하여 마음을 쏟고 기울이게 되오. 그리하여 그는 곧 '나의 이 몸은 색을 지니고, 네 가지 중요한 원소로 되어 있고, 부모로부터 태어났고, 끓인 쌀과 발효된 우유로 쌓아 둔 것이며, 덧없어 몸에 향료를 바르고, 머리를 감는다 해도 결국 부서지고 흩어지는 법이다. 그리고 나의 식별은 여기에 갇히고 묶여 있다.'라고 알아내게 되오.

86 대왕이여, 맑은 마니보석이 있으니 명산지에서 나왔고 여덟 개의 각을 지니고 잘 세공되어 있고 투명하고 맑고 더럽지 않고 모든 특질을 갖추고 있는 것이오. 그곳에 푸르거나 노랗거나 붉거나 희거나 또는 황백색의 실이 감겨져 있을 것이오. 이 마니보석을 눈 있는 사람이 손으로 쥐고 '이 맑은 마니 보석이 있으니 명산지에서 나왔고 여덟 개의 각을 지니고 잘 세공되어 있고 투명하고 맑고 더럽지 않고 모든 특질을 갖추고 있다. 여기에 푸르거나 노랗거나 붉거나 희거나 또는 황백색의 실이 감겨져 있다.'라고 살펴볼 것이오.

이와 같이 대왕이여, 그 제자는 명상에 들어 순백하고 순결하고 흠이 없고 때가 없고 부드럽고 능동적이고 굳건하고 흔들리지 않는 마음에서 앎과 관찰을 향하여 마음을 쏟고 기울이게 되오. 그리하여 그는 '나의 이 몸은 색을 지니고 (……) 부서지고 흩어지는 법이다. 그리고 나의 식별은 여기에 갇히고 묶여 있다.'라고 알아내게 되오. 대왕이여, 이것 또한 참으로, 눈에 보이는 수행자의 결과로서 이전의 결과들보다 훨씬 뛰어나고 더욱 고상한 것이오.

- 뜻으로 이루어짐에 대한 신통스런 앎

87 또 그는 이와 같이 명상에 들어 순백하고 순결하고 흠이 없고 때가 없고 부드럽고 능동적이고 굳건하고 흔들리지 않는 마음에서, 뜻으로 이루어진 몸을 향하여 마음을 쏟고 기울이게 되오. 그리하여 그는 이 몸으로부터 다른 몸을 바꾸어 내게 되오. 곧 색을 지니고 뜻으로 이루어지고 여러 가지 부분들이 모두 갖추어지고 감관이 열등하지 않는 몸을 바꾸어 내게 되는 것이오.

88 대왕이여, 어떤 사람이 갈대 껍질로부터 갈대 속을 뽑아내고 '이것은 갈대 껍질이고 이것은 갈대 속이다. 갈대의 껍질과 갈대의 속은 서로 다르다. 갈대 껍질로부터 갈대 속이 뽑혀 나온 것이다.'라고 생각할 것이오. 또는 어떤 사람이 칼집에서 칼을 뽑고는 '이것은 칼이고 이것은 칼집이다. 칼과 칼집은 다르다. 칼집으로부터 칼이 뽑혀 나온 것이다.'라고 생각할 것이오. 또는 어떤 사람이 뱀의 허물을 벗겨내고는 '이것은 뱀이고 이것은 허물이다. 뱀과 허물은 다르다. 뱀으로부터 허물을 벗겨 낸 것이다.'라고 생각할 것이오.

이와 같이 대왕이여, 그 제자가 명상에 들어 순백하고 순결하고 흠이 없고 때가 없고 부드럽고 능동적이고 굳건하고 흔들리지 않는 마음에서, 뜻으로 이루어진 몸을 향하여 마음을 쏟고 기울이게 되오. 그리하여 그는 이 몸으로부터 다른 몸을 바꾸어 내게 되오. 곧 색을 지니고 뜻으로 이루어지고 여러 가지 부분들이 모두 갖추어지고 감관이 열등하지 않는 몸을 바꾸어 내게 되는 것이오. 대왕이여, 이것 또한 참으로, 눈에 보이는 수행자의 결과로서 이전의 결과들보다 훨씬 뛰어나고 더욱 고상한 것이오.

• 그외 여러 가지 신통스런 앎

89 또 그는 이와 같이 명상에 들어 순백하고 순결하고 흠이 없고 때가 없고 부드럽고 능동적이고 굳건하고 흔들리지 않는 마음에서 여러 가지 신통을 향하여 마음을 쏟고 기울이게 되오. 그리하여 그는 참으로 여러 가지 신통을 경험하게 되오. 곧 '하나로 있다가 여럿이 되기도 하고, 여럿으로 있다가 하나가 되기도 한다. 나타났다가 또 사라진다. 벽을 넘고 담을 넘고 산을 넘어 가기도 하니 마치 허공에서와 같다. 땅으로부터 솟기도 하고 잠기기도 하니 마치 물에서와 같다. 물에서는 빠지지 않고 가기도 하니 마치 허공에서와 같다. 허공에서는 가부좌를 한 채 나아가기도 하니 날개 달린 새와 같다. 또한 저토록 큰 신통이 있고 저토록 큰 위엄이 있는 달과 해를 손으로 만지기도 한다. 그리고 범신의 세계에 이르기까지 몸으로 지배력을 미친다.' 바로 이러한 여러 가지 신통을 경험하는 것이오.

90 대왕이여, 능숙한 도공 또는 그 제자가 잘 개어진 진흙이 있으면 어떤 그릇이든 원하는 대로 만들고 생산할 것이오. 또 대왕이여, 능숙한 상아 세공인 또는 그 제자가 작업하기 좋게 된 상아가 있으면 여러 가지 상아 제품을 원하는 대로 만들고 생산할

것이오. 또 대왕이여, 능숙한 금세공인 또는 그 제자가 역시 작업하기 좋게 된 금이 있으면 여러 가지 금제품을 원하는 대로 만들고 생산할 것이오.

대왕이여, 이와 같이 그 제자는 명상에 들어 순백하고 순결하고 흠이 없고 때가 없고 부드럽고 능동적이고 굳건하고 흔들리지 않는 마음에서 여러 가지 신통을 향하여 마음을 쏟고 기울이게 되오. 그리하여 그는 참으로 여러 가지 신통을 경험하게 되오. '하나로 있다가 (……) 범신의 세계에 이르기까지 몸으로 지배력을 미친다.' 바로 이러한 여러 가지 신통을 경험하는 것이오. 대왕이여, 이것 또한 참으로, 눈에 보이는 수행자의 결과로서 이전의 결과들보다 훨씬 뛰어나고 더욱 고상한 것이오.

• 하늘 귀에 관한 앎

91 또 그는 이와 같이 명상에 들어 순백하고 순결하고 흠이 없고 때가 없고 부드럽고 능동적이고 굳건하고 흔들리지 않는 마음에서 하늘 귀의 계층을 얻기 위해 마음을 쏟고 기울이게 되오. 그리하여 그는 인간의 영역을 넘어선 깨끗한 하늘 귀를 가지고 멀리 있거나 가까이 있는 하늘과 인간의 소리를 모두 듣소.

92 대왕이여, 어떤 사람이 길을 갈 것이오. 그는 베리 북소리, 무딩가 북소리, 소라 소리, 파나바 북소리 및 딘디마 북소리도 들을 수 있소. 그는 다음과 같이 생각할 것이오. '베리 북소리는 이렇다. 무딩가 북소리는 이렇다. 소라 소리는 이렇다. 파나바 북소리는 이렇다. 그리고 딘디마 북소리는 이렇다'라고.

이상과 같이 대왕이여, 그 제자는 명상에 들어 순백하고 순결하고 흠이 없고 때가 없고 부드럽고 능동적이고 굳건하고 흔들리지 않는 마음에서 하늘 귀의 계층을 얻기 위해 마음을 쏟고 기울이게 되오. 그리하여 그는 인간의 영역을 넘어선 깨끗한 하늘의 귀를 가지고 멀리 있거나 가까이 있는 하늘과 인간의 소리를 모두 듣소. 대왕이여, 이것 또한 참으로, 눈에 보이는 수행자의 결과로서 이전의 결과들보다 훨씬 뛰어나고 더욱 고상한 것이오.

- 타인의 마음을 파악함에 관한 앎

93 또 그는 이와 같이 명상에 들어 순백하고 순결하고 흠이 없고 때가 없고 부드럽고 능동적이고 굳건하고 흔들리지 않는 마음에서, 마음을 파악하는 앎을 얻기 위해 마음을 쏟고 기울이게 되오. 그리하여 그는 다른 중생들과 다른 인간들의 마음을 자신의 마음으로 파악하여 다음과 같이 알아내게 되오. 곧 '탐착이 있는 마음은 탐착이 있는 마음이라고 알아내고, 탐착을 떠난 마음은 탐착을 떠난 마음이라고 알아낸다. 성냄이 있는 마음은 성냄이 있는 마음이라고 알아내고, 성냄을 떠난 마음은 성냄을 떠난 마음이라고 알아낸다. 어리석음을 지닌 마음은 어리석음을 지닌 마음이라고 알아내고, 어리석음을 떠난 마음은 어리석음을 떠난 마음이라고 알아낸다. 집중된 마음은 집중된 마음이라고 알아내고, 혼란한 마음은 혼란한 마음이라고 알아낸다. 큰 마음은 큰 마음이라고 알아내고, 크지 않은 마음은 크지 않은 마음이라고 알아낸다. 위가 있는 마음은 위가 있는 마음이라고 알아내고, 위없는 마음은 위없는 마음이라고 알아낸다. 명상에 든 마음은 명상에 든 마음이라고 알아내고, 명상에 들지 않은 마음은 명상에 들지 않은 마음이라고 알아낸다. 해탈한 마음은 해탈한 마음이라고 알아내고, 해탈하지 않은 마음은 해탈하지 않은 마음이라고 알아낸

다.'

　바로 이와 같이 다른 중생의 마음을 파악하여 알아내는 것이오.
94　대왕이여, 어떤 여인이나 남자는 젊고 기운차고 치장하기를 좋아하여, 순결하고 순백한 거울이나 투명한 물 그릇에 자신의 얼굴모습을 살펴보면서 티끌이나 있으면 티끌이 있다라고 알고 티끌이 없으면 티끌이 없다라고 알 것이오.

　이상과 같이 대왕이여, 그 제자는 명상에 들어 순백하고 순결하고 흠이 없고 때가 없고 부드럽고 능동적이고 굳건하고 흔들리지 않는 마음에서 마음을 파악하는 앎을 얻기 위해 마음을 쏟고 기울이게 되오. 그리하여 그는 다른 중생들과 다른 인간들의 마음을 자신의 마음으로 파악하여 다음과 같이 알아내게 되오. 곧 '탐착이 있는 마음은 (…) 해탈하지 않은 마음이라고 알아낸다.' 바로 이와 같이 다른 중생의 마음을 파악하여 알아내는 것이오. 대왕이여, 이것 또한 참으로, 눈에 보이는 수행자의 결과로서 이전의 결과들보다 훨씬 뛰어나고 더욱 고상한 것이오.

● 전생의 거처를 기억하는 앎
95　또 그는 명상에 들어 순백하고 순결하고 흠이 없고 때가 없고 부드럽고 능동적이고 굳건하고 흔들리지 않는 마음에서, 전생의 거처를 기억하는 앎을 얻기 위해 마음을 쏟고 기울이게 되오. 그리하여 다음과 같이 수많은 전생을 기억하게 되오. 곧 하나의 전생을 기억하기도 하고 또는 두 전생을 기억하기도 하고 또는 셋 전생 또는 넷 전생 또는 다섯 전생을 기억하기도 하오. 또는 과거 열번째 전생부터 기억하기도 하고 또는 스무번째 전생 또는 서른번째 전생 또는 마흔번째 전생 또는 쉰번째 전생 또는 백번

째 전생 또는 천번째 전생 또는 십만번째 전생 또는 수백번째 전생 또는 수천번째 전생 또는 수십만번째 전생부터 기억하기도 하오.

또는 여러 겁의 생성과 소멸을 '어떤 곳에서는 이러한 이름, 이러한 성씨, 이러한 모습을 지녔고, 이러한 음식을 먹었고, 이러한 즐거움과 괴로움을 겪었고, 이만한 나이까지 살았다. 그리고 그곳에서 죽어서 다른 곳에 태어났다. 그 다른 전생에서는 또 다시 저러한 이름, 저러한 성씨, 저러한 모습을 지녔고, 저러한 음식을 먹었고, 저러한 즐거움과 괴로움을 겪었고, 저러한 나이까지 살았다. 그리고 그곳에서 죽어서 마침내 여기에 태어났다.'라고 기억하오. 이처럼 수많은 전생을 모든 면에서 조목 조목 기억하고 있소.

96 대왕이여, 어떤 사람이 자기 마을을 떠나 다른 마을로 가고 또 그 마을을 떠나 다른 마을로 갈 것이오. 그러다 그는 자기 마을로 되돌아갈 것이오. 그는 다음과 같이 생각할 것이오. '나는 우리 마을을 떠나 어떤 마을로 갔다. 그곳에서는 이와 같이 머물고 이와 같이 앉고 이와 같이 말하고 이와 같이 침묵하였다. 또 그 마을을 떠나 다른 마을로 갔다. 그곳에서는 이와 같이 머물고 이와 같이 앉고 이와 같이 말하고 이와 같이 침묵하였다. 그러다 나는 우리 마을로 되돌아왔다.'

이상과 같이 대왕이여, 그 제자는 명상에 들어 순백하고 순결하고 흠이 없고 때가 없고 부드럽고 능동적이고 굳건하고 흔들리지 않는 마음에서, 전생의 거처를 기억하는 앎을 얻기 위해 마음을 쏟고 기울이게 되오. 그리하여 다음과 같이 수많은 전생을 기억하게 되오. 곧 '하나의 전생을 (……) 마침내 여기에 태어났다.'라고.

 이처럼 수많은 전생을 모든 면에서 조목조목 기억하고 있소. 대왕이여, 이것 또한 참으로, 눈에 보이는 수행자의 결과로서 이전의 결과들보다 훨씬 뛰어나고 더욱 고상한 것이오.

● 하늘 눈에 관한 앎

97 또 그는 이와 같이 명상에 들어 순결하고 순백하고 흠이 없고 때가 없고 부드럽고 능동적이고 굳건하고 흔들리지 않는 마음에서, 중생들의 죽고 태어남에 관한 앎을 얻기 위해 마음을 쏟고 기울이게 되오. 그리하여 그는 인간의 영역을 넘어선 깨끗한 하늘 눈으로, 중생들이 죽고 태어나며, 열등하게 되거나 고상하게 되고, 좋은 모습을 지니거나 추한 모습을 지니고, 좋은 곳으로 가거나 나쁜 곳으로 가는 것을 보게 되오. 그래서 중생들이 업에 따라 태어남을 다음과 같이 알아내게 되오. '실로 이 중생들은 몸과 말과 뜻으로 악행을 행하고, 성인들을 헐뜯고, 삿된 견해를 지니어 삿된 견해에 입각한 업과 받음이 있다. 그들은 몸이 부서져 죽은 뒤 (즐거움으로부터) 떠나 있는 곳·나쁜 곳·아래로 떨어져 있는 곳·또는 지옥에 태어난다. 그리고 저 중생들은 몸과 말과 뜻으로 선행을 행하고, 성인들을 헐뜯지 않고, 바른 견해를 지니어, 바른 견해에 입각한 업과 받음이 있다. 그들은 몸이 부서져 죽은 뒤 좋은 곳 또는 하늘 세계에 태어난다.'라고.

 이와 같이 인간의 영역을 넘어선 깨끗한 하늘 눈으로 중생들이 죽고 태어나며, 열등하게 되거나 고상하게 되고, 좋은 모습을 지니거나 추한 모습을 지니고, 좋은 곳으로 가거나 나쁜 곳으로 가는 것을 보고 중생들이 업에 따라 태어남을 알아내게 되오.

98 대왕이여, 사거리 가운데에 누각이 있을 것이오. 눈 있는 사람이라면 그곳에 서서 집에 들어가는 사람도 볼 것이고, 나오는 사람도 볼 것이오. 이 길, 저 길 헤매는 사람도 볼 것이고, 사거리 가운데 앉아 있는 사람도 볼 것이오. 그는 '이 사람들은 집으로 들어간다. 이들은 나온다. 이들은 이 길, 저 길 헤맨다. 이 사람들은 사거리 가운데에 앉아 있다.'라고 생각할 것이오.

　이상과 같이 대왕이여, 그 제자는 명상에 들어 순백하고 순결하고 흠이 없고 때가 없고 부드럽고 능동적이고 굳건하고 흔들리지 않는 마음에서, 중생들의 죽고 태어남에 관한 앎을 얻기 위해 마음을 쏟고 기울이게 되오. 그리하여 그는 인간의 영역을 넘어선 깨끗한 하늘 눈으로 중생들이 죽고 태어나며, 열등하게 되고, 고상하게 되고, 좋은 모습을 지니거나 추한 모습을 지니고, 좋은 곳으로 가거나 나쁜 곳으로 가는 것을 보게 되오. 그래서 중생들이 업에 따라 태어남을 '실로 이 중생들은 (……) 업에 따라 태어남을 알아내는 것이오.'라고 알아내게 되오. 대왕이여, 이것 또한 참으로, 눈에 보이는 수행자의 결과로서 이전의 결과들보다 훨씬 뛰어나고 더욱 고상한 것이오.

● 역류하는 번뇌를 다하는 앎
99 또 그는 이와 같이 명상에 들어 순백하고 순결하고 흠이 없고 때가 없고 부드럽고 능동적이고 굳건하고 흔들리지 않는 마음에서, 여러 역류함을 다하는 앎을 얻기 위해 마음을 쏟고 기울이게 되오. 그리하여 그는 이것을 괴로움이라고 있는 대로 알아내고, 이것은 괴로움의 일어남이라고 있는 대로 알아내고, 이것은 괴로움의 사라짐이라고 있는 대로 알아내고, 이것은 괴로움의 사

라짐에 이르는 길이라고 있는 대로 알아내게 되오.

또 이것들은 역류함이라고 있는 대로 알아내고, 이것은 역류함의 일어남이라고 있는 대로 알아내고, 이것은 역류함의 사라짐이라고 있는 대로 알아내고, 이것은 역류함의 사라짐에 이르는 길이라고 있는 대로 알아내게 되오. 그는 이와 같이 알고 보아 애욕의 역류함으로부터도 마음이 해탈하고, 존재의 역류함으로부터도 마음이 해탈하고, 밝힘 아닌 것의 역류함으로부터도 마음이 해탈하오. 이렇게 해탈한 데서 해탈했다는 앎이 있으니 '나의 삶은 다하고 청정한 수행은 완성되고 지을 바는 다 지었고 이러한 상태가 다시는 없다.'라고 알아내게 되오.

100 대왕이여, 깊은 골짜기에 있는 호수의 물은 투명하고 맑고 더럽지 않을 것이오. 눈 있는 사람이라면 그 호숫가에 서서 진주조개도 보고 보통의 조개도 보고 자갈 또는 조약돌도 볼 것이오. 그리고 다니기도 하고 머물기도 하는 물고기 떼도 볼 것이오. 그는 '이 호수의 물은 투명하고 맑고 더럽지 않다. 여기에는 진주조개도 있고 보통의 조개도 있고 자갈 또는 조약돌도 있다. 그리고 물고기 떼가 다니기도 하고 머물기도 한다.'라고 생각할 것이오.

이상과 같이 대왕이여, 그 제자는 명상에 들어 순백하고 순결하고 흠이 없고 때가 없고 부드럽고 능동적이고 굳건하고 흔들리지 않는 마음에서, 여러 역류함을 다하는 앎을 얻기 위해 마음을 쏟고 기울이게 되오. 그리하여 그는 이것은 괴로움이라고 있는 대로 알아내고, 이것은 괴로움의 일어남이라고 있는 대로 알아내고, 이것은 괴로움의 사라짐이라고 있는 대로 알아내고, 이것은 괴로움의 사라짐에 이르는 길이라고 있는 대로 알아내게 되오. 그리고 이것들은 역류함이라고 있는 대로 알아내고, 이것은 역류함의 일어남이라고 있는 대로 알아내고, 이것은 역류함의 사라짐이라고 있는 대로 알아내고, 이것은 역류함의 사라짐에 이르는 길이라고 있는 대로 알아내게 되오.

 그는 이와 같이 알고 보아 애욕의 역류함으로부터도 마음이 해탈하고, 존재의 역류함으로부터도 마음이 해탈하고, 밝힘 아닌 것의 역류함으로부터도 마음이 해탈하오. 이렇게 해탈한 데서 해탈했다는 앎이 있으니 '나의 삶은 다하고 청정한 수행은 완성되고 지을 바는 다 지었고 이러한 상태가 다시는 없다.'라고 알아내게 되오.

 대왕이여, 이것 또한 참으로, 눈에 보이는 수행자의 결과로서 이전의 결과들보다 훨씬 뛰어나고 더욱 고상한 것이오. 나아가 대왕이여, 눈에 보이는 수행자의 결과로서 이것보다 더 뛰어나고 더 고상한 결과는 달리 없는 것이오."

6. 아자타삿투 왕이 붓다의 신자가 됨

101 이와 같이 설하셨을 때 마가다 국의 왕 아자타삿투 베데히풋타는 붓다께 아뢰었다.

 "붓다시여, 뛰어나십니다. 붓다시여, 뛰어나십니다. 붓다시여, 마치 뒤집힌 것을 바로 세우고 덮힌 것을 벗겨내고 모르는 자에게 길을 안내하는 것 같습니다. 어둠 속에서 기름등을 켜 눈 있는 자라면 색을 보게끔 붓다시여, 붓다께서는 그와 같이 여러 단계로 법을 드러내셨습니다. 붓다시여, 저는 붓다께 귀의하오며 법과 제자 승단에 귀의하옵니다. 붓다께서는 저를 신자로서 받아 주옵소서. 오늘부터 생명이 다 할 때까지 귀의하겠습니다.

붓다시여, 저는 죄를 지었습니다. 어리석고 우둔하고 선하지 못하여 법답게 정치한 법왕이신 아버지를 통치권 때문에 살해하였던 것입니다. 붓다시여, 앞으로 스스로를 지킬 수 있도록 붓다께서는 저의 죄를 죄로서 받아주소서."

102 "대왕이여, 그대는 참으로 죄를 지었소. 어리석고 우둔하고 선하지 못하여, 그대는 법답게 정치한 법왕이신 부왕을 살해하였소. 그런데 대왕이여, 그대는 죄를 죄라고 보고 법도에 맞게 뉘우치고 있소. 나는 그대의 죄를 받아주겠소. 대왕이여, 앞으로 스스로를 지킬 수 있도록 죄를 죄라고 보고 법도에 맞게 뉘우치고 있거니와, 그것은 거룩한 율법에 있어서 발전적인 일이오."

103 붓다께서 이렇게 말씀하셨을 때 마가다 국의 왕인 아자타삿투 베데히풋타는 다시 붓다께 아뢰었다.

"그러면 붓다시여, 이제 떠나겠습니다. 저는 매우 바쁘고 할 일이 많습니다."

"대왕이여, 지금이 때인 것 같소."

그리하여 마가다 국의 왕인 아자타삿투 베데히풋타는 붓다께서 설하신 바를 듣고 매우 환희한 다음 자리에서 일어났다. 그리고 붓다께 공손히 인사하고 오른쪽으로 돌아 떠나갔다.

104 마가다 국의 왕인 아자타삿투 베데히풋타가 떠난 지 얼마되지 않아 붓다께서는 제자들에게 말씀하셨다.

"제자들아, 이 왕은 그 마음이 심하게 손상되어 있고 반쯤 죽어 있다. 제자들아, 만약 이 왕이 법답게 정치한 법왕인 부왕을 살해하지 않았다면 이 자리에서 먼지와 얼룩을 떠난 법의 눈을 일으켰을 것이다."
 붓다께서는 이와 같이 설하셨고 마음이 흡족해진 제자들은 붓다의 말씀에 매우 기뻐하였다.

— 5. 사문과 경 끝 —

6. 데바다하 경[1]
신흥사상의 진리 주장에 대한 비판 II[2]

1. 괴로움의 멸진에 대한 니간타의 주장

1 이와 같이 내가 들었다. 한때에 붓다께서는 삭캬 국에 있는 데바다하라고 하는 사캬 족의 시읍에서 지내셨다. 그곳에서 붓다께서는 "제자들아."라고 하시며 제자들을 부르셨다. "예, 붓다시

●●●●●●●●●●●●●

1) 중니카야(Majjhima-Nikāya) 제3권 제1경(Devadaha Sutta) [M.N. III, p. 3~20 (N.D.P.) M.N. II, p.214~228(P.T.S)] : 漢譯의 대응경으로는 中阿含 19經 尼乾經 [大正藏 1, p.442中]이 있다.
2) 신흥사상 중 특히 Jainism에 대한 비판이 설해지고 있다. 인도사상의 특징 중 하나에 解脫(mokṣa, mukti)사상이 있다. 전통의 Brahmanism에서는 禪定을 통해 梵我一如를 직관함으로써 해탈이 가능하다고 한다. 이에 비해 신흥사상들은 일반적으로 해탈의 가능성을 거부한다. 그런데 신흥사상에 속하면서도 Jainism은 해탈을 인정하고 있다. 이 경은 그러한 Jainism의 해탈사상이 잘 설해져 있고 아울러 그 속에 내재된 모순점이 고타마 붓다에 의해 낱낱이 지적되어 있어 가치가 높다.

여."라고 하며 제자들은 붓다께 답하였다. 붓다께서는 말씀하셨다.

"제자들아, 어떤 수행자 또는 사제들은 이렇게 말하고 이렇게 본다. '어떤 사람이든지 그들이 느끼는 바 즐거움 또는 괴로움 또는 즐거움도 아니고 괴로움도 아닌 느낌들은 모두가 전(생)에 지은 (업)을 원인으로 한다. (그런데) 고행이 있다. 고행을 실천하면 그러한 과거의 업이 끝난다. 그리고 새로운 업을 짓지 않으면 미래에 새어드는 (번뇌)가 없어진다. 미래에 새어드는 (번뇌)가 없으면 업이 소멸한다. 업이 소멸하면 괴로움이 소멸한다. 괴로움이 소멸하면 느낌이 소멸한다. 느낌이 소멸하면 모든 괴로움의 멸진이 있게 된다.'[3]라고. 제자들아, 이렇게 주장하는 자는 (자칭 속박을 벗어났다라고 하는) 니간타들이다.

제자들아, 니간타들의 그러한 주장을 듣고, 나는 그들에게 가

● ● ● ● ● ● ● ● ● ●
3) Jainism의 여러 교설 중 七諦說을 살피면서 직접적인 이해를 해보도록 하자. 七諦說은 영혼인 命(jiva)과 물질(pudgala)이 중심이 되는 非命을 시작으로 하여 苦의 발생과 그 苦로부터의 해탈의 과정을 설하는 것이다. 곧 ①命→②非命→③漏→④縛→⑤遮→⑥滅→⑦解脫의 과정으로 구성된다.
命(①)에 대한 非命(②)의 활동이 業으로서, 그것이 命에 새어드는 것이 '漏(③ āsrava)'이다. 새어든 漏는 영혼을 묶어서 下界로 끌어내린다. 이것이 縛(④bandha)이다. 묶어놓은 縛을 苦行으로 끊고 〔遮 ⑤saṁvara〕, 다시 業을 짓지 않아, 業이 멸한다〔滅 ⑥nirjarā〕. 그러면 業으로 말미암은 모든 번뇌와 느낌으로부터 해탈(⑦mokṣa)하게 된다는 것이다.
이상의 七諦說에 비해 이 경에 설해진 니간타들의 견해는, ⑤ 이후의 해탈의 과정에 초점을 두고 있다. 우선 대전제인 '모든 괴로움은 전(생)에 지은 (업)을 원인으로 한다.'는 것이 ①命 ②非命 ③漏 ④縛의 과정을 축약한 것으로 볼 수 있다. 그리고 그 이후의 '苦行→宿業의 차단→漏의 차단→業의 소멸→苦의 소멸→느낌의 소멸→苦로부터의 해탈'이라는 일곱 단계는 ⑤遮 ⑥滅 ⑦解脫의 과정을 자세하게 보여주고 있는 것이다.

서 말하였다.
 '여러분, 니간타들이여. 그대들은 진실로, ─어떤 사람이든지 그들이 느끼는 바, 즐거움 또는 괴로움 또는 즐거움도 아니고 괴로움도 아닌 느낌들을 모두가 과거에 지은 업을 원인으로 한다. ……느낌이 소멸하면 모든 괴로움의 멸진이 있게 된다.─라고 보고 말하는 것이오.'
 나의 질문을 받은 니간타들은 '그렇습니다.'라고 긍정하였다. 나는 그들에게 말하였다. '여러 니간타들이여, 그대들은 전(생)에 존재했다라고 알고 있소. 존재하지 않았다라고 알고 있소.[4]'
 '벗이여, 모릅니다.'
 '그러면 여러분, 니간타들이여. 그대들은 전(생)에 악한 업을 지었는지 짓지 않았는지 알고 있소.'
 '벗이여 모릅니다.'
 '그러면 여러분, 니간타들이여. 그대들은 전(생)에 어떠한 종류의 악한 업을 지었는지 알고 있소.'
 '벗이여, 모릅니다.'

● ● ● ● ● ● ● ● ● ● ●
4) Jainism의 대전제를 문제 삼고 있다. 즉 前生이 존재했는가에 대해서 물으면서, 그것을 확실히 모를 경우 전생에 지은 업을 주장하는 것 자체가 흔들린다고 지적하는 것이다. 그 다음 다음 지적도 같은 맥락에서 이해할 수 있다. 어떤 종교사상도 전제를 인정하고 나면 그 다음의 주장을 이해하는 것은 그리 어렵지 않다. 핵심은 결국 전제에 있다. 전제는 흔히 신앙의 대상이지, 합리적인 사유의 대상이 못되는 경우가 허다하다. 그러나 불교적인 진리관에서 본다면 무엇보다도 전제 그 자체에 대한 합리적 이해는 필수적인 요건이 된다.
이런 입장에서 볼 때 전생의 존재에 대해 모르면서 전생의 업을 주장하는 것은 비난되고 지적받아야 옳을 것이다.

'그러면 여러분, 니간타들이여. 그대들은 어떤 괴로움은 이미 멸진되었고 어떤 괴로움은 앞으로 멸진되어야 하고 아울러 어떤 괴로움이 멸진될 때 모든 괴로움의 멸진이 있게 되는가를 알고 있소.5)'

'벗이여, 모릅니다.'

'그러면 여러분, 니간타들이여. 그대들은 현재의 상태에서 선하지 않은 법은 버려야 하고 선한 법은 완성해야 하는데 그것에 대해서 알고 있소.6)'

'벗이여 모릅니다.'

2 '그렇다면 실로 여러분, 니간타들이여. 그대들은 전(생)에 존재했는지 존재하지 않았는지에 대해서도 모르고 있소. 또 전(생)에 악한 업을 지었는지 짓지 않았는지에 대해서도 모르고 있소. 또 전(생)에 어떤 종류의 악한 업을 지었는지에 대해서도 모르고 있소. 또 어떤 괴로움은 이미 멸진되었고 어떤 괴로움은 앞으로 멸진되어야 하고 아울로 어떤 괴로움이 멸진될 때 모든 괴로움의 멸진이 있게 되는가에 대해서도 모르고 있소. 그리고 현재의 상태에서, 선하지 않은 법은 버려야 하고 선한 법은 완성해야 하는데 그것에 대해서도 모르고 있소. 이런 상황이라면 여러분

●●●●●●●●●●●●●

5) Jainism은 괴로움의 소멸을 두 번 거론하고 있다. 즉 '업이 소멸하면 괴로움이 소멸한다'의 괴로움과 '느낌이 소멸하면 모든 괴로움의 멸진이 있게 된다'의 괴로움이다. 이 두 가지 괴로움의 차이가 구체적으로 무엇인가를 묻고 있다.
6) Jainism은 괴로움뿐만 아니라 모든 종류의 느낌 및 業을 소멸해야 한다고 주장하고 있다. 그러나 부정되어서는 안될 느낌이 있는 법이고 선한 業은 적극적으로 닦아야 하는 것이다. 불교에서는 그러한 상식을 인정하는 입장에서 Jainism의 일방적인 부정을 비판·지적하는 것이다.

니간타들이 (앞서와 같이) 주장하는 것은 타당하지 못하오. 곧 —어떤 사람이든지 그들이 느끼는 바, 즐거움 또는 괴로움 또는 즐거움도 아니고 괴로움도 아닌 느낌들은 모두가 전(생)에 지은 (업)을 원인으로 한다. (그런데) 고행이 있다. 고행을 실천하면 그러한 과거의 업이 끝난다. 그리고 새로운 업을 짓지 않으면 미래에 새어드는 (번뇌)가 없어진다. 미래에 새어드는 번뇌가 없으면 업이 소멸한다. 업이 소멸하면 괴로움이 소멸한다. 괴로움이 소멸하면 느낌이 소멸한다. 느낌이 소멸하면 모든 괴로움의 멸진이 있게 된다.—라고 (결정적으로) 답하는 것은 타당하지 못한 것이오.

여러분, 니간타들이여. 다음과 같이 가정해 보자. 그대들은 전(생)에 존재했는지 존재하지 않았는지에 대해서도 안다. 또 전(생)에 악한 업을 지었는지 짓지 않았는지에 대해서도 안다. 또 어떤 괴로움은 이미 멸진되었고 어떤 괴로움은 앞으로 멸진되어야 하고 아울러 어떤 괴로움이 멸진될 때 모든 괴로움의 멸진이 있게 되는가에 대해서도 안다. 그리고 현재의 상태에서 선하지 않은 법은 버려야 하고 선한 법은 완성해야 하는데 그것에 대해서도 안다라고 가정해 보자. 그럴 경우라면 여러분 니칸타들이 —어떤 사람이든지 그들이 느끼는 바, 즐거움 또는 괴로움 또는 즐거움도 아니고 괴로움도 아닌 느낌들은 모두가 전(생)에 지은 (업)을 원인으로 한다.……느낌이 소멸하면 모든 괴로움의 멸진이 있게 된다.—라고 (결정적으로) 답하여도 타당한 (부분)이 있을 것이오.

3 여러분, 니간타들이여. 어떤 사람이 독이 깊숙히 배여 있는 화살을 맞았다고 하자. 그는 화살 맞은 것을 원인으로 하여 괴롭고

신랄하고 격렬한 느낌을 느낄 것이다. 그의 친구나 동료, 친척이나 친족들이 그에게 화살 상처를 치유하는 의사를 불러 줄 것이다. 그 의사는 (먼저) 칼을 가지고 상처의 입구를 잘라 낼 것이다. 그는 칼로 상처 입구를 잘라내는 것을 원인으로 하여 또 다시 괴롭고 신랄하고 격렬한 느낌을 느낄 것이다. 그 의사는 (이어서) 탐지하는 침으로 화살(의 독이 퍼진 범위)를 찾을 것이다. 그는 화살 (독의 범위)를 탐침으로 찾는 것을 원인으로 하여 또 다시 괴롭고 신랄하고 격렬한 느낌을 느낄 것이다. 그 의사는 (이어서) 그에게서 화살을 뽑아낼 것이다. 그는 화살을 뽑아내는 것을 원인으로 하여 또 다시 괴롭고 신랄하고 격렬한 느낌을 느낄 것이다. 그 의사는 (이어서) 상처의 입구에 해독제와 숯불을 주입할 것이다. 그는 해독제와 숯불이 상처 입구에 주입되는 것을 원인으로하여 또 다시 괴롭고 신랄하고 격렬한 느낌을 느낄 것이다. 나중에 그는 상처가 치유되고 새 살이 돋아나 그 병에서 벗어난다. 그리하여 즐겁고 자유로워 뜻대로 움직이고 원하는 대로 다닐 것이다.

여러분, 니간타들이여. 그 사람은 아마 —나는 과거에 독이 깊숙히 배여 있는 화살을 맞았다. 화살 맞은 것을 원인으로 하여 괴롭고 신랄하고 격렬한 느낌을 느꼈다. (……) 그 의사는 (이어서) 상처의 입구에 해독제와 숯불을 주입하였다. 나는 해독제와 숯불이 상처 입구에 주입되는 것을 원인으로 하여 괴롭고 신랄하고 격렬한 느낌을 느꼈다. 나중에 나는 상처가 치유되고 새 살이 돋아 나 그 병에서 벗어났다. 그리하여 즐겁고 자유로워 뜻대로 움직이고 원하는 대로 다녔던 것이다.—라고 생각할 수 있을 것이오.

여러분, 니간타들이여. 만약 그대들이 (그 사람)과 같이 (뚜렷하게) 다음 사항들을 안다고 가정해 보자. 곧 그대들은 전(생)에 존재했는지 하지 않았는지에 대해서도 (뚜렷하게) 안다. 또 전(생)에 악한 업을 지었는지에 대해서도 (뚜렷하게) 안다. 또 전(생)에 어떤 종류의 악한 업을 지었는지에 대해서도 (뚜렷하게) 안다. 또 어떤 괴로움은 이미 멸진되었고, 어떤 괴로움은 앞으로 멸진되어야 하고, 아울러 어떤 괴로움이 멸진될 때 모든 괴로움의 멸진이 있게 되는가에 대해서도 (뚜렷하게) 안다. 그리고 현재의 상태에서 선하지 않은 법은 버려야 하고, 선한 법은 완성해야 하는데 그것에 대해서도 (뚜렷하게) 안다라고 가정해 보자. 그럴 경우라면 여러분 니간타들이 ―어떤 사람이든지 그들이 느끼는 바, 즐거움 또는 괴로움 또는 즐거움도 아니고 괴로움도 아닌 느낌들은 모두가 전(생)에 지은 (업)을 원인으로 한다.……느낌이 소멸하면 모든 괴로움의 멸진이 있게 된다.―라고 (결정적으로) 답하여도 타당한 (부분)이 있을 것이오.

그러나 여러분, 니간타들이여. 그대들은 전(생)에 존재했는지, 존재하지 않았는지에 대해서도 모르고 있소. 또 전(생)에 악한 업을 지었는지, 짓지 않았는지에 대해서도 모르고 있소. 또 전(생)에 어떤 종류의 악한 업을 지었는지에 대해서도 모르고 있소. 또 어떤 괴로움은 이미 멸진되었고, 어떤 괴로움은 앞으로 멸진되어야 하고, 아울러 어떤 괴로움이 멸진될 때 모든 괴로움의 멸진이 있게 되는가에 대해서도 모르고 있소. 그리고 현재의 상태에서, 선하지 않은 법은 버려야 하고, 선한 법은 완성해야 하는데 그것에 대해서도 모르고 있소.

따라서 여러분, 니간타들이 ―어떤 사람이든지 그들이 느끼는 바, 즐거움 또는 괴로움 또는 즐거움도 아니고 괴로움도 아닌 느낌들은 모두가 전(생)에 지은 (업)을 원인으로 한다.…… 느낌이 소멸하면 모든 괴로움의 멸진이 있게 된다.-라고 (결정적으로) 답하는 것은 타당하지 못한 것이오.'

4 제자들아, (내가) 이와 같이 설하자 그 니간타들은 '벗이여, 니간타 나타풋타는 모든 것을 알고, 모든 것을 보는 자 입니다. 그는 스스로 ―가고, 머물고, 자고, 깨고하는 모든 경우에서 언제나 알고 보는 (인식작용)이 전개되고 있다.-라고 하며 남김없이 알고 봄을 선언하였습니다. 그 (니간타 나타풋타)가 다음과 같이 말했습니다. ―벗 니간타들이여, 그대들은 전(생)에 악한(업)을 지었다. 그것을 격렬한 고행을 실천함으로써 멸진시켜라. 그리고 지금 여기에서는 몸을 보호하고, 말을 보호하고, 뜻을 보호하여 미래에 악한 업을 짓지 말도록 하라. 이와 같이 고행이 있다. 고행을 실천하면 과거의 업이 끝난다. 그리고 새로운 업을 짓지 않으면 미래의 (번뇌)가 없어진다. 미래에 새어 드는 (번뇌)가 없으면 업이 소멸한다. 업이 소멸하면 괴로움이 소멸한다. 괴로움이 소멸하면 느낌이 소멸한다. 느낌이 소멸하면 모든 괴로움의 멸진이 있게 된다.-라고 말했습니다. 그 말을 우리는 기뻐하고 수긍합니다. 그리고 그 말로써 마음을 잡았습니다.'라고 말하였다."

2. 결과가 없는 행동과 노력

5 "제자들아, 그들의 이야기를 듣고 나는 그 니간타들에게 말하

였다.

'여러분, 니간타들이여. 다섯 가지 법이 있는데 그 법들은 현재의 상태에서 두 가지 과보를 지니는 것이오. 다섯이란 무엇인가. 신앙, 성향, 전통 그리고 양상에 대한 사색, 끝으로 견해에 입각해 선정 속에 들어 지속하는 것이오. 여러분 니간타들이여, 실로 이 다섯 가지 법이 현재의 상태에서 두 가지 과보를 지니오. 그런데 여러분 니간타들은 과거의 스승에 대하여 어떤 신앙[7]에 입각해 그런 말을 하는 것 아니오? 또는 어떤 성향을 지니기에 그런 말을 하는 것 아니오? 또는 어떤 전통을 지니기에 그런 말을 하는 것 아니오? 또한 어떠한 양상에 대한 사색을 하고 있기에 그런 말을 하는 것 아니오? 끝으로 어떠한 견해에 입각하여 선정 속에 들어 지속하기에 그런 말을 하는 것 아니오?'

제자들아, 내가 이와 같이 지적하였을 때 니간타들은 법칙에 맞는 답변을 제시하지 못하였다.

제자들아, 다시 또 나는 그 니간타들에게 말하였다.

'여러분, 니간타들이여. 어떻게 생각하오. 그대들은 강렬한 행동과 강렬한 노력[8]을 행하였을 때, 역시 강렬하고 격렬하고 괴롭고 신랄한 느낌을 느끼지 않소? 또한 여러분이 강렬한 행동과 강렬

●●●●●●●●●●●●
7) 이하는 제1『창키경』의 주 13)을 참조하기 바람.
8) 육체적으로 극도의 자극을 야기하는 행동 등을 말한다. 예를 들어 뜨거운 물에 손을 넣으면 뜨거운 느낌을 느끼는 것을 들 수 있다.
 니간타들은 현생의 느낌이 과거의 業에 말미암는다고 하였다. 그러나 뜨거운 물에 손을 넣으면 바로 뜨거움을 느낀다. 즉 현생의 業에 말미암은 것이다. 이와 같이 상식적인 현상도 설명하지 못하는 것이 니간타의 주장임을 보이고 있는 대목이다.

한 노력은 행하지 않았을 때는, 강렬하고 격렬하고 괴롭고 신랄한 느낌을 느끼지 않는 것이지 않소?'

'벗, 고타마시여. 우리들은 강렬한 행동과 강렬한 노력을 행하였을 때, 역시 강렬하고 격렬하고 괴롭고 신랄한 느낌을 느낍니다. 또한 우리들이 강렬한 행동과 강렬한 노력을 행하지 않았을 때는, 강렬하고 격렬하고 괴롭고 신랄한 느낌을 느끼지 않습니다.'

6 '그렇다면 여러분, 니칸타들이여. 그대들도 강렬한 행동과 강렬한 노력을 행하였을 때, 역시 강렬하고 격렬하고 괴롭고 신랄한 느낌을 느끼게 되고, 강렬한 행동과 강렬한 노력을 행하지 않았을 때는, 강렬하고 격렬하고 괴롭고 신랄한 느낌을 느끼지 않는 것이오. 이러한 상황이라면 여러분 니간타들이, ―어떤 사람이든지 그들이 느끼는 바, 즐거움 또는 괴로움 또는 즐거움도 아니고 괴로움도 아닌 느낌들은 모두가 전(생)에 지은 (업)을 원인으로 한다.……느낌이 소멸하면 모든 괴로움의 멸진이 있게 된다.―라고 (결정적으로) 답하는 것은 타당하지 못한 것이오.

여러분, 니간타들이여. 그대들이 만약 강렬한 행동과 강렬한 노력을 행하였는데도 강렬하고 격렬하고 괴롭고 신랄한 느낌을 느끼지 않는다고 가정해 보자. 또한 강렬한 행동과 강렬한 노력을 행하지 않았는데도, 강렬하고 격렬하고 괴롭고 신랄한 느낌을 느끼게 된다고 가정해 보자. 이러한 상황이라면 여러분 니간타들이 ―어떤 사람이든지 그들이 느끼는 바, 즐거움 또는 괴로움 또는 즐거움도 아니고 괴로움도 아닌 느낌들은 모두가 전(생)에 지은 (업)을 원인으로 한다.……느낌이 소멸하면 모든 괴로움의 멸진이 있게 된다.―라고 (결정적으로) 답하여도 타당한 (부분)이 있을 것이오.

그런데 여러분, 니간타들이여. 그대들은 강렬한 행동과 강렬한 노력을 행하였을 때 비로소 역시 강렬하고 격렬하고 괴롭고 신랄한 느낌을 느끼게 되고, 강렬한 행동과 노력을 행하지 않았을 때는 강렬하고 격렬하고 괴롭고 신랄한 느낌을 느끼지 않는 것이오. 따라서 그대들이 강렬하고 격렬하고 괴롭고 신랄한 느낌을 받고 있으면서도 —어떤 사람이든지 그들이 느끼는 바, 즐거움 또는 괴로움 또는 즐거움도 아니고 괴로움도 아닌 느낌들은 모두가 전(생)에 지은 (업)을 원인으로 한다.……느낌이 소멸하면 모든 괴로움의 멸진이 있게 된다.—라고 끝내 주장하는 것은, 밝힘이 없는 것이고, 앎이 없는 것이고, 어리석음만 가득 찬 것이 되오.'

제자들아, 내가 이와 같이 지적하였을 때 니간타들은 법칙에 맞는 답변을 제시하지 못하였다.

7 제자들아, 다시 또 나는 그 니간타들에게 말하였다.

'여러분, 니간타들이여. 어떻게 생각하오. 현재에 (그 과보를) 느껴야만 될 업이 있는데, 그 업을 행동이나 노력을 통하여 미래에 (그 과보를) 느끼게 하는 업으로 바꿀 수 있소?'[9]

'벗이여, 그럴 수 없습니다.'

'다시 미래에 (그 과보를) 느껴야만 될 업이 있는데, 그 업을

---

9) 이하는 다른 행동이나 노력을 통하여 이미 지어진 業을 다른 성격의 業으로 바꿀 수는 없음을 살피고 있다. 그리고 이러한 입장에서 고행이라는 노력을 통하여 이미 지어진 과거의 業이 끝난다는 주장은 잘못되었음을 밝히고 있다.

행동이나 노력을 통하여 현재에 (그 과보를) 느끼게 하는 업으로 바꿀수 있소?'

'벗이여, 그럴 수 없습니다.'

'여러분, 니간타들이여. 이것은 어떻게 생각하오. 즐거운 (과보)를 느껴야만 될 업이 있는데 그 업을 행동이나 노력을 통하여 괴로운 (과보)를 느끼게 하는 업으로 바꿀 수 있소?'

'벗이여, 그럴 수 없습니다.'

'다시 괴로운 (과보)를 느껴야만 될 업이 있는데, 그 업을 행동이나 노력을 통하여 즐거운 (과보)를 느끼게 하는 업으로 바꿀 수 있소?'

'벗이여, 그럴 수 없습니다.'

'여러분, 니간타들이여. 이것은 어떻게 생각하오. (이 생에) 완전히 익어 (그 과보를 모두) 느껴야만 될 업이 있는데, 그 업을 행동이나 노력을 통하여 (이 생에) 완전히 익지 않아 (일부의 과보만을) 느끼게 하는 업으로 바꿀 수 있소?'

'벗이여, 그럴 수 없습니다.'

'다시 (이 생에) 완전히 익지 않아 (일부의 과보만을) 느껴야만 될 업이 있는데, 그 업을 행동이나 노력을 통하여 (이 생에) 완전히 익어 (그 과보를 모두) 느끼게 하는 업으로 바꿀 수 있소?'

'벗이여, 그럴 수 없습니다.'

'여러분, 니간타들이여. 이것은 어떻게 생각하오. 많은 (과보)를 느껴야만 될 업이 있는데, 그 업을 행동이나 노력을 통하여 적은 (과보)를 느끼게 하는 업으로 바꿀 수 있소?'

'벗이여, 그럴 수 없습니다.'

'다시 적은 (과보)를 느껴야만 될 업이 있는데, 그 업을 행동이나 노력을 통하여 많은 (과보)를 느끼게 하는 업으로 바꿀 수 있소?'

'벗이여, 그럴 수 없습니다.'

'여러분, 니간타들이여. 이것은 어떻게 생각하오. (애욕의 계층에 속하는 과보를) 느껴야만 될 업이 있는데, 그 업을 행동이나 노력을 통하여 (애욕의 계층에 속하는 과보를) 느끼지 않게 하는 업으로 바꿀 수 있소?'

'벗이여, 그럴 수 없습니다.'

'다시 (애욕의 계층에 속하는 과보를) 느끼지 않아야 될 업이 있는데, 그 업을 행동이나 노력을 통하여 (애욕의 계층에 속하는 과보를) 느끼게 하는 업으로 바꿀 수 있소?'

'벗이여, 그럴 수 없습니다.'

8 '이와 같이 여러분, 니간타들이여. 실로, 현재에 (그 과보를) 느껴야만 될 업이 있는데, 그 업을 미래에 (그 과보를) 느끼게 하는 업으로 바꿀 수는 없는 것이오. 다시 미래에 (그 과보를) 느껴야만 될 업이 있는데 그 업을 현재에 (그 과보를) 느끼게 하는 업으로 바꿀 수도 없는 것이오.

그리고 즐거운 (과보)를 느껴야만 될 업이 있는데, 그 업을 괴로운 (과보)를 느끼게 하는 업으로 바꿀 수는 없는 것이오. 다시 괴로운 (과보)를 느껴야만 될 업이 있는데, 그 업을 즐거운 (과보)를 느끼게 하는 업으로 바꿀 수도 없는 것이오.

그리고 (이 생에) 완전히 익어 (그 과보를 모두) 느껴야만 될 업이 있는데, 그 업을 (이 생에) 완전히 익지 않아 (일부의 과보만을) 느끼게 하는 업으로 바꿀 수는 없는 것이오. 다시 (이 생에) 완전히 익지 않아 (일부의 과보만을) 느껴야만 될 업이 있는데, 그 업을 (이 생에) 완전히 익어 (그 과보를 모두) 느끼게 하는 업으로 바꿀 수도 없는 것이오.

그리고 많은 (과보를) 느껴야 될 업이 있는데, 그 업을 적은 (과보)를 느끼게 하는 업으로 바꿀 수는 없는 것이오. 다시 적은 (과보)를 느껴야만 될 업이 있는데, 그 업을 많은 (과보)를 느끼게 하는 업으로 바꿀 수도 없는 것이오.

(끝으로 애욕의 계층에 속하는 과보를) 느껴야만 될 업이 있는데, 그 업을 행동이나 노력을 통하여 (애욕의 계층에 속하는 과보를) 느끼지 않게 하는 업으로 바꿀 수는 없는 것이오. 다시 (애욕의 계층에 속하는 과보를) 느끼지 않아야 될 업이 있는데, 그 업을 행동이나 노력을 통하여 (애욕의 계층에 속하는 과보를) 느끼게 하는 업으로 바꿀 수도 없는 것이오.

이와 같은 상황이라면 여러분 니간타들의 (괴로운) 행동은 결과가 없는 것이고, (힘든) 노력도 결과가 없는 것이오. (왜냐하면 고행으로 과거의 업을 끝낸다는 시작이 잘못되었기 때문이오.)'

또한 제자들아, 니간타들이 어떤 말을 한다. 그러나 제자들아, 니간타들은 어떤 말을 하더라도 법칙에 맞추어 볼 때 열 가지 경우에서 비난받게 된다.

9 제자들아, 중생들은 전(생)에 지은 (업)을 원인으로 하여 즐거움 또는 괴로움을 느낀다고 가정해 보자. 그렇다면 제자들아, 니간타들은 전(생)에 좋지 못한 업을 지었음에 틀림없다. 그러기에 지금 저토록 괴롭고 격렬하고 신랄한 느낌을 느끼는 것이다.

제자들아, 중생들은 (유일)신의 창조를 원인으로 하여 즐거움 또는 괴로움을 느낀다고 가정해 보자. 그렇다면 제자들아, 니간 타들은 사악한 신에 의한 창조임에 틀림없다. 그러기에 지금 저토록 괴롭고 격렬하고 신랄한 느낌을 느끼는 것이다.

제자들아, 중생들은 (물질 요소들의) 결합 성질을 원인으로 하여 즐거움 또는 괴로움을 느낀다고 가정해 보자. 그렇다면 제자들아, 니간타들은 사악한 결합에 속해 있음이 틀림없다. 그러기에 지금 저토록 괴롭고 격렬하고 신랄한 느낌을 느끼는 것이다.

제자들아, 중생들은 출생을 원인으로 하여 즐거움 또는 괴로움을 느낀다고 가정해 보자. 그렇다면 제자들아, 니간타들은 사악한 출생에 속해 있음이 틀림없다. 그러기에 지금 저토록 괴롭고 격렬하고 신랄한 느낌을 느끼는 것이다.

제자들아, 중생들은 현재의 우연한 상황을 원인으로 하여 즐거움 또는 괴로움을 느낀다고 가정해 보자. 그렇다면 제자들아, 니간타들은 현재의 (사악한) 상황에 빠져 있음이 틀림없다. 그러기에 지금 저토록 괴롭고 격렬하고 신랄한 느낌을 느끼는 것이다.

(그리하여) 제자들아, 중생들은 전(생)에 지은 (업)을 원인으로 하여 즐거움 또는 괴로움을 느낀다고 가정해도 니간타들은 비난받아야 한다. 다시 중생들은 전(생)에 지은 (업)을 원인으로 하여 즐거움 또는 괴로움을 느끼는 것이 아니라 가정해도 니간타들은 비난받아야 한다. (어차피 괴로움을 겪고 있으므로.)

그리고 제자들아, 중생들은 (유일)신의 창조를 원인으로 하여 즐거움 또는 괴로움을 느낀다고 가정해도 니간타들은 비난받아야 한다. 다시 중생들은 (유일)신의 창조를 원인으로 하여 즐거움 또는 괴로움을 느끼는 것이 아니라 가정해도 니간타들은 비난받아야 한다. (어차피 괴로움을 겪고 있으므로.)

그리고 제자들아, 중생들은 (물질 요소들의) 결합 성질을 원인으로 하여 즐거움 또는 괴로움을 느낀다고 가정해도 니간타들은 비난받아야 한다. 다시 중생들은 (물질 요소들의) 결합 성질을 원인으로 하여 즐거움 또는 괴로움을 느끼는 것이 아니라고 가정해도 니간타들은 비난받아야 한다. (어차피 괴로움을 겪고 있으므로.)

그리고 제자들아, 중생들은 출생을 원인으로 하여 즐거움 또는 괴로움을 느낀다고 가정해도 니간타들은 비난받아야 한다. 다시 중생들은 출생을 원인으로 하여 즐거움 또는 괴로움을 느끼는 것이 아니라고 가정해도 니간타들은 비난받아야 한다. (어차피 괴로움을 겪고 있으므로.)

끝으로 제자들아, 중생들은 현재의 우연한 상황을 원인으로 하여 즐거움 또는 괴로움을 느낀다고 가정해도 니간타들은 비난받아야 한다. 다시 중생들은 현재의 우연한 상황을 원인으로 하여 즐거움 또는 괴로움을 느끼지 않는다고 가정해도 니간타들은 비난받아야 한다. (어차피 괴로움을 겪고 있으므로.)

이와 같이 제자들아, 니간타들이 어떤 말을 한다. 그러나 제자들아, 니간타들은 어떤 말을 하더라도 열 가지 경우에 있어서 법칙에 맞추어 볼 때 비난받게 되는 것이다. 그리하여 제자들아, (그들의 괴로운) 행동도 결과가 없는 것이고, (힘든) 노력도 결과가 없는 것이 된다."

3. 결과가 있는 행동과 노력[10]

10 "그러면 제자들아, 어떠한 행동에 결과가 있고 (어떠한) 노력에 결과가 있는가. 여기서 제자들아, 붓다의 제자라면 얼룩 없이 (깨끗한) 자신을 괴로운 (고행)으로 얼룩지게 하지 않는다. 그리고 법도에 맞는 즐거움을 물리치지 않는다. 그리고 그러한 즐거움에 심취되어 빠지지도 않는다. 그 제자는 '괴로움의 근거를 (알아내어 제거하고자 몸과 마음의 모든 요소들을) 결합하여 노력하던 나에게는, 그 결합의 노력으로 말미암아 탐착을 떠나게 되었다. 또한 괴로움의 근거에 대하여 담담히 바라보아, 담담히 바라봄을 닦던 나에게는, (그로 말미암아 역시) 탐착을 떠나게 되었다.'라고 알아낸다.

(1) 괴로움의 근거에 대한 담담히 바라봄

  괴로움의 근거를 (알아내어 제거하고자 몸과 마음의 모든 요소들을) 결합하여 노력하는 자에게는, 그 결합의 노력으로 말미암아 탐착을 떠나게 된다. 그리고 그곳에는 결합의 노력이 (유지될 뿐이다.) 또한 괴로움의 근거에 대해 담담히 바라보아, 담담히 바라봄을 닦는 자에게는 (그로 말미암아 역시) 탐착을 떠나게 된다. 그리고 그곳에는 담담히 바라봄이 (유지될 뿐이다. 그와

- - - - - - - - - - - - - - -

10) 진리의 주장을 위해, 붓다가 내세우는 대안은 修行에 의한 깨달음이다. 이 절에서는 그러한 수행의 과정과 취지가 소개된다. 그리고 수행의 과정은 제5 『사문과경』의 수행 과정과 대체로 일치하고 있다. 겹친다고 생각되는 부분은 그곳의 해당 항목을 지적해 놓았으므로 반드시 『사문과경』의 해당부분을 살펴주기 바란다.

같이) 괴로움의 근거에 대해 결합의 노력을 행하고 그를 통해 탐착을 제거한 자에게만 비로소 괴로움의 멸진이 있게 된다. 그리고 (그와 같이) 괴로움의 근거에 대해 담담히 바라봄을 닦아 그를 통해 탐착을 제거한 자에게만 비로소 괴로움의 멸진이 있게 된다.

11 제자들아, 어떤 남자가 한 여자를 너무나 사랑하였으니, 탐착을 느꼈고, 마음을 묶게 되었고, 강렬한 욕망과 강렬한 사랑을 느꼈던 것이다. 그런데 그 남자는 그 여자가 다른 남자와 함께 머물고 이야기하고 농담하고 웃는 것을 보았다. 제자들아, 어떻게 생각하느냐. 그 남자는 다른 남자와 함께 (…) 하는 그 여자를 보고 슬픔과 눈물과 괴로움과 근심과 번민을 일으키지 않겠느냐.”

"붓다시여, 일으키게 됩니다.”

"왜 그런가.”

"붓다시여, 그 남자는 그 여자를 너무나 사랑하였기 때문입니다.(……)”

"제자들아, 그 남자는 '나는 저 여자를 너무나 사랑하건만 (……) 함께 하는 것을 보니 슬픔과 눈물과 괴로움과 근심과 번민이 일어난다. 나는 저 여자에 대한 욕망과 탐착을 버리도록 하자.'라고 생각하였다. 그리하여 그 남자는 그 여자에 대한 욕망과 탐착을 버렸다. 그런 뒤 (다시) 슬픔과 눈물과 괴로움과 근심과 번민을 일으키겠는가.”

"붓다시여, 일으키지 않습니다.”

"왜 그런가.”

"붓다시여, 그 남자는 그 여자에 대하여 탐착을 떠났기 때문입니다. (……)"

 "이와 같이 제자들아, 붓다의 제자라면 얼룩 없이 (깨끗한) 자신을 괴로운 (고행)으로 얼룩지게 하지 않는다. 그리고 법도에 맞는 즐거움을 물리치지 않는다. 그리고 그러한 즐거움에 심취되어 빠지지도 않는다. 그 제자는 '괴로움의 근거를 (알아내어 제거하고 몸과 마음의 모든 요소들을) 결합하여 노력하던 나에게는, 그 결합의 노력으로 말미암아 탐착을 떠나게 되었다. 또한 괴로움의 근거에 대하여 담담히 바라보아, 담담히 바라봄을 닦던 나에게는, (그로 말미암아 역시) 탐착을 떠나게 되었다.'라고 알아낸다. (……) 괴로움의 근거에 대해서 결합의 노력을 행하고 그를 통해 탐착을 제거한 자에게만 비로소 괴로움의 멸진이 있게 된다. 그리고 (그와 같이) 괴로움의 근거에 대해 담담히 바라봄을 닦아 그를 통해 탐착을 제거한 자에게만 비로소 괴로움의 멸진이 있게 된다. 제자들아, 그 행동에 이러한 결과가 있고 노력에 (이러한) 결과가 있는 것이다.

⑵ 스스로 힘겹게 노력함

12 다시 제자들아, 붓다의 제자는 숙고한다. 곧 '내가 (오직) 즐거운 대로만 지낸다면 선하지 못한 법들은 늘어나고 선한 법들은 사라진다. 그리고 내가 스스로 힘겹게 노력한다면 선하지 못한 법들은 사라지고 선한 법들은 늘어난다.'라고. 그리하여 스스로 힘겹게 노력한다. 그는 스스로 힘겹게 노력하여, 선하지 못한 법들은 사라지고 선한 법들은 늘어난다. 그러자 그는 더 이상 스스로 힘겹게 노력하지 않는다. 왜냐하면 제자들아, 스스로 힘겹게 노력하여 성취해야 할 목적이 완수되었기 때문이다. 그러므로

그는 더 이상 스스로 힘겹게 노력하지는 않는 것이다.

　제자들아, 화살 만드는 사람은 화살대로 두 가지 횃불을 사용하여 태우고 달구어서 작업하기 좋도록 곧게 만든다. 제자들아, 화살 만드는 사람이 화살대를 두 가지 횃불을 사용하여 태우고 달구어서 작업하기 좋도록 만든 뒤에는 더 이상 (……) 태우고 달구지 않는다. 왜냐하면 화살대를 두 가지 횃불을 사용하여 태우고 달구어야 하는 목적이 완수되었기 때문이다.

　이와 같이 제자들아, 붓다의 제자는 '내가 (오직) 즐거운 대로만 지낸다면 선하지 못한 법들은 늘어나고 선한 법들은 사라진다. 그리고 내가 스스로 힘겹게 노력한다면 선하지 못한 법들은 사라지고 선한 법들은 늘어난다.'라고 숙고한다. (……) 스스로 힘겹게 노력하여 성취해야 할 목적이 완수되었기 때문이다. 그러므로 그는 스스로 더 이상 힘겹게 노력하지는 않는 것이다. 제자들아, 그 행동에 이러한 결과가 있고 그 노력에 (이러한) 결과가 있는 것이다.

(3) 괴로움의 멸진으로 향하는 길을 닦는 자
13　다시 제자들아, 이 세계에 그렇게 온 (…붓다께서 탄생하신다.…거사 또는 거사의 아들이…붓다에게 믿음을 갖고…)[11] 머리와 수염을 깎은 뒤 가사의를 입고 출가한다.
14　이와 같이 출가한 그 제자는 붓다의 제자로서의 수련생활을

---

11) 제5 『사문과경』의 제41~43 단락과 동일함.

완성한다. 곧 살생하는 것을 버리어 (……)¹²⁾ 또는 상처를 입히고 살인을 하고 누군가를 구속하고 강도짓을 하고 무엇인가를 강탈하고 폭력을 행사하는 등의 짓을 멀리한다.
 그 제자는 다시 몸을 가릴 만한 법의와 배를 채울 만한 발우 음식으로 만족한다. (…그리하여)¹³⁾ 그것만을 지니고 간다. 그는 이 거룩한 계율의 근간을 갖춘 까닭에 안으로 젖지 않은 즐거움을 느낀다.
15 그 제자는 다시 눈으로 색을 보고도 모습을 집착하지 않고 속성을 집착하지 않는다. (…그리하여)¹⁴⁾ 즐거움을 느끼게 된다.
 그 제자는 다시 나아가고 물러설 때 (…및…)¹⁵⁾ 침묵할 때도 지혜에 입각해 움직인다.
16 그 제자는 이와 같이 거룩한 계율의 근간을 갖추고 (……아울러 다섯 덮개를 제거하여……)¹⁶⁾ 의혹으로부터 마음을 깨끗이 한다.
 그 제자는 마음을 물들게 하고 지혜를 약하게 하는 이 다섯 덮개를 제거한 뒤 애욕과 선하지 못한 법을 떠나서, 사색과 사려를 갖추고 떠남에서 생긴 기쁨과 즐거움을 갖춘 첫번째 선정을 구족하여 지낸다. 제자들아, 그 행동에 이러한 결과가 있고 그 노력에 (이러한) 결과가 있는 것이다.

••••••••••••••••
12) 제45 단락과 내용은 동일함. 형식에서 다소 차이가 있음.
13) 제66 단락과 동일함.
14) 제64 단락과 동일함.
15) 제65 단락과 동일함.
16) 제67~68 단락과 동일함.

다시 또 제자들아, 그 제자는 사색과 사려가 적정해져 안으로 깨끗하고 마음이 하나로 되고, 사색과 사려가 없고, 명상에서 생긴 기쁨과 즐거움을 갖춘 두번째의 선정을 구족하여 지낸다. 제자들아, 그 행동에 이러한 결과가 있고 그 노력에 (이러한) 결과가 있는 것이다.

다시 또 제자들아, 그 제자는 기쁨에 대한 탐착을 떠나 담담히 바라보면서도 기억과 앎을 갖추어 지낸다. 그리하여 몸으로 즐거움을 느끼게 되어 '담담히 바라 보고 기억을 갖춤은 즐거운 삶이다.'라고 성인들이 말하는 세번째의 선정을 구족하여 지낸다. 제자들아, 그 행동에 이러한 결과가 있고 그 노력에 (이러한) 결과가 있는 것이다.

다시 또 제자들아, 그 제자는 즐거움도 버리고 괴로움도 버리고 안심과 근심도 이미 과거에 소멸하여 괴롭지도 즐겁지도 않은 담담히 바라보면서도 기억을 갖추어서 청정한 네번째의 선정을 구족하여 지낸다. 제자들아, 그 행동에 이러한 결과가 있고 그 노력에 (이러한) 결과가 있는 것이다.

17 그 제자는 이와 같이 명상에 들어 (……)[17] 수많은 전생을 모든 면에서 조목 조목 기억한다. 제자들아, 그 행동에 이러한 결과가 있고 그 노력에 (이러한) 결과가 있는 것이다.

18 그 제자는 이와 같이 명상에 들어 (……)[18] 인간의 영역을 넘어선 깨끗한 하늘 눈으로 중생들이 죽고 태어나며, 열등하게

---

17) 제95 단락과 동일함.
18) 제97 단락과 동일함.

되거나 고상하게 되고 좋은 모습을 지니거나 추한 모습을 지니고 좋은 곳으로 가거나 나쁜 곳으로 가는 것을 보고 중생들이 업에 따라 태어남을 알아낸다. 제자들아, 그 행동에 이러한 결과가 있고 그 노력에 이러한 결과가 있는 것이다.

19 그는 이와 같이 명상에 들어 (……)[19] '나의 삶은 다하고 청정한 수행은 완성되고 지을 바는 다 지었고 이러한 상태가 다시는 없다.'라고 알아낸다. 제자들아, 그 행동에 이러한 결과가 있고 그 노력에 이러한 결과가 있는 것이다.

제자들아, 그렇게 오신 붓다께서 어떤 말씀을 한다. 그러면 제자들아, 그렇게 오신 붓다께서는 어떤 말씀을 하더라도 법칙에 맞추어 볼 때 열 가지 경우에서 찬탄받게 되는 것이다."

4. 그렇게 오신 붓다의 찬탄받는 열 가지

20 "제자들아, 중생들은 전(생)에 지은 (업)을 원인으로 하여 즐거움 또는 괴로움을 느낀다라고 가정해 보자. 그렇다면 제자들아, 그렇게 오신 붓다께서는 전(생)에 훌륭한 업을 지었음에 틀림없다. 그러기에 지금 저토록 역류하는 번뇌가 없는 즐거움을 느끼는 것이다.

제자들아, 중생들은 (유일)신의 창조를 원인으로 하여 즐거움

---

19) 제99 단락과 동일함.

또는 괴로움을 느낀다고 가정해 보자. 그렇다면 제자들아, 그렇게 오신 붓다께서는 훌륭한 신에 의한 창조임에 틀림없다. 그러기에 지금 저토록 역류하는 번뇌가 없는 즐거움을 느끼는 것이다.

　제자들아, 중생들은 (물질 요소들의) 결합 성질을 원인으로 하여 즐거움 또는 괴로움을 느낀다고 가정해 보자. 그렇다면 제자들아, 그렇게 오신 붓다께서는 훌륭한 결합에 속해 있음이 틀림없다. 그러기에 지금 저토록 역류하는 번뇌가 없는 즐거움을 느끼는 것이다.

　제자들아, 중생들은 출생을 원인으로 하여 즐거움 또는 괴로움을 느낀다고 가정해 보자. 그렇다면 제자들아, 그렇게 오신 붓다께서는 훌륭한 출생에 속해 있음이 틀림없다. 그러기에 지금 저토록 역류하는 번뇌가 없는 즐거움을 느끼는 것이다.

　제자들아, 중생들은 현재의 우연한 상황을 원인으로 하여 즐거움 또는 괴로움을 느낀다고 가정해 보자. 그렇게 오신 붓다는 현재의 훌륭한 상황에 계심이 틀림없다. 그러기에 지금 저토록 역류하는 번뇌가 없는 즐거움을 느끼는 것이다.

　(그리하여) 제자들아, 중생들은 전(생)에 지은 (업)을 원인으로 하여 즐거움과 괴로움을 느낀다고 가정해도 그렇게 오신 붓다께서는 찬탄받아야 한다. 다시 중생들은 전(생)에 지은 (업)을 원인으로 하여 즐거움과 괴로움을 느끼는 것은 아니라고 가정해도 그렇게 오신 붓다께서는 찬탄받아야 한다. (결국 최상의 즐거움을 느끼므로.)

　그리고 제자들아, 중생들은 (유일)신의 창조를 원인으로 하여 즐거움과 괴로움을 느낀다고 가정해도 그렇게 오신 붓다께서는 찬탄받아야 한다. 다시 중생들은 (유일)신의 창조를 원인으로 하여 즐거움과 괴로움을 느끼는 것은 아니라고 가정해도 그렇게 오신 붓다께서는 찬탄받아야 한다. (결국 최상의 즐거움을 느끼므로.)

그리고 제자들아, 중생들은 (물질 요소들의) 결합 성질을 원인으로 하여 즐거움 또는 괴로움을 느낀다고 가정해도 그렇게 오신 붓다께서는 찬탄받아야 한다. 다시 중생들은 (물질 요소들의) 결합 성질을 원인으로 하여 즐거움 또는 괴로움을 느끼는 것이 아니라고 가정해도 그렇게 오신 붓다께서는 찬탄받아야 한다. (결국 최상의 즐거움을 느끼므로.)

그리고 제자들아, 중생들은 출생을 원인으로 하여 즐거움 또는 괴로움을 느낀다고 가정해도 그렇게 오신 붓다께서는 찬탄받아야 한다. 다시 중생들은 출생을 원인으로 하여 즐거움 또는 괴로움을 느끼는 것이 아니라고 가정해도 그렇게 오신 붓다께서는 찬탄받아야 한다. (결국 최상의 즐거움을 느끼므로.)

끝으로 제자들아, 중생들은 현재의 우연한 상황을 원인으로 하여 즐거움 또는 괴로움을 느낀다고 가정해도 그렇게 오신 붓다께서는 찬탄받아야 한다. 다시 중생들은 현재의 우연한 상황을 원인으로 하여 즐거움 또는 괴로움을 느끼는 것이 아니라고 해도 그렇게 오신 붓다께서는 찬탄받아야 한다. (결국 최상의 즐거움을 누리기 때문이다.)

이와 같이 제자들아, 그렇게 오신 붓다께서 어떤 말씀을 한다. 그러면 제자들아, 그렇게 오신 붓다께서는 어떤 말씀을 하더라도 법칙에 맞추어 볼 때 열 가지 경우에서 찬탄받게 되는 것이다."

21 붓다께서는 이와 같이 설하셨고 마음이 흡족해진 저 제자들은 붓다의 말씀을 듣고 크게 기뻐하였다.

— 6. 데바다하 경 끝 —

7. 나루터 경[1]
종합적인 비판(1)[2]

••••••••••••
1) 증지니카야(增支尼柯耶, Aṅguttara-Nikāya) 제1권 제3집 제7품 제1경(Titthā-yatana-Sutta;度處經);A.N.I, p.160~164(N.D.P);p.173~177(P.T.S)
   이 경의 한역 대응경은 中阿含 제13경 度經이다〔大正藏1, p.435上~〕.
2) 붓다 당시의 종교적 진리주장에 대하여 종합적인 비판을 시행하고 있는 경이다. 종합적인 비판을 시행하는 경 중에서도 이 경은 가장 간단한 요약 형태를 보여준다. 즉, 기존의 사상을 단 세 가지로 요약 정리하고 있는 것이다. 숙명론(宿命論), 유신론(唯神論), 우연론(偶然論)의 셋으로 분류 정리한 것이 그것이다. 이것은 다음 제8『범망경』이 가장 자세한 62가지로 당시 사상을 분류한 것과 대조적이다.
   여기서 숙명론은 앞의 제6『데바다하경』과 관계 깊고 우연론은 제5『사문과경』의 외도사상과 관련이 깊다. 아울러 유신론은 제4『삼명경』과 제3『범천청불경』에서 깊은 연관을 볼 수 있다. 따라서 각 사상은 각각의 경에서 나름대로 비판되고 대안이 제시되었다. 그러던 것이 이 제7『나루터경』에서는 종합되어 그 모든 사상에 공통되는 문제점이 지적되고 있어 주의를 모을 만하다. 그것은 곧 죄악과 의지의 문제이다.
   유신론을 예를 들면, 모든 것이 유일신의 뜻에 의해 창조된 것이라면, 사람이 죄를 지었을 때 그 죄의 책임을 누구에게 물을 것인가가 문제로 지적된다. 죄악의 저지름도 신의 뜻으로 창조된 것이라고 봐야 하겠기에 그러하다.〔3〕단락 참조. 또 의지가 인간에게 존재하는 것은 더 이상하다. 모든 것이 신의 뜻대로 창조되었다면 그 길을 결정적으로 가면 되지 선택의 의지가 있음은 도저히 납득되지 않는 것이다.〔4〕단락 참조.

1 (이와 같이 내가 들었다. 한때에 붓다께서는 사밧티 시에 이르러 제타 바나 숲에 있는 아나타핀티카 장자의 정원에서 지내셨다. 그곳에서 붓다께서는 "제자들아."라고 하시며 제자들을 부르셨다. "예, 붓다시여."라고 하며 제자들은 붓다께 답하였다. 붓다께서는 말씀하셨다.)[3]

"제자들아, (고통의 강을 건너게 하는 종교적) 나루터들은 (모두) 세 가지에 포섭된다. 그 나루터들은 슬기로운 자들이 서로 따져 보고 의논하고 토론한 (끝에 시설한 것이므로) 다른 사람들에게도 가(르쳐) 보지만 (종교적으로) 어떤 쓰임새도 없는 것이 되고 만다.[4] 셋이란 어떤 것들인가.

제자들아, 어떤 수행자나 사제들은 다음과 같이 보고 말한다. '어떤 사람이든지 그들이 느끼는 바, 즐거움 또는 괴로움 또는 즐거움도 괴로움도 아닌 느낌들은 모두가 전(생)에 지은 (업)을 원인으로 한다.'라고. 제자들아, 또 어떤 수행자나 사제들은 다음과 같이 보고 말한다. '어떤 사람이든지 그들이 느끼는 바 즐거움 또는 괴로움 또는 즐거움도 괴로움도 아닌 느낌들은 모두가 (유

• • • • • • • • • • • • •

3) 원문에는 이러한 序分이 존재하지 않는다. 그러나 漢譯中阿含(大正藏, p.435上)에 "如是我聞 一時 佛 遊舍衛國 在勝林給孤獨園 爾時 世尊 告諸比丘"로 설해져 있어 이를 바탕으로 복원했다.
4) '다른 사람들에게도 가(르쳐) 보지만 (종교적으로) 어떤 쓰임새도 없는 것이 되고 만다.' 이 대목의 원문은 'paraṁ pi gantvā akiriyāya saṇṭhahanti'이다. 이 원문의 해석은 다소 까다롭다. F.L. Woodward의 영역본 (P.T.S의 Gradual Sayings Vol Ⅰ. p.157) 註와 함께 '…persist in a traditional doctrine of inaction'의 번역을 내놓고 있다.
이에 대해 漢譯文에는 '而爲他說 然不獲利'로 옮겨져 있다. 상호간에 꽤 큰 차이를 직감할 수 있을 것이다. 본 번역에서는 한역문에 보다 큰 비중을 두어 번역하였다.

일)신의 창조를 원인으로 한다.'라고. 끝으로 제자들아, 어떤 수행자나 사제들은 다음과 같이 보고 말한다. '어떤 사람이든지 그들이 느끼는 바, 즐거움 또는 괴로움 또는 즐거움도 괴로움도 아닌 느낌들은 모두가 원인도 연고도 없는 것이다.'라고.

2 제자들아, (먼저) 나는 '어떤 사람이든지 (…) 느낌들은 모두가 전(생)에 지은 (업)을 원인으로 한다.'라고 보고 말하는 수행자 또는 사제들에게 가서 말하였다. '여러분, 그대들은 진실로 어떤 사람이든지 그들이 느끼는 바, 즐거움 또는 괴로움 또는 즐거움도 괴로움도 아닌 느낌들은 모두가 전(생)에 지은 (업)을 원인으로 한다라고 보고 말하는 것이오.'

3 나의 질문을 받은 그들은 '그렇습니다.'라고 긍정하였다. 그래서 나는 그들에게 말하였다. '그렇다면 그대들은 살생자가 된다 하더라도, (그것은) 전(생)에 지은 (업)이 원인이다. 또 도둑이 된다 하더라도, (그것도) 전(생)에 지은 (업)이 원인이다. 또 청정하지 못한 짓을 하는 자가 된다 하더라도, (그것도) 전(생)에 지은 (업)이 원인이다. 또 거짓말쟁이가 된다 하더라도, (그것도) 전(생)에 지은 (업)이 원인이다. 또 험담을 하는 자가 된다 하더라도, (그것도) 전(생)에 지은 (업)이 원인이다. 또 거친 욕을 하는 자가 된다 하더라도, (그것도) 전(생)에 지은 (업)이 원인이다. 또 쓸데없는 말을 하는 자가 된다 하더라도, (그것도) 전(생)에 지은 (업)이 원인이다. 또 욕심쟁이가 된다 하더라도, (그것도) 전(생)에 지은 업이 원인이다. 또 악독한 사람이 된다 하더라도, (그것도) 전(생)에 지은 업이 원인이다. 끝으로 사악한 견해를 지닌 자가 된다 하더라도, (그것도) 전(생)에 지은 업이 원인일 것이다.'라고.

4 그리고 제자들아, 전(생)에 지은 (업)을 견실하다고 집착하는 자에게는 '이것은 해야 한다.' '이것은 해서는 안 된다.'와 같은 의욕도 없을 것이며 정진도 없을 것이다. 이와 같이 해야 할 것과 해서는 안 될 것을 진실되고 참되게 파악할 수 없다면, 그런 자는 기억은 흐려져 있고 (감관은) 지켜지지 않은 상태로 지내는 자이다. 따라서 어떤 경우에도 법도에 맞추어 볼 때 수행자라고 주장할 수 없는 자이다. 제자들아, 이것이 이상과 같이 보고 말하는 수행자나 사제들에 대한 법도에 맞는 첫번째 비판이다.

제자들아, (다음으로) 나는 '어떤 사람이든지 (…) 느낌들은 모두가 (유일)신의 창조를 원인으로 한다.'라고 보고 말하는 수행자 또는 사제들에게 가서 말하였다. '여러분, 그대들은 진실로 ─ 어떤 사람이든지 그들이 느끼는 바, 즐거움 또는 괴로움 또는 즐거움도 괴로움도 아닌 느낌들은 모두가 (유일)신의 창조를 원인으로 한다 ─ 라고 보고 말하는 것이오.'

나의 질문을 받은 그들은 '그렇습니다.'라고 긍정하였다. 그래서 나는 그들에게 말하였다. '그렇다면 그대들은 살생자가 된다 하더라도 (그것은) (유일)신의 창조가 원인이다. 또 도둑이 된다 하더라도 (그것도) (유일)신의 창조가 원인이다. (……) 끝으로 사악한 견해를 지닌 자가 된다 하더라도, (그것도) (유일)신의 창조가 원인일 것이다.'라고.

그리고 제자들아, (유일)신의 창조를 견실하다고 집착하는 자에게는 '이것은 해야 한다.' '이것은 해서는 안 된다.'와 같은 의욕도 없을 것이며 정진도 없을 것이다. 이와 같이 해야 할 것과 해서는 안 될 것을 진실되고 참되게 파악할 수 없다면 그런 자는 기억은 흐려져 있고 (감관은) 지켜지지 않은 상태로 지내는 자이다. 따라서 어떤 경우에도 법도에 맞추어 볼 때 수행자라고 주장할 수 없는 자이다. 제자들아, 이것이 이상과 같이 보고 말하는 수행자나 사제들에 대한 법도에 맞는 두번째 비판이다.

제자들아, (끝으로) 나는 '어떤 사람이든지 (……) 느낌들은 모두가 원인도 없고 연고도 없는 것이다.'라고 보고 말하는 수행자나 사제들에게 가서 말하였다. '여러분, 그대들은 진실로 — 어떤 사람이든지 그들이 느끼는 바, 즐거움 또는 괴로움 또는 즐거움도 괴로움도 아닌 느낌들은 모두가 원인도 없고 연고도 없는 것이다. — 라고 보고 말하는 것이오.'

나의 질문을 받은 그들은 '그렇습니다.'라고 긍정하였다. 그래서 나는 그들에게 말하였다. '그렇다면 그대들은 살생자가 된다 하더라도 (그것은) 원인도 없고 연고도 없다. 또 도둑이 된다 하더라도 (그것도) 원인도 없고 연고도 없다.……끝으로 사악한 견해를 지닌 자가 된다 하더라도 (그것도) 원인도 없고 연고도 없을 것이다.'라고.

그리고 제자들아, 원인도 없고 연고도 없다라고 집착하는 자에게는 '이것은 해야 한다.' '이것은 해서는 안 된다.'와 같은 의욕도 없을 것이며 정진도 없을 것이다. 이와 같이 해야 할 것과 해서는 안 될 것을 진실되고 참되게 파악할 수 없다면, 그런 자는 기억은 흐려져 있고 (감관은) 지켜지지 않은 상태로 지내는 자이다. 따라서 어떤 경우에도 법도에 맞추어 볼 때 수행자라고 주장할 수 없는 자이다. 제자들아, 이것이 이상과 같이 보고 말하는 수행자나 사제들에 대한 법도에 맞는 세번째 비판이다.

제자들아, (고통의 강을 건너게 하는 종교적) 나루터들은 (모두 바로) 이 세 가지에 포섭되는 것이다. 이 나루터들은 슬기로운 자들이 서로 따져 보고 의논하고 토론한 (끝에 시설한 것으로) 다른 사람에게도 가(르쳐) 보지만 (종교적)으로 어떤 쓰임새도 없는 것이 되고 마는 것이다.

그러나 제자들아, 내가 설한 법이 있으니 그 법들은 어떤 유식한 수행자나 사제들도 비판할 수 없고, 더럽힐 수 없고, 탓할 수 없고, 비난할 수 없는 것이다. 그러면 제자들아, 어떠한 법이 내가 설한 것으로서 어떤 유식한 수행자나 사제들도 비판할 수 없고, 더럽힐 수 없고, 탓할 수 없고, 비난할 수 없는 것인가.

제자들아, 여섯 계층이 있으니 내가 설한 법으로서 어떤 유식한 수행자나 사제들도 비판할 수 없고, 더럽힐 수 없고, 탓할 수 없고, 비난할 수도 없는 것이다. 또한 제자들아, 여섯 부딪침의 포섭처가 있으니 (역시) 내가 설한 법으로서 어떤 유식한 수행자나 사제들도 비판할 수 없고, 더럽힐 수 없고, 탓할 수 없고, 비난할 수 없는 것이다. 또한 제자들아, 열여덟 가지 마음으로 담담히 행하는 (수행)이 있으니 (역시) 내가 설한 법으로서 어떤 유식한 수행자나 사제들도 비판할 수 없고, 더럽힐 수 없고, 탓할 수 없고, 비난할 수 없는 것이다.

또한 제자들아, 네 가지 거룩한 진리가 있으니 내가 설한 법으로서 어떤 유식한 수행자나 사제들도 비판할 수 없고 더럽힐 수 없고, 탓할 수 없고, 비난할 수 없는 것이다.[5]

━━━━━━━━━━
5) 제6 『데바다하경』이나 제5 『사문과경』에서는, 다른 종교사상의 비판 이후에 제시되는 붓다의 대안이 수행을 통한 깨달음이었다. 그리고 수행의 과정을 집중적으로 자세히 소개하였다. 이에 비해 이 경과 다음의 제8 『범망경』에서는, 수행의 과정 보다는

제자들아, '여섯 계층이 있으니 내가 설한 법으로서 어떤 유식한 수행자나 사제들도 비판할 수 없고, 더럽힐 수 없고, 탓할 수 없고, 비난할 수 없는 것이다.'라고 내가 말하였거니와, 무엇에 입각하여 그렇게 말한 것인가. 제자들아, 여섯 계층이란 땅의 계층, 물의 계층, 불의 계층, 바람의 계층, 허공의 계층, 그리고 식별의 계층을 말한다. 따라서 제자들아, '여섯 계층이 있으니 내가 설한 법으로서 어떤 유식한 수행자나 사제들도 비판할 수 없고, 더럽힐 수 없고, 탓할 수 없고, 비난할 수 없다.'라고 내가 말하였거니와, (바로) 이것에 입각하여 그렇게 말한 것이다.

제자들아, '여섯 부딪침의 포섭처가 있으니 내가 설한 법으로서 어떤 유식한 수행자나 사제들도 비판할 수 없고, 더럽힐 수 없고, 탓할 수 없고 비난할 수 없다.'고 내가 말하였거니와, 무엇에 입각하여 그렇게 말한 것인가. 제자들아, 여섯 부딪침의 포섭처란 눈의 부딪침의 포섭처, 귀의 부딪침의 포섭처, 코의 부딪침의 포섭처, 혀의 부딪침의 포섭처, 몸의 부딪침의 포섭처, 그리고 의지의 부딪침의 포섭처를 말한다. 따라서 제자들아, '여섯 부딪침의 포섭처가 있으니 내가 설한 법으로서 어떤 유식한 수행자나 사제들도 비판할 수 없고, 더럽힐 수 없고, 탓할 수 없고, 비난할

오히려 깨달음의 내용 그 자체에 중점을 두어 소개한다. 여기서는 六界, 六觸入處, 十八意近行, 四諦와 같은 교설이 설해지거니와 그것은 깨달음의 내용에 속하는 것들이기 때문이다. 특히 四諦의 集諦와 滅諦는 十二緣起說의 順逆觀으로 설해지거니와, 十二緣起說은 붓다의 깨달음의 내용인 것이다.
아울러 六觸入處(여섯 부딪침의 포섭처)에 대한 언급을 주의할 만하다. 그것은 다음의 제8 「범망경」에서도 결정적인 역할을 하기 때문이다. 이 또한 十二緣起說을 전제로 하는 교설이므로 의미 연관이 깊다할 것이다.

수 없다.'라고 내가 말하였거니와, (바로) 이것에 입각하여 그렇게 말한 것이다.

제자들아, '열 여덟 가지 마음으로 담담히 행하는 (수행)이 있으니 내가 설한 법으로서 어떤 유식한 수행자나 사제들도 비판할 수 없고, 더럽힐 수 없고, 탓할 수 없고, 비난할 수 없다.'라고 내가 말하였거니와, 무엇에 입각하여 그렇게 말한 것인가. (제자들아,) 눈으로 색을 보되 안심할 만한 색에 대해서도 담담히 행하고 근심할 만한 색에 대해서도 담담히 행하고, 담담히 바라볼 만한 색에 대해서도 담담히 행해야 한다. 귀로 소리를 듣되……. 코로 냄새를 맡되……. 혀로 맛을 보되……. 몸으로 촉감을 느끼되……. 의지로 법을 식별하되, 안심할 만한 법에 대해서도 담담히 행하고, 근심할 만한 법에 대해서도 담담히 행하고, 담담히 바라볼 만한 법에 대해서도 담담히 행해야 한다. 따라서 제자들아, '열여덟 가지 마음으로 담담히 행하는 (수행)이 있으니 내가 설한 법으로서 어떤 유식한 수행자나 사제들도 비판할 수 없고, 더럽힐 수 없고, 탓할 수 없고, 비난할 수 없다.'라고 내가 말하였거니와, 이것에 입각하여 그렇게 말한 것이다.

제자들아, '네 가지 거룩한 진리가 있으니 내가 설한 법으로서 어떤 유식한 수행자나 사제들도 비판할 수 없고, 더럽힐 수 없고, 탓할 수 없고, 비난할 수 없다.'라고 내가 말하였거니와, 무엇에 입각하여 그렇게 말한 것인가. 제자들아, 여섯 가지 계층을 취하여 모태에 들게 된다. 모태에 든 뒤에 이름과 색이 있다. 이름과 색을 기대어 여섯 포섭처가 있다. 여섯 포섭처에 기대어 부딪침이 있다. 부딪침에 기대어 느낌이 있다. 제자들아, 나는 느낌을 느끼는 자에 대하여 '이것이 괴로움이다.'라고 설정하고, '이것이 괴로움의 집기이다.'라고 설정하고, '이것이 괴로움의 멸진이다.' 라고 설정하고, '이것이 괴로움의 멸진에 이르는 길이다.'라고 설정한다.

제자들아, 괴로움이라는 거룩한 진리는 무엇인가. 태어남도 괴로움이고, 늙음도 괴로움이고, 병듦도 괴로움이고, 죽음도 괴로움이다. 슬픔·눈물·괴로움·근심·번민도 괴로움이고 미워하는 자와 만나는 것도 괴로움이다. 사랑하는 자와 헤어지는 것도 괴로움이고, 원하는 것을 얻지 못하는 것도 괴로움이다. 요약하면 다섯 가지 취착된 근간들이 괴로움이다. 제자들아, 이것이 괴로움의 거룩한 진리이다.

그리고 제자들아, 괴로움의 집기라는 거룩한 진리는 무엇인가. 밝힘 아닌 것을 기대어 결합이 있다. 결합을 기대어 식별이 있다. 식별을 기대어 이름과 색이 있다. 이름과 색을 기대어 여섯 포섭처가 있다. 여섯 포섭처를 기대어 부딪침이 있다. 부딪침을 기대어 느낌이 있다. 느낌을 기대어 갈애가 있다. 갈애를 기대어 취착함이 있다. 취착함을 기대어 됨이 있다. 됨을 기대어 태어남이 있다. 태어남을 기대어 늙음과 죽음 (그리고) 슬픔·눈물·괴로움·근심·번민이 함께 나타난다. 이와 같이 하여 온통 괴롭기만 한 괴로움의 근간이 집기하게 된다. 제자들아, 이것이 괴로움의 집기라는 거룩한 진리이다.

그리고 제자들아, 괴로움의 멸진이라는 거룩한 진리는 무엇인가. 바른 밝힘 아닌 것에 대하여 남음없이 탐착을 떠나 (밝힘 아닌 것을) 멸하게 되면 결합이 멸한다. 결합이 멸하면 식별이 멸한다. 식별이 멸하면 이름과 색이 멸한다. 이름과 색이 멸하면 여섯 포섭처가 멸한다. 여섯 포섭처가 멸하면 부딪침이 멸한다. 부딪침이 멸하면 느낌이 멸한다. 느낌이 멸하면 갈애가 멸한다. 갈애가 멸하면 취착함이 멸한다. 취착함이 멸하면 됨이 멸한다. 됨이 멸하면 태어남이 멸한다. 태어남이 멸하면 늙음과 죽음 (그리고) 슬픔·눈물·괴로움·근심·번민이 (함께) 멸한다. 이와 같이 하여 온통 괴롭기만한 괴로움의 근간이 멸하게 된다. 제자들아, 이것이 괴로움의 멸진이라는 거룩한 진리이다.

끝으로 제자들아, 괴로움의 멸진에 이르는 길이라는 거룩한 진리는 무엇인가. 바로 여덟 가지 거룩한 길이 있으니 곧 바른 견해, 바른 사유, 바른 언어, 바른 직업, 바른 생활, 바른 정진, 바른 기억, 바른 삼매가 그것이다. 제자들아, 이것이 괴로움의 멸진에 이르는 길이라는 거룩한 진리이다.

제자들아, '네 가지 거룩한 진리가 있으니 내가 설한 법으로서 어떤 유식한 수행자나 사제들도 비판할 수 없고, 더럽힐 수 없고, 탓할 수 없고, 비난할 수 없다.'라고 내가 말하였거니와, 이것에 입각하여 그렇게 말한 것이다."

(붓다께서는 이와 같이 설하셨다. 마음이 흡족해진 저 제자들은 붓다의 말씀을 듣고 크게 기뻐하였다.)

— 7. 나루터 경 끝 —

8. 범망경[1]
종합적인 비판(2) [2]

1. 방랑 종교인 수피야의 이야기

1 이와 같이 내가 들었다. 한때에 붓다께서는 500명 가량의 제자들로 이루어진 커다란 제자 승단과 함께 라자가하와 날란다 사이에 있는 큰 길을 지나고 있었다.

(이때) 방랑 종교인 수피야도 브라흐마닷타라는 청년 제자와 함께 라자가하와 날란다 사이에 있는 큰 길을 지나고 있었다.

- - - - - - - - - - - - - - -
1) 장니카야(Dīgha-Nikāya) 제1권 제1경(Brahmajāla-Sutta)〔D.N.I, p.3~40 (N.D.P);p.1~46(P.T.S)〕이에 대한 漢譯의 대응경으로는 長阿含 21經 梵動經〔大正藏1, p.88中~94上과 支謙譯의 梵網六十二見經〔大正藏1, p.264~〕이 있다. 그리고 서장역 대장경에도 Tshaṅs-paḥi Dra-baḥi mDo〔Ke.72b⁸~88b⁸〕의 경이 있다.
2) 가장 포괄적이고 종합적으로 당시 종교들의 진리주장에 대해 다루고 있다. 총 62가지로 분류·정리하고 있는데 이중에서도 전반부인 과거의 18가지 견해가 주목할 만하다.

그런데 방랑 종교인 수피야는 여러 가지로 붓다를 헐뜯고, 법을 헐뜯고, 승단을 헐뜯었다. (이에 반해) 방랑 종교인 수피야의 청년 제자인 브라흐마닷타는 여러 가지로 붓다를 찬미하고, 법을 찬미하고, 승단을 찬미하였다. 이와 같이 그 두 스승과 제자는 서로 정반대의 말을 하며 붓다와 제자 승단을 한 걸음 한 걸음 뒤따라가고 있었던 것이다.

2 (시간이 흘러) 붓다께서는 제자 승단과 함께 암바랏티카의 동산에 있는 왕의 객사에서 하룻밤을 묵으셨다. 그리고 방랑 종교인 수피야도 청년 제자 브라흐마닷타와 함께 암바랏티카 동산에 있는 왕의 객사에서 하룻밤을 묵게 되었다. 그런데 그때까지도 방랑 종교인 수피야는 여러 가지로 붓다를 헐뜯고, 법을 헐뜯고, 승단을 헐뜯었으며, 방랑 종교인 수피야의 청년 제자 브라흐마닷타는 여러 가지로 붓다를 찬미하고, 법을 찬미하고, 승단을 찬미하고 있었다. 이와 같이 그 두 스승과 제자는 서로 정반대의 말을 하며 머물고 있었던 것이다.

3 (다음날) 새벽이 되어 많은 제자들이 일어나서 둥근 진흙집에 함께 모여 앉았다. 그런데 그들에게는 다음과 같은 생각거리가 떠올랐다.

'놀라운 일입니다. 벗들이여, 일찍이 없었던 일입니다. 벗들이여, 저 (모든 것을) 알고 보며·동등하며·바르고 원만하게 깨달으신 붓다께서 중생들의 여러 성향을 잘 파악하고 있다는 사실이 말입니다. 실로 이 방랑 종교인 수피야는 여러 가지로 붓다를 헐뜯고, 법을 헐뜯고, 승단을 헐뜯고 있습니다. 그리고 방랑 종교인 수피야의 청년 제자 브라흐마닷타는 여러 가지로 붓다를 찬미하고, 법을 찬미하고, 승단을 찬미하고 있습니다. 이와 같이 이 두

스승과 제자는 서로 정반대의 말을 하며 붓다와 제자 승단을 한 걸음 한 걸음 뒤따르고 있었던 것입니다.'

4 그때 붓다께서는 저 제자들의 이러한 생각거리를 아시고는 둥근 진흙집으로 가셨다. 가셔서는 준비된 자리에 앉으셨다. 앉으신 후 붓다께서는 제자들에게 말씀하셨다.

"제자들아, 여기 모여 앉아 어떤 이야기를 하고 있었느냐. 너희들 사이에 어떤 이야기가 진행 중이었느냐."

이렇게 말씀하셨을 때 그 제자들은 붓다께 다음과 같이 말씀드렸다.

"붓다시여, 여기 있는 저희들은 새벽이 되어 일어나서 둥근 진흙집에 함께 모여 앉았습니다. 그러한 저희에게는 다음과 같은 생각거리가 떠올랐습니다. '놀라운 일입니다. 벗들이여, 일찍이 없었던 일입니다. 벗들이여, 저 (모든 것을) 알고 보며·동등하며·바르고 원만하게 깨달으신 붓다께서는 중생들의 여러 가지 성향을 잘 파악하고 있다는 사실이 말입니다. 이 방랑 종교인 수피야는 여러 가지로 붓다를 헐뜯고, 법을 헐뜯고, 승단을 헐뜯습니다. 그리고 방랑 종교인 수피야의 청년 제자 브라흐마닷타는 여러 가지로 붓다를 찬미하고, 법을 찬미하고, 승단을 찬미하고 있습니다. 이와 같이 이 두 스승과 제자는 서로 정반대되는 말을 하며 붓다와 제자 승단을 한 걸음 한 걸음씩 뒤따르고 있는 것입니다.' 붓다시여, 저희들 사이에는 이러한 이야기가 진행 중이었으며 마침 붓다께서 오셨습니다."

5 "제자들아, 다른 사람들이 나를 헐뜯고, 법을 헐뜯고, 승단을 헐뜯는다고 하더라도, 그때 너희들에게는 적대감이 있어서도 안 되고 불평이 있어서도 안 되고 마음에 불쾌함이 있어서도 안 된

다. 제자들아, 다른 사람들이 나를 헐뜯고, 법을 헐뜯고, 승단을 헐뜯는다고 하여, 그때 만약 너희들이 뜻을 잡지 못하고 흔들린다면 그것은 너희들에게 장애가 된다.

제자들아, 다른 사람들이 나를 헐뜯고, 법을 헐뜯고, 승단을 헐뜯는다고 하여, 그때 만약 너희들이 뜻을 잡지 못하고 흔들린다면 실로 너희는 다른 사람들의 이야기가 잘되었는지 잘못되었는지를 바로 알 수 있겠느냐.”

“못하옵니다. 붓다시여.”

“제자들아, 다른 사람들이 나를 헐뜯고, 법을 헐뜯고, 승단을 헐뜯는다면, 그때 너희는 사실이 아닌 것을 사실이 아니라고 해명해주기만 하면 된다. 즉 '이러한 이유로 이것은 사실이 아니다. 이러한 이유로 이것은 그렇지 않다. 우리에게 이러한 것은 없다. 이것은 우리에게서 볼 수 없는 것이다.'라고 해명해 주면 되는 것이다.

6 그리고 제자들아, 다른 사람들이 나를 찬미하고, 법을 찬미하고, 승단을 찬미하더라도 그때 너희는 기뻐해서도 안 되고, 안심해서도 안 되고 마음으로 고양되어서도 안 된다. 제자들아, 다른 사람들이 나를 찬미하고, 법을 찬미하고, 승단을 찬미한다고 하여 그때 만약 너희들이 기뻐하거나 안심하거나 고양된다면 그것은 너희에게 장애가 된다.

제자들아, 다른 사람들이 나를 찬미하고 법을 찬미하고 승단을 찬미한다면 그때 너희들은 사실을 사실이라고 (구체적으로) 인정해 주기만 하면 되는 것이다. 즉 '이러한 이유로 이것은 사실이다. 이러한 이유로 이것은 그렇다. 이것은 우리에게 있는 것이다. 이것은 우리에게서 볼 수 있는 것이다.'라고 인정해주면 되는 것이다.³⁾"

2. 계율

(1) 짧은 계율

7 "제자들아, 범부들은 작고 낮은 계율 정도에 입각하여 그렇게 오신 붓다를 찬미하고 있을 뿐이다.⁴⁾

　제자들아, 무엇 때문에 범부는 작고 낮은 계율 정도에 입각하여 그렇게 오신 붓다를 찬미할 뿐이라고 말할 수 있는가.

8　'수행자 고타마는 살생하는 것을 버리어 살생을 멀리하고 있으니, 매를 놓았고 칼을 놓았고 조심성이 있고 친절한 자이다. 그리고 모든 생명있는 존재의 이익을 (꾀하고 그 존재를) 동정하

●●●●●●●●●●●●●

3) 종교적인 진리주장은 궁극적인 성격을 띠므로 자칫하면 맹목적인 것으로 흐르기 쉽다. 일단 맹목적으로 어떤 주장을 지지하거나 비방하기 시작하면 그것에서 종교적인 분쟁까지 야기된다. 고타마 붓다는 그러한 상황 속에서 일체의 감정 개입을 허용하지 않고 있다. 종교적 진리에 대한 주장이나 논의일수록 더욱더 냉철하고 진지하고 합리적인 마음가짐으로 차근차근 사실을 따져나가야 한다는 자세를 보여주고 있는 것이다.

4) 보통의 경우 붓다뿐만 아니라 성인이라고 불리는 자들을 존경할 때는, 그들의 몸으로 보여준 행적에 입각하는 경우가 많다. 그러한 행적이 여기서는 계율의 실천으로 표현된다. 이러한 계율의 실천도 역시 중요하다. 그러나 붓다에게 있어 그 위대함의 근거는 겉으로 드러난 계율의 실천보다는 내면적인 깨달음의 세계이다. 그런데 붓다의 깨달음 속에 다른 종교사상에 대한 정리와 평가 및 근거에 대한 이해도 들어있음은 이 채롭다. 즉 어떤 종교사상은 이러 이러한 한 과정을 거쳐서 발생하게 되었음을 62견의 소개 속에서 보여주거니와 확실히 다른 종교사상까지도 명확히 파악하고 있음은 일종의 깨달음의 경지라고 하지 않을 수 없다.

며 살아간다.' 이렇게 (생각하여) 제자들아, 범부들은 그렇게 오신 붓다를 찬미하고 있을 뿐이다.

또는 '수행자 고타마는 훔치는 것을 버리어 훔치는 것을 멀리하고 있으니, 주어진 것만을 받고 주어진 것만을 기대하고 정직하고 깨끗하게 자력으로 살아간다.' 이렇게 (생각하여) 제자들아, 범부들은 그렇게 오신 붓다를 찬미하고 있을 뿐이다.

또는 '수행자 고타마는 음욕행을 버린 청정한 수행자이니, 음행으로부터 떨어져 수행하고 멀어져 있다.' 이렇게 (생각하여) 제자들아, 범부들은 그렇게 오신 붓다를 찬미하고 있을 뿐이다.

9 또는 '수행자 고타마는 거짓말을 버리어 거짓말을 멀리하고 있으니, 진실을 말하고 진실과 함께 하고, 확고하고 기댈 만하고 세상을 속이지 않는다.' 이렇게 (생각하여) 제자들아, 범부들은 그렇게 오신 붓다를 찬미하고 있을 뿐이다.

또는 '수행자 고타마는 험담을 버리어, 험담을 멀리하고 있으니, 이쪽에서 듣고 이쪽 사람과 헤어지도록 저쪽에다 말하지는 않으며, 저쪽에서 듣고 저쪽 사람과 헤어지도록 이쪽에다 말하지는 않는다. 이처럼 (오히려) 헤어진 자들을 모이게 하고, 모인 자들은 북돋우고 있으니 화합을 즐기고, 화합을 즐거워하고, 화합을 기뻐하여 화합시킬 수 있는 말을 하는 자이다.' 이렇게 (생각하여) 제자들아, 범부들은 그렇게 오신 붓다를 찬미할 뿐이다.

또는 '수행자 고타마는 거친 말을 버리어 거친 말을 멀리하고 있으니, 때를 맞추어 말하고, 있었던 것을 말하고, 이익되는 말을 하고, 법을 말하고, 계율을 말한다. 그리고 아량있고 합리적이고 한계가 분명하고 의미를 갖춘 말을 때에 맞추어 말하는 자이다.' 이렇게 (생각하여) 제자들아, 범부들은 그렇게 오신 붓다를 찬미할 뿐이다.

10   또는 '수행자 고타마는 여러 가지 씨앗들과 초목들을 해치는 일을 멀리하고 있다.' 이렇게 (생각하여) 제자들아, …. 또는 '수행자 고타마는 하루 한 끼를 먹으니, 밤에는 먹지 않고, 때 아닌 때 먹는 것도 멀리한다.' 이렇게 생각하여…. 또는 '수행자 고타마는 무용, 노래, 주악(奏樂) 연주 등의 구경거리를 멀리하고 있다.' 이렇게 (생각하여)…. 또는 '수행자 고타마는 화환을 쓰고, 향으로 치장하고, 화장품으로 장식하는 것을 멀리하고 있다.' 이렇게 (생각하여)…. 또는 '수행자 고타마는 높고 큰 잠자리를 멀리하고 있다.' 이렇게 (생각하여)…. 또는 '수행자 고타마는 금과 은을 받는 일을 멀리하고 있다.' 이렇게 (생각하여)….

또는 '수행자 고타마는 날 곡식 받는 일을 멀리하고 있다.' 이렇게 (생각하여)…. 또는 '수행자 고타마는 여인과 소녀를 받는 일을 멀리하고 있다.' 이렇게 (생각하여)…. 또는 '수행자 고타마는 남녀 노비를 받는 일을 멀리하고 있다.' 이렇게 (생각하여)…. 또는 '수행자 고타마는 염소와 양을 받는 일을 멀리하고 있다.' 이렇게 (생각하여)…. 또는 '수행자 고타마는 닭과 돼지를 받는 일을 멀리하고 있다.' 이렇게 (생각하여)…. 또는 '수행자 고타마는 코끼리와 소와 숫말과 암말을 받는 일을 멀리하고 있다.' 이렇게 (생각하여)…. 또는 '수행자 고타마는 중개인이나 심부름꾼으로서의 역할을 멀리하고 있다.' 이렇게 (생각하여)…. 또는 '수행자 고타마는 사고 파는 일을 멀리하고 있다.' 이렇게 (생각하여)…. 또는 '수행자 고타마는 가짜 저울을 사용하고 돈을 위조하고 칫수를 속이는 일을 멀리하고 있다.' 이렇게 (생각하여)…. 또는 '수행자 고타마는 속이고 기만하고 사기치는 등의 부정한 짓을 멀리하고 있다.' 이렇게 (생각하여)…. 또는 '수행자 고타마는 상처를 입히고 살인을 하고 구속하고 강도짓을 하고 강탈하고 폭력을 행사하는 등의 짓을 멀리하고 있다.'

이렇게 (생각하여) 제자들아, 범부들은 그렇게 오신 붓다를 찬미하고 있을 뿐이다. —짧은 계율 끝—

⑵ 가운데 계율

11 또는 '어떤 수행자나 사제들은 (신자들이) 믿음으로 보시한 음식 등을 먹고서도 다음과 같이 여러 가지 종자들과 초목들을 해치고 있다. 곧 뿌리로 번식하는 초목, 줄기로 번식하는 초목, 마디로 번식하는 초목, 가지로 번식하는 초목, 다섯째 종자로 번식하는 초목 등을 해치고 있다. 그런데 수행자 고타마는 이러한 종자들과 초목들을 해치는 일을 멀리하고 있는 것이다.' 이렇게 (생각하여) 제자들아, 범부들은 그렇게 오신 붓다를 찬미하고 있을 뿐이다.

12 또는 '어떤 수행자나 사제들은 (신자들이) 믿음으로 보시한 음식 등을 먹고서도 다음과 같이 모으는 일을 즐기고 있다. 곧 음식을 모으고, 마실 것을 모으고, 옷을 모으고, 수레를 모으고, 잠자리를 모으고, 향을 모으고, 재물을 모으며 살고 있다. 그런데 수행자 고타마는 이러한 것을 모으며 즐기는 것을 멀리하고 있는 것이다.' 이렇게 (생각하여) 제자들아, 범부들은 그렇게 오신 붓다를 찬미하고 있을 뿐이다.

13 또는 '어떤 수행자나 사제들은 (신자들이) 믿음으로 보시한 음식 등을 먹고서도 다음과 같은 것을 구경하러 다닌다. 곧 무용, 노래, 연주, 연극, 낭송, 박수소리놀이, 명발(鳴鉢)놀이, 북치기

기술(奇術)놀이, 쇠공놀이, 죽봉(竹棒)놀이, 곡예, 코끼리싸움, 말싸움, 물소싸움, 황소싸움, 염소싸움, 숫양싸움, 닭싸움, 메추리 싸움, 막대기싸움, 권투, 레슬링, 모의 전투, 군대의 행진, 군대의 집합, 열병(閱兵) 등을 구경하러 다닌다. 그런데 수행자 고타마는 이러한 구경거리를 멀리하고 있는 것이다.' 이렇게 (생각하여) 제자들아, 범부들은 그렇게 오신 붓다를 찬미하고 있을 뿐이다.

14 또는 '어떤 수행자나 사제들은 (신자들이) 믿음으로 보시한 음식 등을 먹고서도 다음과 같은 도박장에 다니고 있다. 곧 팔목(八目) 장기, 십목(十目) 장기, 눈가림 장기, 돌차기, 동전 쌓기, 주사위, 자치기, 맨손으로 그림 그리기, 공으로 하는 도박, 풀피리 불기, 쟁기질로 하는 도박, 재주 넘기, 야자잎 풍차 돌리기, 저울 맞히기, 작은 수레로 하는 도박, 작은 활로 하는 도박, 글자 맞히기, 생각 맞히기, 흉내내기 등의 도박장에 다니고 있다. 그런데 수행자 고타마는 이러한 도박장을 멀리하고 있는 것이다.' 이렇게 (생각하여) 제자들아, 범부들은 그렇게 오신 붓다를 찬미하고 있을 뿐이다.

15 또는 '어떤 수행자나 사제들은 (신자들이) 믿음으로 보시한 음식 등을 먹고서도 다음과 같은 높고 큰 자리에서 지낸다. 곧 매우 긴 의자, 다리에 동물 형상이 새겨진 의자, 긴 양털로 된 덮개, 울긋불긋한 이불, 흰색 양털 담요, 꽃들을 수놓은 양털 덮개, 솜 또는 양털로 채운 누비이불, 사자 호랑이 등을 수놓은 양털 덮개, 양면이 모피로 된 깔개, 한 면이 모피로 된 깔개, 보석들로 수놓은 덮개, 비단 덮개, 양털 양탄자, 코끼리등 깔개, 말등 깔개, 수레 깔개, 영양(羚羊)가죽 깔개, 사슴가죽 깔개, 차양있는 양탄자, 붉은 베개와 붉은 발 받침이 있는 긴 의자 등에서 지낸다. 그

런데 수행자 고타마는 이러한 높고 큰 자리를 멀리하고 있는 것이다.' 이렇게 (생각하여) 제자들아, 범부들은 그렇게 오신 붓다를 찬미하고 있을 뿐이다.

16 또는 '어떤 수행자나 사제들은 (신자들이) 믿음으로 보시한 음식 등을 먹고서도 다음과 같이 치장하고 장식하는 일에 빠져 지낸다. 곧 몸에 향료를 바르고, 머리를 감고, 목욕을 하고, 안마를 받고, 거울을 보고, 안약을 치고, 화환과 향과 화장품으로 치장하고, 입술 화장을 하고, 얼굴 화장을 하고, 팔찌를 차고, 목걸이를 하고, 지팡이를 차고, 대나무 약통을 지니고, 긴 칼을 차고, 양산을 지니고, 울긋불긋한 신발을 신고, 터반을 쓰고, 마니보석을 걸치고, 얼룩소의 털로 만든 부채를 지니고, 긴 술 장식이 달린 흰 옷을 입고 지낸다. 그런데 수행자 고타마는 이러한 치장과 장식을 멀리하고 있는 것이다.' 이렇게 (생각하여) 제자들아, 범부들은 그렇게 오신 붓다를 찬미하고 있을 뿐이다.

17 또는 '어떤 수행자나 사제들은 (신자들이) 믿음으로 보시한 음식 등을 먹고서도 다음과 같이 속된 이야기를 하며 지낸다. 곧 왕의 이야기, 도둑의 이야기, 대신(大臣)의 이야기, 군대 이야기, 무서운 이야기, 싸움 이야기, 음식 이야기, 마실 것 이야기, 옷 이야기, 잠자리 이야기, 향에 관한 이야기, 화환 이야기, 친족들 이야기, 수레 이야기, 마을 이야기, 시읍 이야기, 도시 이야기, 지방 이야기, 여자 이야기, 남자 이야기, 영웅의 이야기, 거리의 이야기, 우물가의 이야기, 조상 이야기, 세상과 바다에 대한 여러 가지 이야기 및 이런 저런 이야기를 하며 지낸다. 그런데 수행자 고타마는 이와 같은 속된 이야기를 멀리하고 있는 것이다.'
이렇게 (생각하여) 제자들아, 범부들은 그렇게 오신 붓다를 찬미하고 있을 뿐이다.

18 또는 '어떤 수행자나 사제들은 (신자들이) 믿음으로 보시한 음식 등을 먹고서도 다음과 같이 시비를 거는 말을 하고 지낸다. 곧 당신은 이러한 법과 계율을 알지 못한다. (그러나) 나는 이 법과 계율을 안다. (또) 당신이 이 법과 계율을 무엇이라고 이해하든간에 당신은 길을 잘못 들었고 나야말로 바른 길에 들었다. (그리고) 이 법과 계율은 나와 어울리지, 당신과 어울리지는 않는다. 당신은 먼저 말해야 할 것을 나중에 말하였고, 나중에 말해야 할 것을 먼저 말하였다. 당신의 사고 방식은 뒤집혀 있고, 당신의 말은 논박되었고, 당신은 비난받고 있다. 할 말이 없으면 떠나고… 할 수 있다면 해명해 보시오 라고 하며 시비를 걸고 있다. 그런데 수행자 고타마는 이와 같은 시비를 거는 말을 멀리하고 있는 것이다.' 이렇게 (생각하여) 제자들아, 범부들은 그렇게 오신 붓다를 찬미하고 있을 뿐이다.

19 또는 '어떤 수행자나 사제들은 (신자들이) 믿음으로 보시한 음식 등을 먹고서도 다음과 같이 중개인이나 심부름꾼의 역할을 하며 지낸다. 곧 여기에 가시오. 저기에 가시오. 이것을 저기에 가지고 가시오. 이것을 가지고 오시오 등으로 말하고 있는 왕, 대신, 왕족, 사제, 거사 그리고 동자들에 대하여 중개인이나 심부름꾼으로서의 역할을 하며 지낸다. 그런데 수행자 고타마는 이와 같은 중개인이나 심부름꾼으로서의 역할을 멀리하고 있는 것이다.' 이렇게 (생각하여) 제자들아, 범부들은 그렇게 오신 붓다를 찬미하고 있을 뿐이다.

20 또는 '어떤 수행자나 사제들은 (신자들이) 믿음으로 보시한 음식 등을 먹고서도 (남을) 속이고, 주문을 외우고, 별점을 치

고, 요술을 부리며 이익에 이익을 더하기에 기갈이 들려 있다. 그
런데 수행자 고타마는 (남을) 속이거나 주문을 외우는 등의 짓
을 멀리하고 있는 것이다.' 이렇게 (생각하여) 제자들아, 범부들
은 그렇게 오신 붓다를 찬미하고 있을 뿐이다.

- 가운데 계율 끝 -

(3) 긴 계율

21 또는 '어떤 수행자나 사제들은 (신자들이) 믿음으로 보시한 음식 등을 먹고서도 다음과 같이 속된 기술과 삿된 생활 방식으로 삶을 꾸려간다. 곧 손금을 보고, 징조로 점을 치고, 하늘의 모습으로 점을 치고, 해몽을 하고, 관상을 보고, 쥐가 갉아댄 옷의 모습으로 점을 친다. (그리고) 불로 제사를 지내고, 국자로 제사를 지내고, 왕겨로 제사를 지내고, 왕겨 가루로 제사를 지내고, 탈곡된 곡식으로 제사를 지내고, 버터 기름으로 제사를 지내고, 기름으로 제사를 지내고, 입으로 제사를 지내고, 피로 제사를 지낸다. 그리고 골상(骨相)을 보는 기술, 논 일에 대한 기술, 밭 일에 대한 기술, 신주(神呪)를 외우는 기술, 무당(巫堂)으로서의 기술, 토지를 보는 기술, 뱀을 다루는 기술, 독을 다루는 기술, 전갈을 다루는 기술을 지니고 있다.

그리고 쥐로 점을 치고, 새로 점을 치고, 까마귀로 점을 치고, 수명의 길이를 예언하고, 화살 막이 주문을 가르치고, 동물점을 치고 있다. 그런데 수행자 고타마는 이와 같은 속된 기술과 삿된 생활방식을 멀리하고 있는 것이다.' 이렇게 (생각하여) 제자들아, 범부들은 그렇게 오신 붓다를 찬미하고 있을 뿐이다.

22 또는 '어떤 수행자나 사제들은 (신자들이) 믿음으로 보시한

음식 등을 먹고서도 속된 기술과 삿된 생활방식으로 삶을 꾸려간
다. 즉, 다음과 같은 것의 모양을 보고 점(占)을 치고 있으니, 마
니 보석, 옷, 지팡이, 칼, 긴 칼, 화살, 활, 무기, 여자, 남자, 소
년, 소녀, 남녀 노비, 코끼리, 말, 물소, 황소, 암소, 염소, 양, 닭,
메추리, 큰 도마뱀, 귀걸이, 거북, 사슴 등의 모양을 보고 점을
친다. 그런데 수행자 고타마는 이와 같은 속된 기술과 삿된 생활
방식을 멀리하고 있는 것이다.' 이렇게 (생각하여) 제자들아, 범
부들은 그렇게 오신 붓다를 찬미하고 있을 뿐이다.

23 또는 '어떤 수행자 또는 사제들은 (신자들이) 믿음으로 보
시한 음식 등을 먹고서도 다음과 같은 속된 기술과 삿된 생활 방
식으로 삶을 꾸려간다. 곧, 왕들의 퇴군(退軍)이 있을 것이다. 왕
들의 진군이 있을 것이다. 아군측 왕들의 공격이 있고, 적군측 왕
들의 퇴각이 있을 것이다. 적군측 왕들의 공격이 있고, 아군측 왕
들의 퇴각이 있을 것이다. 아군측 왕들이 승리하고, 적군측 왕들
은 패배할 것이다. 적군측 왕들이 승리하고, 아군측 왕들이 패배
할 것이다. 이러한 이유로 이쪽이 승리하고 또는 이쪽이 패배할
것이다. 이러한 식으로 예언을 하며 살아가고 있다. 그런데 수행
자 고타마는 이와 같은 속된 기술과 삿된 생활 방식을 멀리하고
있는 것이다.' 이렇게 (생각하여) 제자들아, 범부들은 그렇게 오
신 붓다를 찬미하고 있을 뿐이다.

24 또는 '어떤 수행자나 사제들은 신자들이 믿음으로 보시한 음
식 등을 먹고서도, 다음과 같이 속된 기술과 삿된 생활방식으로
삶을 꾸려간다. 곧 월식이 있을 것이다. 일식이 있을 것이다. 성
식(星蝕)이 있을 것이다. 해와 달이 올바른 항로를 운행할 것이
다. 또는 잘못된 항로를 운행할 것이다. 유성이 떨어질 것이다.

짙은 노을이 낄 것이다. 지진이 있을 것이다. 천둥이 칠 것이다. 해와 달과 별들이 뜨거나 지거나 흐리거나 깨끗할 것이다. 월식은 이러한 결과를 가질 것이다. 일식을 저러한 결과를 가질 것이다. 성식은 또 다른 결과를 가질 것이다. 해와 달이 올바른 항로를 운행함은 이러한 결과를 가질 것이고, 잘못된 항로를 운행함은 또 다른 결과를 가질 것이다. 별들이 올바른 항로를 운행함은 이러한 결과를 가질 것이고, 잘못된 항로를 운행함은 또 다른 결과를 가질 것이다. 유성이 떨어짐은 이러한 결과를 가질 것이고, 짙은 노을은 저러한 결과를 가질 것이고, 지진은 다른 결과를 가질 것이고, 천둥은 또 다른 결과를 가질 것이다. 그리고 해와 달과 별의 뜨고 지고 흐리고 깨끗함도 각각 여러 가지 결과를 지닐 것이다. 바로 이와 같이 예언하며 살아가고 있다. 그런데 수행자 고타마는 이와 같은 속된 기술과 삿된 생활 방식을 멀리하고 있는 것이다.' 이렇게 (생각하여) 제자들아, 범부들은 그렇게 오신 붓다를 찬미하고 있을 뿐이다.

25 또는 '어떤 수행자나 사제들은 (신자들이) 믿음으로 보시한 음식 등을 먹고서도 다음과 같이 속된 기술과 삿된 생활 방식으로 삶을 꾸려간다. 곧 비가 잘 내릴 것이다. 가뭄이 들 것이다. 풍년이 들 것이다. 흉년이 들 것이다. (세태가) 안정 될 것이다. (세태가) 흉흉해질 것이다. 큰 병이 들 것이다. 병은 없을 것이다. (바로 이와 같이 예언을 하며 살아가고 있다.) 그리고 지산술(指算術), 암산술(暗算術), 계산법, 시작술(詩作術), 처세술(處世術) 등등으로 삶을 꾸려 가고 있다. 그런데 수행자 고타마는 이와 같은 속된 기술과 삿된 생활 방식을 멀리하고 있는 것이다.' 이렇게 (생각하여) 제자들아, 범부들은 그렇게 오신 붓다를 찬미

하고 있을 뿐이다.

26 또는 '어떤 수행자나 사제들은 (신자들이) 믿음으로 보시한 음식 등을 먹고서도 다음과 같이 속된 기술과 삿된 생활 방식으로 삶을 꾸려간다. 곧 결혼할 때에 신부집에 들어가는 날 또는 떠나는 날을 택일하고, 협정 또는 선전포고의 길일을 택해 주고, 빚 받는 날 또는 돈을 빌려 주는 날을 택일하고, 불행 또는 행운을 가져오게 하는 주문을 외우고, 태아가 떨어지도록 주문을 외우고, 말더듬이 또는 벙어리가 되도록 주문을 외우고, 손 또는 입에 풍이 들도록 주문을 외우고, 귀머거리가 되도록 주문을 외우고, 거울 또는 소녀 또는 하늘에 물어 본 뒤 예언을 한다. 또 태양숭배를 수행하고, 대자숭배(大者崇拜)를 수행한다. 또 입에서 불을 내뿜은 짓을 행하고, 행운의 여신을 부르는 짓 등을 행하니 바로 이와 같이 살아가고 있다. 그런데 수행자 고타마는 이와 같은 속된 기술과 삿된 생활 방식을 멀리하고 있는 것이다.' 이렇게 (생각하여) 제자들아, 범부들은 그렇게 오신 붓다를 찬미하고 있을 뿐이다.

27 또는 '어떤 수행자나 사제들은 (신자들이) 믿음으로 보시한 음식 등을 먹고서도 다음과 같이 속된 기술과 삿된 생활방식으로 삶을 꾸려간다. 곧 신을 진정시키는 의식, 신에게 기원하는 의식, 귀신을 부르는 의식, 땅에 관한 주문을 외우는 의식, 정력을 왕성하게 하는 의식, 성적으로 남자를 무능하게 하는 의식, 집 지을 땅을 마련하는 의식, 집 지을 땅을 바치는 의식 등을 집행한다. 또 의식을 위해 입을 씻고, 목욕을 하고, 희생을 바치기도 한다. 그리고 구토제를 사용하고, 하제(下劑)를 사용하고, 구토제를 작용시키고, 하제를 작용시키고, 두통약을 쓰고, 귀에 기름을 바르

고, 눈을 편안하게 하고, 코약을 치고, 안약을 치고, 눈에 고약을 바르는 일도 한다. 그리고 안과 의사 일을 하고, 외과 의사 일을 하고, 소아과 의사 일을 하고, 뿌리약 또는 다른 약을 지속적으로 처방하는 일 등을 하고 있다. 그런데 수행자 고타마는 이와 같은 속된 기술과 삿된 생활을 멀리하고 있는 것이다.' 이렇게 (생각하여) 제자들아, 범부들은 그렇게 오신 붓다를 찬미하고 있을 뿐이다.

제자들아, 이와 같은 것을 보고 범부들은 작고 낮은 계율정도의 것에 입각하여 그렇게 오신 붓다를 찬미할 뿐이라고 말하는 것이다."
― 긴 계율 끝 ―

3. 잘못된 견해를 일으키는 여러 가지 근거들

28 "제자들아, 깊이가 있고 보기가 어렵고 이해하기가 어렵고 적정하고 고상하고 단순한 사색과 사려를 넘어섰고 미묘하기가 (이를 데 없고) 그리고 슬기로운 자만이 능히 알 수 있는 그러한 법이 있으니, 이것은 그렇게 오신 붓다가 스스로 잘 알고 똑똑히 보아 가르치는 법이다. 바로 이 법을 보고서 그렇게 오신 붓다에 대해 찬미한다면 그때 비로소 참되고 올바른 찬미를 한 것이 된다.

그러면 제자들아, 깊이가 있고 보기가 어렵고 이해하기가 어렵고 적정하고 고상하고, 단순한 사색과 사려를 넘어 섰고 미묘하기가 (이를 데 없고) 슬기로운 자만이 능히 알 수 있는 법으로서, 그렇게 오신 붓다가 스스로 잘 알고 똑똑히 보아 가르치는 법이고 바로 이 법을 보고서 그렇게 오신 붓다에 대해 찬미한다면 그때 비로소 참되고 올바른 찬미를 한 것이 되는 법이란 과연 어떠한 것인가?"

(1) 과거에 대한 18가지 견해
29 "제자들아, 한 무리의 수행자나 사제들은 과거의 겁(劫)에 대하여 말하고, 과거에 대한 견해를 지니고 있으니, 과거에 대하여 18가지 경우로 다르게 정돈된 관견(管見)들을 주장하고 있다. 그러면 그 수행자나 사제들은 과거의 겁에 대해서 말하고 과거에 대한 견해를 지니되, 무엇에 의거하고 무엇에 관련지어 과거에 관하여 18가지 경우로 다르게 정돈된 관견들을 주장하고 있는 것인가.

① 영속론(永續論)5)의 첫번째 근거
30 제자들아, 한 무리의 수행자나 사제들은 영속론을 지니고 있다. 곧 네 가지 경우로 자아(自我)와 세계(世界)의 영속함을 가르친다. 그러면 그 수행자나 사제들은 무엇에 의거하고 무엇에 관련지어 영속론을 지니게 되고, 또한 네 가지 경우로 자아와 세계의 영속함을 가르치게 되는가.
31 여기에서 제자들아, 어떤 수행자나 사제는 열심히 정진하고

● ● ● ● ● ● ● ● ● ●
5) 자아와 세계의 영원함을 주장하는 이론이다. 이 이론의 근거가 네 가지로 제시되거니와 漢譯의 대응경들에 비해 기억의 범위가 작은 것이 차이난다.
그리고 62견의 각각에 대한 보다 자세한 설명이 拙著「原始佛敎와 形而上學」(經書院) p.147~187에 걸쳐 진행되고 있으므로 참조하면 좋을 것이다.

수행하고 불방일(不放逸)함으로써 그리고 올바르게 사유함으로써 마음이 집중 상태에 이른다. 그렇게 집중하여 순결하고 순백하고 흠이 없고 때가 없는 마음에서 수많은 전생을 기억하게 된다.

곧 하나의 전생을 기억하기도 하고 또는 두 전생을 기억하기도 하고 또는 세 전생 또는 네 전생 또는 다섯 전생을 기억하기도 한다. 또는 과거 열번째 전생부터 기억하기도 하고 또는 스무번째 전생 또는 서른번째 전생 또는 마흔번째 전생 또는 쉰번째 전생 또는 백번째 전생 또는 천번째 전생 또는 십만번째 전생 또는 수백번째 전생 또는 수천번째 전생 또는 수십만번째 전생[6]부터 기억하기도 한다.

즉, 어떤 (전생에서는) 이러한 이름, 이러한 성씨(姓氏), 이러한 모습을 지녔고, 이러한 음식을 먹었고, 이러한 즐거움과 괴로움을 겪었고 이만한 나이까지 살았다. 그리고 그곳에서 죽어서 다른 곳에 태어났다. 그 다른 전생에서는 또 다시 저러한 음식을 먹었고, 저러한 즐거움과 괴로움을 겪었고, 저러한 나이까지 살았다. 그리고 그곳에서 죽어서 (마침내) 여기에 태어났다라고 기억한다. 이처럼 수많은 전생을 모든 면에서 조목 조목 기억하고 있다.

(이렇게 전생을 기억하게 된) 그 수행자나 사제는 다음과 같이 말하게 된다. '자아와 세계는 영원한 것이고, 불모(不毛)인 것이고, 산의 정상처럼 움직이지 않고 기둥처럼 고정된 것이다. 그리하여 저 중생들은 (이곳에서 저곳으로) 흘러 다니고, 윤회하

---

6) 한역〔大正藏 1, p.90上〕에서는 '수십만 전생'이 20劫으로 확대되어 있다.

며, 죽고, 태어나기를 영원히 계속한다. 왜, 그렇게 말할 수 있는가. 나는 열심히 정진하고 수행하고 불방일함으로써 그리고 올바르게 사유함으로써 마음이 집중 상태에 이른다. 그렇게 집중한 마음에서 수많은 전생을 기억한다. 곧 하나의 전생을 기억하기도 하고 또는 두 전생을 기억하기도 하고 또는 세 전생을 또는 네 전생 또는 다섯 전생을 기억하기도 한다. 또는 과거 열번째 전생부터 기억하기도 하고 또는 스무번째 전생 또는 서른번째 전생 또는 마흔번째 전생 또는 쉰번째 전생 또는 백번째 전생 또는 천번째 전생 또는 십만번째 전생 또는 수백번째 전생 또는 수천번째 전생 또는 수십만번째 전생부터 기억하기도 한다.

즉, 어떤 전생에서는 이러한 이름, 이러한 성씨, 이러한 모습을 지녔고, 이러한 음식을 먹었고, 이러한 즐거움과 괴로움을 겪었고, 이만한 나이까지 살았다. 그리고 그곳에서 죽어서 다른 곳에 태어났다. 그 다른 전생에서는 또 다시 저러한 이름, 저러한 성씨, 저러한 모습을 지녔고, 저러한 음식을 먹었고, 저러한 즐거움과 괴로움을 겪었고, 저러한 나이까지 살았다. 그리고 그곳에서 죽어서 (마침내) 여기에 태어났다라고 기억한다. 이처럼 수많은 전생을 모든 면에서 (나는) 조목 조목 기억한다.

바로 이러한 기억을 통하여 나는 다음과 같이 알게 된 것이다. 즉, 자아와 세계는 영원한 것이고, 불모인 것이고, 산의 정상처럼 움직이지 않고, 기둥처럼 고정된 것이다. 그리하여 저 중생들은 이곳에서 저곳으로 흘러 다니고, 윤회하며, 죽고, 태어나기를 영원히 계속한다라고 알게 된 것이다.'

제자들아, 이것이 바로 영속론의 첫번째 근거로서 여기에 의거하고 관련지어 한 무리의 수행자나 사제들이 자아와 세계의 영속함을 가르치고 있는 것이다.

② 영속론의 두번째 근거

32 그러면 또 한 무리의 수행자나 사제들은 두번째로 무엇에 의거하고 무엇에 관련지어 영속론을 지니게 되고 또는 자아와 세간의 영속함을 가르치게 되는가.

여기에서 제자들아, 어떤 수행자나 사제는 열심히 정진하고 수행하고 불방일함으로써 그리고 올바르게 사유함으로써 마음이 집중상태에 이른다. 그렇게 집중하여 순결하고, 순백하고, 흠이 없고 때가 없는 마음에서 수많은 전생을 기억하게 된다.

곧 일 (겁의) 생성과 소멸을 기억하기도 하고 또는 이 겁 또는 삼 겁 또는 사 겁 또는 오 겁 또는 십 겁[7]의 생성과 소멸을 기억하기도 한다. 즉, (어떤 겁 속의) 어떤 (전생에서는) 이러한 이름, 이러한 성씨, 이러한 모습을 지녔고, 이러한 음식을 먹었고, 이러한 즐거움과 괴로움을 겪었고, 이만한 나이까지 살았다. 그리고 그곳에서 죽어서 다른 곳에 태어났다. 그 다른 (전생)에서는 또 다시 저러한 이름, 저러한 성씨, 저러한 모습을 지녔고, 저러한 음식을 먹었고, 저러한 즐거움과 괴로움을 겪었고, 저러한 나이까지 살았다. 그리고 그곳에서 죽어서 마침내 여기에 태어났다라고 기억한다. 이처럼 수많은 전생을 모든 면에서 조목 조목 기억하고 있다.

(이렇게 전생을 기억하게 된) 그 수행자나 사제는 다음과 같

---

7) 〔대정장 1, 90上~中〕에는 40의 成劫敗劫으로 제시된다.

이 말하게 된다. '자아와 세계는 영원한 것이고, 불모인 것이고, 산의 정상처럼 움직이지 않고, 기둥처럼 고정된 것이다. 그리하여 저 중생들은 이곳에서 저곳으로 흘러 다니고, 윤회하며, 죽고, 태어나기를 영원히 계속한다. 왜, 그렇게 말할 수 있는가? 나는 열심히 정진하고 수행하고 불방일함으로써 그리고 올바르게 사유함으로써 마음이 집중상태 이른다. 그렇게 집중한 마음에서 수많은 전생을 기억한다. 곧 일 겁의 생성과 소멸을 기억하기도 하고 또는 이 겁 또는 삼 겁 또는 사 겁 또는 오 겁 또는 십 겁의 생성과 소멸을 기억하기도 한다.

즉, 어떤 겁 속의 어떤 전생에서는 이러한 이름, 이러한 성씨, 이러한 모습을 지녔고, 이러한 음식을 먹었고, 이러한 즐거움과 괴로움을 겪었고, 이만한 나이까지 살았다. 그리고 그곳에서 죽어서 다른 곳에 태어났다. 그 다른 (전생)에서는 또 다시 저러한 이름, 저러한 성씨, 저러한 모습을 지녔고, 저러한 음식을 먹었고, 저러한 즐거움과 괴로움을 겪었고, 저러한 나이까지 살았다. 그리고 그곳에서 죽어서 마침내 여기에 태어났다라고 기억한다. 이처럼 수많은 전생을 모든 면에서 조목 조목 기억한다. 바로 이러한 기억을 통하여 나는 다음과 같이 알게 된 것이다. 즉, 자아와 세계는 영원한 것이고, 불모인 것이고, 산의 정상처럼 움직이지 않고, 기둥처럼 고정된 것이다. 그리하여 저 중생들은 이곳에서 저곳으로 흘러 다니고, 윤회하며, 죽고, 태어나기를 영원히 계속한다라고 알게 된 것이다.'

제자들아, 이것이 바로 영속론의 두번째 근거로서 여기에 의거하고 관련지어 한 무리의 수행자나 사제들이 자아와 세계의 영속함을 가르치고 있는 것이다.

③ 영속론의 세번째 근거

33 그러면 또 한 무리의 수행자나 사제들은 세번째로 무엇에 의거하고 무엇에 관련지어 영속론을 지니게 되고 또는 자아와 세간의 영속함을 가르치게 되는가.

여기에서 제자들아, 어떤 수행자나 사제는 열심히 정진하고 수행하고 불방일함으로써 그리고 올바르게 사유함으로써 마음이 집중상태에 이른다. 그렇게 집중하여 순결하고 순백하고 흠이 없고 때가 없는 마음에서 수많은 전생을 기억하게 된다.

곧 십 (겁의) 생성과 소멸을 기억하기도 하고 또는 이십 겁 또는 삼십 겁 또는 사십 겁[8]의 생성과 소멸을 기억하기도 한다. 즉, 어떤 겁 속의 어떤 전생에서는 이러한 이름, 이러한 성씨, 이러한 모습을 지녔고, 이러한 음식을 먹었고, 이러한 즐거움과 괴로움을 겪었고, 이만한 나이까지 살았다. 그리고 그곳에서 죽어서 다른 곳에 태어났다. 그 다른 (전생)에서는 또 다시 저러한 이름, 저러한 성씨, 저러한 모습을 지녔고, 저러한 음식을 먹었고, 저러한 즐거움과 괴로움을 겪었고, 저러한 나이까지 살았다. 그리고 그곳에서 죽어서 마침내 여기에 태어났다라고 기억한다. 이처럼 수많은 전생을 모든 면에서 조목 조목 기억하고 있다.

이렇게 전생을 기억하게 된 그 수행자나 사제는 다음과 같이 말하게 된다. '자아와 세계는 영원한 것이고, 불모인 것이고, 산의 정상처럼 움직이지 않고, 기둥처럼 고정된 것이다. 그리하여 저 중생들은 이곳에서 저곳으로 흘러 다니고, 윤회하며, 죽고, 태

━━━━━━━━━━
8) 〔大正藏 1, p.90 中〕에는 80의 成劫敗劫을 기억하는 것으로 설해져 있다.

어나기를 영원히 계속한다. 왜 그렇게 말할 수 있는가? 나는 열심히 정진하고 수행하고 불방일함으로써 그리고 올바르게 사유함으로써 마음이 집중상태 이른다. 그렇게 집중한 마음에서 수많은 전생을 기억한다. 곧 십 겁의 생성과 소멸을 기억하기도 하고 또는 이십 겁 또는 삼십 겁 또는 사십 겁의 생성과 소멸을 기억하기도 한다.

즉, 어떤 겁 속의 어떤 전생에서는 이러한 이름, 이러한 성씨, 이러한 모습을 지녔고, 이러한 음식을 먹었고, 이러한 즐거움과 괴로움을 겪었고, 이만한 나이까지 살았다. 그리고 그곳에서 죽어서 다른 곳에 태어났다. 그 다른 전생에서는 또 다시 저러한 이름, 저러한 성씨, 저러한 모습을 지녔고, 저러한 음식을 먹었고, 저러한 즐거움과 괴로움을 겪었고, 저러한 나이까지 살았다. 그리고 그곳에서 죽어서 마침내 여기에 태어났다라고 기억한다. 이처럼 수많은 전생을 모든 면에서 조목 조목 기억한다. 바로 이러한 기억을 통하여 나는 다음과 같이 알게 된 것이다. 즉, 자아와 세계는 영원한 것이고, 불모인 것이고, 산의 정상처럼 움직이지 않고, 기둥처럼 고정된 것이다. 그리하여 저 중생들은 이곳에서 저곳으로 흘러 다니고, 윤회하며, 죽고, 태어나기를 영원히 계속한다라고 알게 된 것이다.'

제자들아, 이것이 바로 영속론의 세번째 근거로서 여기에 의거하고 관련지어 한 무리의 수행자나 사제들이 자아와 세계의 영속함을 가르치고 있는 것이다.

④ 영속론의 네번째 근거

34 그러면 또 한 무리의 수행자나 사제들은 네번째로 무엇에

의거하고 무엇에 관련지어 영속론을 지니게 되고 또는 자아와 세간의 영속함을 가르치게 되는가.

　여기에서 제자들아, 어떤 수행자나 사제는 단순히 사색하고 사량한다. 그는 단순한 사색에 빠지고 사량을 행한 뒤 얻게 된 스스로의 이해를 다음과 같이 말한다. 곧 자아와 세계는 영원한 것이고, 불모인 것이고, 산의 정상처럼 움직이지 않고, 기둥처럼 고정된 것이다. 그리하여 저 중생들은 이곳에서 저곳으로 흘러 다니고, 윤회하며, 죽고, 태어나기를 영원히 계속한다라고 말한다.

　제자들아, 이것이 바로 영속론의 네번째 근거로서 여기에 의거하고 관련지어 한 무리의 수행자나 사제들이 자아와 세계의 영속함을 가르치고 있는 것이다.

35　제자들아, 이상과 같은 것들이 바로 한 무리의 수행자나 사제들이 영속론을 지니고 있으며 또한 자아와 세계의 영속함을 네 가지 경우로 가르치는 것이라고 한다. 제자들아, 어떤 수행자나 사제든지 영속론을 지니고 있으며 자아와 세계의 영속함을 가르치는 자라면 그 모두가 이 네 가지 경우에 의거하거나 또는 이 네 가지 가운데 어느 하나에 의거하고 있다. 곧 이외에 다른 (근거는) 존재하지 않는 것이다.

36　그런데 제자들아, 그렇게 오신 붓다는 다음과 같이 알아낸다. 즉 이상과 같은 견해들의 근거는 이렇게 국집(局執)되어 있으며 이렇게 더럽혀져 있으며 이러한 갈 곳과 이러한 미래를 지니고 있다라고 알아낸다. 그리고 그렇게 오신 붓다는 그것을 알아낼 뿐 아니라 그보다 더 높은 것도 알아낸다. 그러나 그러한 앎에 집착하지 않는다. 이처럼 제자들아, 집착하지 않기 때문에 그렇게 오신 붓다는 스스로 고요함을 느낀다. 고요함을 느낀 뒤

그 느낌의 집기와 사라짐과 맛과 환난과 벗어남을 있는 그대로 알게 된다. 그런 뒤 취착함이 없이 해탈한다.

37 제자들아, 이러한 것이 바로 깊이가 있고 보기가 어렵고 이해하기가 어렵고 적정하고 고상하고 단순한 사색과 사려를 넘어섰고 미묘하기가 이를 데 없고 슬기로운 자만이 능히 알 수 있는 법으로서 그렇게 오신 붓다가 스스로 잘 알고 똑똑히 보아 가르치는 법이다. 바로 이 법을 보고 그렇게 오신 붓다에 대해서 찬미한다면 그때 비로소 참되고 올바른 찬미를 한 것이 된다.

—제 일 송분 끝—

⑤ 일부 영속론(一部永續論)의 첫번째 근거

38 제자들아, 한 무리의 수행자나 사제들은 일부는 영속하고 일부는 영속하지 못하다는 견해를 지니고 있다. 곧 네 가지 경우로 자아와 세계의 어떤 부분은 영속하고 어떤 부분은 영속하지 못하다고 가르친다. 그러면 그 수행자나 사제들은 무엇에 의거하고 무엇에 관련지어 일부는 영속하고 일부는 영속하지 못하다는 견해를 지니게 되며 또한 네 가지 경우로 자아와 세계의 어떤 부분은 영속하고 어떤 부분은 영속하지 못하다고 가르치게 되는가.

39 제자들아, 언제 어디서든지 긴 세월에 걸쳐 이 세계가 생성되며 돌아가는 그런 시기가 있다. 이처럼 세계가 생성될 때 대부분의 중생들은 광음천(光音天)에 나게 된다. 그 중생들은 그 곳에서 뜻으로 되어 있고, 기쁨을 먹으며 살고, 스스로 빛을 내고, 공중을 걸어 다니고 깨끗하게 살면서 길고 오랜 세월을 머문다.

40 그리고 제자들아, 언제 어디서든지 긴 세월에 걸쳐 세계가 소멸되며 돌아가는 그런 시기가 있다. 이처럼 세계가 소멸되어

돌아갈 때 그 세계에는 텅 빈 범신의 궁전이 나타난다. 그런데 어떤 중생이 있어 목숨이 다하고 복이 다하여, 광음천의 무리로부터 죽어서 텅 빈 범신의 궁전에 태어난다. 그 중생은 그곳에서도 뜻으로 되어 있고, 기쁨을 먹으며 살고, 스스로 빛을 내고, 공중에서 걸어 다니고 깨끗하게 살면서 길고 오랜 세월을 머무른다.

41 (범신의 궁전에 홀로 살게 된) 그 중생은 긴 세월 동안 외로워하고 불만스러워하다가 다음과 같이 열망하게 된다. 곧 '아! 다른 중생들도 여기에 왔으면 좋겠다.'라고.[9] 그런데 또 다른 중생들도 목숨이 다하고 복이 다하여 광음천의 무리로부터 죽어서, (먼저 태어난) 중생과 함께 살게끔 범신의 궁전에 태어나게 된다. 이렇게 태어난 중생들도 그곳에서 뜻으로 되어 있고, 기쁨을 먹으며 살고, 스스로 빛을 내고, 공중에서 걸어 다니고 깨끗하게 살며 길고 오랜 세월을 머무른다.

42 제자들아, 여기에 이르러 첫번째 태어난 중생은 다음과 같이 생각한다. '나는 범신이다. 위대한 범신이다. 정복자이지 패자가 아니다. 모든 것을 보고 지배력을 미치고 주(主)인 자이다. 만드는 자이고 창조하는 자이다. 최승한 자이고 방출자(放出者)이고 주재력(主宰力)을 지닌 자이다. 그리고 과거와 미래의 아버지[10]

●●●●●●●●●●●●

9) 전통 Brahmanism에 입각할 때 태초의 梵神은 많아지려는 욕심(多化의 欲)을 일으켜 지·수·화·풍을 내어 놓는다. 바로 그 대목이 위와 같은 신화론적인 형식을 나타내고 있는 것으로 보인다.

10) 주와 아버지라는 단어는 종교적 상징이 강한 단어이다. 여기서 우리는 유일신 사상이 갖는 일반적인 형식상의 일치를 발견할 수 있고 아울러 어느 지역에서나 인간이 사는 곳은 그러한 생각을 일으킬 수 있는 것임을 알 수 있다. 즉, 특정인에 대한 계시와 같은 것은 고안된 것임을 조심스레 유추할 수 있는 것이다.

이다. 실로 이 중생들은 내가 창조한 것이다. 왜냐하면 나에게 일전에 -아, 다른 중생들도 이곳에 왔으면 좋겠다.- 라는 기원이 있었다. 그런데 이러한 내 마음의 기원과 함께 이 중생들이 이곳에 왔기 때문인 것이다.'라고.

그리고 뒤에 태어난 중생들도 다음과 같이 생각한다. 곧 '이 존귀한 자는 범신이다. 위대한 범신이다. 정복자이지 패자가 아니다. 모든 것을 보고 지배력을 미치고 주(主)인 자이다. 만드는 자이고 창조하는 자이다. 최승한 자이고 방출자이고 주재력을 지닌 자이다. 그리고 과거와 미래의 아버지이다. 이 존귀한 범신이 우리를 창조한 것이다. 왜냐하면, 이 자가 실로 먼저 여기에 태어나 있는 것을 보았는데 우리는 그 나중에 태어났기 때문인 것이다.'라고.

43 여기에 제자들아, 첫번째 태어난 그 중생은 (뒤에 태어난 중생들에 비해) 목숨이 더 길고 모습이 더 아름답고 힘이 더 강대하다. 그리고 뒤에 태어난 중생들은 상대적으로 목숨이 짧고 모습이 추하고 힘은 약하다.

44 그런데 제자들아, 어떤 중생이 그 무리로부터 죽어서 이 세상에 오는 경우가 있다. 이 세상에 와서 그 중생이 출가를 한다. 출가한 뒤 열심히 정진하고 수행하고 불방일함으로써 그리고 올바르게 사유함으로써 마음이 집중상태에 이른다. 그렇게 집중하여 순결하고 순백하고 흠이 없고 때가 없는 마음에서 범신의 궁전에서의 전생을 기억한다. 그러나 그 이상은 기억하지 못하고 만다.

그리하여 그 출가자는 다음과 같이 말한다. '그 존귀한 자는 범신이다. 위대한 범신이다. 정복자이지 패자가 아니다. 모든 것을 보고 지배력을 미치고 주(主)인 자이다. 만드는 자이고 창조하는 자이다. 최승한 자이고 방출자이고 주재력을 지닌 자이다. 그리고 과거와 미래의 아버지이다. 그 존귀한 범신은 나를 창조한 자이기도 하다. (그래서) 범신은 항상하고 항구적이고 영속하고 변하지 않는 법으로서 그렇게 영원히 머무르는 자이다. 그리고 나는 존귀한 범신에 의해 창조되었기 때문에 항상 하지 못하고 항구적이지 못하며 목숨이 짧고 죽어야 하는 법으로 이 세상에 와 있다.'라고.

제자들아, 이것이 바로 일부 영속론의 첫번째 근거로서 여기에 의거하고 관련지어 한 무리의 수행자나 사제들은 자아와 세계의 일부는 영속하고 일부는 영속하지 못함을 가르치고 있는 것이다.

⑥ 일부 영속론의 두번째 근거
45 그러면 또 한 무리의 수행자나 사제들은 두번째로 무엇에 의거하고 관련지어 일부는 영속하고 일부는 영속하지 못다는 견해를 지니게 되고 또한 자아와 세계의 어떤 부분은 영속하고 어떤 부분은 영속하지 못하다고 가르치게 되는가.

제자들아, 실로 노는 것에 빠져 버린 천신들이 있다. 그 천신들은 늦도록 웃고 놀고 즐길 만한 것에 빠져 지낸다. 늦도록 웃고 놀고 즐길 만한 것에 빠져 지내다 그들은 (그곳에서의) 기억을 잃게 된다. 기억을 잃게 되자 그 천신들은 그 무리로부터 죽게 된다.

46 제자들아, 어떤 중생이 그 무리로부터 죽어서 이 세상에 오는 경우가 있다. 그리고 이 세상에 와서 그 중생은 출가를 한다. 출가한 뒤 열심히 정진하고 수행하고 불방일함으로써 또한 올바

르게 사유함으로써 마음이 집중상태에 이른다. 그렇게 집중하여 순결하고 순백하고 흠이 없고 때가 없는 마음에서 자신의 전생을 기억한다. 그러나 그 이상은 기억하지 못하고 만다.

그리하여 그는 '저 존귀한 천신들은 노는 데 빠지지 않고 늦도록 웃고 놀고 즐길 만한 것에 빠져 지내지 않는다. 늦도록 웃고 놀고 즐길 만한 것에 빠져 지내지 않는 까닭에 그는 기억을 잃지 않는다. 기억을 잃지 않으므로 그 천신들은 그 무리로부터 죽지 않는다. 즉, 항상하고 항구적이고 영속하고 변하지 않는 법으로서 그렇게 영원히 머무르는 자이다. 그런데 나는 노는 데 빠졌고, 늦도록 웃고 놀고 즐기는 것에 빠져 지냈다. 늦도록 웃고 놀고 즐기는 것에 빠져 지낸 까닭에 기억을 잃게 되었다. 기억을 잃게 되자 그 무리로부터 죽게 되었다. 즉, 항상되지 못하고 항구적이지 못하고 목숨이 짧고 죽어야 할 법으로서 이 세상에 왔다.'라고 말한다.

제자들아, 이것이 바로 일부 영속론의 두번째 근거로서 여기에 의거하고 관련지어 한 무리의 수행자나 사제들은 자아와 세계의 일부는 영속하고 일부는 영속하지 못함을 가르치는 것이다.

⑦ 일부 영속론의 세번째 근거

47 그러면 또 한 무리의 수행자나 사제들은 무엇에 의거하고 무엇에 관련지어 일부는 영속하고 일부는 영속하지 못하다는 견해를 지니게 되고 또한 자아와 세계의 일부는 영속하고 일부는 영속하지 못하다고 가르치게 되는가.

제자들아, 뜻이 물들어 있는 천신들이 있다. 그 천신들은 늦도록 서로를 눈여겨 본다. 그렇게 늦도록 서로를 눈여겨 보고는 서로에게서 마음이 물들게 된다. 서로에게서 마음이 (애욕으로) 물들게 된 그 천신들은 몸도 마음도 지치게 된다. 그러자 그 천신들은 그 무리에서 죽게 된다.

48 제자들아, 어떤 중생이 그 무리로부터 죽어서 이 세상에 오는 경우가 있다. 그리고 이 세상에 와서 출가를 한다. 출가한 뒤 열심히 정진하고 수행하고 불방일함으로써 또한 올바르게 사유함으로써 마음이 집중상태에 이른다. 그렇게 집중하여 순결하고 순백하고 흠이 없고 때가 없는 마음에서 자신의 전생을 기억한다. 그러나 그 이상은 기억하지 못하고 만다.

그리하여 그는 '저 존귀한 천신들은 뜻이 물들지 않았으니[11] 늦도록 서로를 눈여겨 보지 않았다. 늦도록 서로를 눈여겨 보지 않았기에 서로에게서 그 마음이 물들지 않았다. 서로에게서 마음이 물들지 않은 까닭에 몸과 마음이 지치는 일이 없다. 그리하여 그 천신들은 그 무리로부터 죽지 않는다. 즉, 항상하고 항구적이고 영속하고 변하지 않는 법으로서 그렇게 영원히 머무르는 자이다. 그런데 나는 뜻이 물들게 되었으니 늦도록 상대방을 눈여겨 보았던 것이다. 나는 늦도록 상대방을 눈여겨 보고는 상대방에 대해 마음이 물들게 되었다. 마음이 물들게 되자 몸과 마음이 지치게 되었다. 그리하여 나는 그 무리로부터 죽게 되었다. 즉, 항상되지 못하고 항구적이지 못하고 목숨이 짧고 죽어야 할 법으로

●●●●●●●●●●●●●●

11) 원문에는 부정의 소사 na가 빠진 채 "Te bhonto devā mano padosika"(D.N.I, p. 19²⁷)로만 되어 있으나 일부영속론의 두번째 근거와 비교해 봐도 'na'가 있다고 봐야 한다. 그리고 같은 내용이 실려있는 [D.N.Ⅲ, p.26]에는 na가 들어 있으므로 이 부분은 N.D.P판의 오식으로 봐야할 것 같다.

서 이 세상에 왔다.'라고 말한다. 이것이 바로 일부 영속론의 세 번째 근거로서 여기에 의거하고 관련지어 한 무리의 수행자나 사제들은 자아와 세계의 일부는 영속하고 일부는 영속하지 못함을 가르치는 것이다.

⑧ 일부 영속론의 네번째 근거
49 그러면 또 한 무리의 수행자나 사제들은 네번째로 무엇에 의거하고 무엇에 관련지어 일부는 영속하고 일부는 영속하지 못하다는 견해를 지니게 되고 또한 자아와 세계의 일부는 영속하고 일부는 영속하지 못하다고 가르치게 되는가. 여기에서 제자들아, 어떤 수행자나 사제는 단순히 사색하고 사량한다. 그는 단순한 사색에 빠지고 사량을 행한 뒤 얻게 된 스스로의 이해를 다음과 같이 말한다. '눈·귀·코·혀·몸이라고 불리는 것이 있거니와 이것의 자아는 항상되지 못하고, 항구적이지 못하고, 영속하지 못하고 변하는 법이다. 그런데 마음·뜻·식별이라고 불리는 것이 있거니와 이것의 자아는 항상되고, 항구적이고, 영속하고, 변치 않는 법으로서 그렇게 영원히 머무른다.'

이것이 제자들아, 일부 영속론의 네번째 근거로서 여기에 의거하고 관련지어 한 무리의 수행자나 사제들은 자아와 세계의 일부는 영속하고, 일부는 영속하지 못함을 가르치고 있는 것이다.

50 제자들아, 이상과 같은 것들이 바로 한 무리의 수행자나 사제들이 일부는 영속하고 일부는 영속하지 못하다는 견해를 지니고 있으며 또한 자아와 세계의 일부는 영속하고 일부는 영속하지 못함을 네 가지 경우로 가르치는 것이라 한다.

제자들아, 어떤 수행자나 사제이든지 일부 영속론을 지니고 있으며 자아와 세계의 일부는 영속하고 일부는 영속하지 못함을 가르치는 자라면 그 모두가 이 네 가지 경우에 의거하거나 또는 이 네 가지 가운데서 어느 하나에 의거하고 있다. 곧 이외에 다른 근거는 존재하지 않는 것이다.

51 그런데 제자들아, 그렇게 오신 붓다는 다음과 같이 알아낸다. 곧 이상과 같은 견해들의 근거는 이와 같이 국집되어 있으며, 이와 같이 더럽혀져 있으며 이와 같은 갈 곳과 이와 같은 미래를 지니고 있다라고 알아낸다. 그리고 그렇게 오신 붓다는 그것을 알아낼 뿐만 아니라 그보다 더 높은 것도 알아낸다. 그러나 그러한 앎에 집착하지 않는다.

이처럼 제자들아, 집착하지 않기 때문에 그렇게 오신 붓다는 스스로 고요함을 느낀다. 고요함을 느낀 뒤 그 느낌의 집기와 사라짐과 맛과 환난과 벗어남을 있는 그대로 알게 된다. 그런 뒤 취착하는 것 없이 해탈한다.

52 제자들아, 이러한 것이 바로 깊이가 있고, 보기가 어렵고, 이해하기가 어렵고, 적정하고, 고상하고, 단순한 사색과 사려를 넘어섰고, 미묘하기가 이를 데 없고, 슬기로운 자만이 능히 알 수 있는 법으로서 그렇게 오신 붓다가 스스로 잘 알고 똑똑히 보아 가르치는 법이다. 바로 이 법을 보고 그렇게 오신 붓다에 대해서 찬미한다면 그때 비로소 참되고 올바른 찬미를 한 것이 된다.

⑨ 유한 무한론(有限無限論)¹²⁾의 첫번째 근거

53 제자들아, 한 무리의 수행자나 사제들은 유한론 또는 무한론을 지니고 있다. 곧 네 가지 경우로 세계의 유한함 또는 무한함을 가르친다. 그러면 그 수행자나 사제들은 무엇에 의거하고 무엇에 관련지어 유한론 또는 무한론을 지니게 되고 또한 네 가지 경우로 세계의 유한함 또는 무한함에 대하여 가르치게 되는가.

54 여기에서 제자들아, 어떤 수행자나 사제는 열심히 정진하고 수행하고 불방일함으로써 또한 올바르게 사유함으로써 마음이 집중상태에 이른다. 그렇게 집중하여 세계는 유한하다는 생각을 하며 지낸다.

그리하여 그는 '이 세계는 유한하며 둥글다. 왜냐하면 나는 열심히 정진하고 수행하고 불방일함으로써 또한 올바르게 사유함으로써 마음이 집중상태에 이른다. 그렇게 집중하여 세계는 유한하다는 생각을 하며 지낸다. 그런 까닭에 나는 이 세계를 유한하며 둥글다라고 아는 것이다.'라고 말한다.

이것이 제자들아, 유한 무한론의 첫번째 근거로서 여기에 의거하고 관련지어 한 무리의 수행자나 사제들은 유한 무한론을 지니고 세계의 유한함과 무한함에 대하여 가르치는 것이다.

●●●●●●●●●●●●

12) 범망 62견경과 Tibet譯 『범망경』에는 '우발론'이 유한 무한론보다 앞서 설해져 있다. 범망경 전체의 배열순서를 고려할 때 우발론이 앞서 설해지는 것은 나름대로의 큰 타당성이 있다. 그에 대해서는 「拙著 原始佛敎와 形而上學」(p.148) 및 「原始佛敎 原典의 理解」(불광출판부)의 해당부분(p. 184~186)을 참조하기 바람.

⑩ 유한 무한론의 두번째 근거

55 그러면 또 한 무리의 수행자나 사제들은 두번째로 무엇에 의거하고 무엇에 관련지어 유한 무한론을 지니고 세계의 유한함 또는 무한함을 가르치게 되는가.

여기에서 제자들아, 어떤 수행자나 사제는 열심히 정진하고 수행하고 불방일함으로써 또한 올바르게 사유함으로써 마음이 집중상태에 이른다. 그렇게 집중하여 세계가 무한하다는 생각을 하며 지낸다.

그리하여 그는 '이 세계는 무한하여 끝이 없다. 어떤 수행자나 사제가 이 세계는 유한하고 둥글다라고 말하지만 그것은 거짓이다. 이 세계는 무한하며 끝이 없는 것이다. 왜냐하면 나는 열심히 정진하고 수행하고 불방일함으로써 또는 올바르게 사유함으로써 마음이 집중상태에 이른다. 그렇게 집중하여 세계가 무한하다는 생각을 하며 지낸다. 그런 까닭에 나는 이 세계가 무한하여 끝이 없다라고 아는 것이다.'라고 말한다.

이것이 제자들아, 유한 무한론의 두번째 근거로서 여기에 의거하고 관련지어 한 무리의 수행자나 사제들은 유한 무한론을 지니고 세계의 유한함과 무한함에 대하여 가르치는 것이다.

⑪ 유한 무한론의 세번째 근거

56 그러면 또 한 무리의 수행자나 사제들은 세번째로 무엇에 의거하고 무엇에 관련지어 유한 무한론을 지니고 세계의 유한함 또는 무한함을 가르치게 되는가.

여기에서 제자들아, 어떤 수행자나 사제는 열심히 정진하고 수행하고 불방일함으로써 또한 올바르게 사유함으로써 마음이 집중

상태에 이른다. 그렇게 집중하여 세계의 위, 아래는 유한하고 옆으로는 무한하다는 생각을 하며 지낸다.

그리하여 그는 '세계는 유한하기도 하고, 무한하기도 하다. 어떤 수행자나 사제가 이 세계는 유한하고 둥글다라고 말하지만 그것은 거짓이다. 또 어떤 수행자나 사제가 이 세계는 무한하여 끝이 없다라고 말하지만 그것도 거짓이다. 이 세계는 유한하기도 하고, 무한하기도 한 것이다. 왜냐하면 나는 열심히 정진하고 수행하고 불방일함으로써 또는 올바르게 사유함으로써 마음이 집중상태에 이른다. 그렇게 집중하여 세계의 위, 아래는 유한하고 옆으로는 무한하다는 생각을 하며 지낸다. 그런 까닭에 나는 이 세계가 유한하기도 하고 무한하기도 하다라고 아는 것이다.'라고 말한다.

이것이 제자들아, 유한 무한론의 세번째 근거로서 여기에 의거하고 관련지어 한 무리의 수행자나 사제들은 유한 무한론을 지니니 세계의 유한함과 무한함에 대하여 가르치는 것이다.

⑫ 유한 무한론의 네번째 근거

57 그러면 또 한 무리의 수행자나 사제들은 네번째로 무엇에 의거하고 무엇에 관련지어 유한 무한론을 지니고 세계의 유한함 또는 무한함을 가르치게 되는가.

여기에서 제자들아, 어떤 수행자나 사제는 단순히 사색하고 사량한다. 그는 단순한 사색에 빠지고 사량을 행한 뒤 얻게 된 스스로의 이해를 다음과 같이 말한다.

'이 세계는 유한한 것도 아니고 무한한 것도 아니다. 이 세계는 유한하고 둥글다라고 말하는 수행자나 사제들이 있는데 그것은 거짓이다. 또 이 세계는 무한하여 끝이 없다라고 말하는 수행자나 사제들이 있는데 그것도 거짓이다. 또 이 세계는 유한하기도 하고 무한하기도 하다라고 말하는 수행자나 사제들이 있는데 그것도 거짓이다. 이 세계는 유한하지도 않고 무한하지도 않는 것이다.'

　이것이 제자들아, 유한 무한론의 네번째 근거로서 여기에 의거하고 관련지어 한 무리의 수행자나 사제들은 유한 무한론을 지니고 세계의 유한함과 무한함에 대하여 가르치는 것이다.

58 제자들아, 이상과 같은 것들이 바로 한 무리의 수행자나 사제들이 유한 무한론을 지니고 있으며 또한 세계의 유한 무한을 네 가지 경우로 가르치는 것이라고 한다. 제자들아, 어떤 수행자나 사제이든지 유한 무한론을 지니고 있으며 세계의 유한함과 무한함을 가르치는 자라면 그 모두가 이 네 가지 경우에 의거하거나 또는 이 네 가지 가운데 어느 하나에 의거하고 있다. 곧 이외에 다른 근거는 존재하지 않는 것이다.

59 그런데 제자들아, 그렇게 오신 붓다는 '이상과 같은 견해들의 근거는 이와 같이 국집되어 있으며 이와 같이 더럽혀져 있으며 이와 같은 갈 곳과 이와 같은 미래를 지니고 있다.'라고 알아낸다. 그리고 그렇게 오신 붓다는 그것을 알아낼 뿐 아니라 그보다 더 높은 것도 알아낸다. 그러나 그러한 앎에 집착하지 않는다. 이처럼 제자들아, 집착하지 않기 때문에 그렇게 오신 붓다는 스스로 고요함을 느낀다. 고요함을 느낀 뒤, 그 느낌의 집기와 사라짐과 맛과 환난과 벗어남을 있는 그대로 알게 된다. 그런 뒤 취착하는 것 없이 해탈한다.

60 제자들아, 이러한 것이 바로 깊이가 있고 보기가 어렵고 이

해하기가 어렵고 적정하고 고상하고 단순한 사색과 사려를 넘어
섰고 미묘하기가 이를 데 없이 슬기로운 자만이 능히 알 수 있는
법으로서 그렇게 오신 붓다가 스스로 잘 알고 똑똑히 보아 가르
치는 법이다. 바로 이 법을 보고 그렇게 오신 붓다에 대해서 찬
미한다면 그때 비로소 참되고 올바른 찬미를 한 것이 된다.

⑬ 궤변론(詭辯論)[13]의 첫번째 근거
61 제자들아, 뱀장어가 미끄러워 잡기 어려운 것처럼 종잡기 어
려운 말을 하는 수행자나 사제들이 있으니, 곳곳에서 질문 받을
때마다 네 가지 경우로 뱀장어가 미끄러워 잡기 어려운 것처럼
종잡기 어려운 말을 하여 교란시킨다. 그러면 그 수행자나 사제
들은 무엇에 의거하고 무엇에 관련지어 뱀장어가 미끄러워 잡기
어려운 것처럼 종잡기 어려운 말을 하며 또한 곳곳에서 질문받을
때마다 네 가지 경우로 뱀장어가 미끄러워 잡기 어려운 것처럼
종잡기 어려운 말을 하여 교란시키고 있는가.
62 여기에서 제자들아, 어떤 수행자나 사제는 선(善)함과 선하
지 못함을 있는 그대로 알아내지 못한다. 그는 곧 '나는 선함과
선하지 못함을 있는 그대로 알아내지 못한다. 만약 내가 선함과
선하지 못함을 있는 그대로 알아내지 못하면서 이것은 선하다 또
는 저것은 선하지 못하다라고 대답한다면 나는 거짓말을 한 것이

・・・・・・・・・・・・・・・・・・
13) amarāvikkhepa-vāda : amarā는 뱀장어이고 vikkhepa는 攪亂의 뜻이다. 즉, 뱀장
어가 미끄러워 잡기 어려운 것처럼 궤변을 늘어놓아 그 말의 뜻을 종잡을 수 없게
교란시키는 이론이나 견해를 말한다. 여기서는 흔히 알려져 있는 '궤변론'이라는 역
어를 택했다.

된다. 거짓말을 한다면 (언젠가) 나는 곤혹스러워진다. 곤혹스러워진다면 그것은 나에게 장애가 된다.'라고 생각한다.

 이와 같이 그는 거짓말을 무서워하고 혐오하여 이것은 선하다라고도 답하지 못하고 저것은 선하지 않다라고도 답하지 못한다. 그리하여 곳곳에서 질문받을 때마다 뱀장어가 미끄러워 잡기 어려운 것처럼 종잡을 수 없는 말을 하여 교란시키는 것이다. 곧 '이러하다고도 나는 생각하지 않으며 그러하다고도 생각하지 않으며 다르다고도 생각하지 않으며 아니라고도 생각하지 않으며 아니지 않다라고도 나는 생각하지 않는다.'라고 교란시키는 것이다.

 제자들아, 이것이 한 무리의 수행자나 사제들이 뱀장어가 미끄러워 잡기 어려운 것처럼 종잡을 수 없는 말을 하고 있는 첫번째 근거로서, 곳곳에서 질문받을 때마다 뱀장어가 미끄러워 잡기 어려운 것처럼 종잡을 수 없는 말을 하여 교란시키는 것이다.

⑭ 궤변론의 두번째 근거

63 그러면 또 한 무리의 수행자나 사제들은 두번째로 무엇에 의거하고 무엇에 관련지어 뱀장어가 미끄러워 잡기 어려운 것처럼 종잡을 수 없는 말을 하며 또한 곳곳에서 질문 받을 때마다 뱀장어가 미끄러워 잡기 어려운 것처럼 종잡을 수 없는 말을 하여 교란시키고 있는가!

 여기에서 제자들아, 어떤 수행자나 사제는 선함과 선하지 못함을 있는 그대로 알아내지 못한다. 그는 '나는 선함과 선하지 못함을 있는 그대로 알아내지 못한다. 만약 내가 선함과 선하지 못함을 있는 그대로 알아내지 못하면서, 이것은 선하다 또는 저것은 선하지 못하다라고 대답한다면, 나에게는 욕심 또는 탐착 또는 화냄 또는 분노가 있게 될 것이다. 그리고 나에게 욕심 또는 탐착 또는 화냄 또는 분노가 있게 됨은 내가 집착하기 때문일 것이다. 집착한다면 언젠가 나는 곤혹스러워진다. 곤혹스러워진다면 그것은 나에게 장애가 된다.'라고 생각한다.

　이와 같이 그는 집착함을 무서워하고 혐오하여 이것은 선하다라고도 답하지 못하고 저것은 선하지 않다라고도 답하지 못한다. 그리하여 곳곳에서 질문받을 때마다 뱀장어가 미끄러워 잡기 어려운 것처럼 종잡을 수 없는 말을 하여 교란시키는 것이다. 곧 '이러하다고도 나는 생각하지 않으며 그러하다고도 생각하지 않으며 다르다고도 생각하지 않으며 아니라고도 생각하지 않으며 아니지 않다라고도 나는 생각하지 않는다.'라고 말을 교란시키는 것이다.

　제자들아, 이것이 한 무리의 수행자나 사제들이 뱀장어가 미끄러워 잡기 어려운 것처럼 종잡을 수 없는 말을 하고 있는 두번째 근거로서, 곳곳에서 질문받을 때마다 뱀장어가 미끄러워 잡기 어려운 것처럼 종잡을 수 없는 말을 하여 교란시키는 것이다.

⑮ 궤변론의 세번째 근거

64　그러면 또 한 무리의 수행자나 사제는 세번째로 무엇에 의거하고 무엇에 관련지어 뱀장어가 미끄러워 잡기 어려운 것처럼 종잡을 수 없는 말을 하며, 또한 곳곳에서 질문받을 때마다 뱀장어가 미끄러워 잡기 어려운 것처럼 종잡을 수 없는 말을 하며 교란시키고 있는가.

　여기에서 제자들아, 어떤 수행자나 사제는 선함과 선하지 못함을 있는 그대로 알아내지 못한다. 그는 '나는 선함과 선하지 못함

을 있는 그대로 알아내지 못한다. 만약 내가 선함과 선하지 못함
을 있는 그대로 알아내지 못하면서 이것은 선하다 또는 저것은
선하지 못하다라고 대답한다면, 실로 슬기롭고 미묘하고 논쟁에
서 경험을 쌓고 털을 관통할 만하며 지혜로써 여러 가지 견해를
분별하는 수행자나 사제들이 있을 터인데, 반드시 그들이 나에게
대화를 청하고 이유를 묻고 질문을 해 올 것이다. 그렇지만 나는
그들에게 해명하지 못할 것이다. 이처럼 해명하지 못하여 나는
곤혹스러워진다. 곤혹스러워진다면 그것은 나에게 장애가 된다.'
라고 생각한다.

　이처럼 그는 힐문(詰問)을 두려워하고 혐오하여 이것은 선하다
라고도 답하지 못하고 저것은 선하지 않다라고도 답하지 못한다.
그리하여 곳곳에서 질문받을 때마다 뱀장어가 미끄러워 잡기 어
려운 것처럼 종잡을 수 없는 말을 하여 교란시키는 것이다. 곧
'이러하다고도 나는 생각하지 않으며 그러하다고도 생각하지 않
으며 다르다고도 생각하지 않으며 아니라고도 생각하지 않으며
아니지 않다라고도 나는 생각하지 않는다.'라고 말을 교란시키는
것이다.

　제자들아, 이것이 한 무리의 수행자나 사제들이 뱀장어가 미끄
러워 잡기 어려운 것처럼 종잡을 수 없는 말을 하고 있는 세번째
근거로서, 곳곳에서 질문받을 때마다 뱀장어가 미끄러워 잡기 어
려운 것처럼 종잡을 수 없는 말을 하여 교란시키는 것이다.

⑯ 궤변론의 네번째 근거
65　그러면 또 한 무리의 수행자나 사제들은 네번째로 무엇에
의거하고 무엇에 관련지어 뱀장어가 미끄러워 잡기 어려운 것처

럼 종잡을 수 없는 말을 하며 또한 곳곳에서 질문받을 때마다 뱀장어가 미끄러워 잡기 어려운 것처럼 종잡을 수 없는 말을 하여 교란시키고 있는가.

　여기에서 제자들아, 어떤 수행자나 사제는 둔하고 어리석다. 그는 둔하고 어리석어 곳곳에서 질문받을 때마다 뱀장어가 미끄러워 잡기 어려운 것처럼 종잡을 수 없는 말을 하여 교란시킨다. 곧 '저승이 있는가라고 당신이 나에게 물을 때, 만약 저승이 있다라고 생각되면, 저승이 있다라고 너에게 답할 것이다. 그런데 이러하다고도 나는 생각하지 않으며, 그러하다고도 생각하지 않으며, 다르다고도 생각하지 않으며, 아니라고도 생각하지 않으며, 아니지 않다라고도 나는 생각하지 않는다. 저승이 없는가라고……. 저승이 있기도 하고 없기도 한가라고……. 저승이 있는 것도 아니고 없는 것도 아닌가라고……. 화생(化生)의 중생이 있는가라고……. 화생의 중생이 없는가라고……. 화생의 중생이 있기도 하고 없기도 한가라고……. 화생의 중생이 있는 것도 아니고 없는 것도 아닌가라고……. 잘 지었거나 또는 잘못 지은 여러 업에 대해 그 결과 또는 대가란 있는 것인가라고……. 잘 지었거나 또는 잘못 지은 여러 업에 대해 그 결과 또는 대가란 없는 것인가라고……. 잘 지었거나 또는 잘못 지은 여러 업에 대해 그 결과 또는 대가란 있기도 하고 없기도 한 것인가라고……. 잘 지었거나 또는 잘못 지은 여러 업에 대해 그 결과 또는 대가란 있는 것도 아니고 없는 것도 아닌 것인가라고……. 사후에 그렇게 오신 붓다가 있는가라고……. 사후에 그렇게 오신 붓다가 없는가라고……. 사후에 그렇게 오신 붓다가 있기도 하고 없기도 한가라고……. 사후에 그렇게 오신 붓다가 있는 것도 아니고 없는 것도 아닌가라고 나에게 물을 때, 사후에 그렇게 오신 붓다가 있는 것도 아니고 없는 것도 아니라고 생각이 되면, 사후에 그렇게 오신 붓다가 있는 것도 아니고 없는 것도 아니라고 당신에게 대답할 것이다.

그런데 이러하다고도 나는 생각하지 않으며, 그러하다고도 생각하지 않으며, 다르다고도 생각하지 않으며, 아니라고도 생각하지 않으며, 아니지 않다라고도 나는 생각하지 않는다.'라고 종잡을 수 없는 말을 하여 교란시키는 것이다.[14]

제자들아, 이것이 한 무리의 수행자나 사제들이 뱀장어가 미끄러워 잡기 어려운 것처럼 종잡을 수 없는 말을 하게 되는 네번째의 근거로서, 곳곳에서 질문받은 때마다 뱀장어가 미끄러워 잡기 어려운 것처럼 종잡을 수 없는 말을 하여 교란시키는 것이다.

66 제자들아, 이상과 같은 것들이 바로 한 무리의 수행자나 사제들이 뱀장어가 미끄러워 잡기 어려운 것처럼 종잡을 수 없는 말을 하며 또한 곳곳에서 질문받을 때마다 뱀장어가 미끄러워 잡기 어려운 것처럼 종잡을 수 없는 말을 하여 교란시키게 되는 네 가지 경우이다. 제자들아, 어떤 수행자나 사제이든지 뱀장어가 미끄러워 잡기 어려운 것처럼 종잡을 수 없는 말을 하며 또한 곳

━━━━━━━━━━
14) 이 부분은 제5 『사문과경』의 4. (6) 산자야 벨라타풋타의 사상과 같은 내용임을 알 수 있을 것이다. 6사(六師)의 사상 가운데서도 그의 사상이 마지막에 소개되고, 이 경의 과거 18견 가운데서도 범망62견과 같은 경우 마지막에 소개되는 것을 주의할 만하다. 그것은 회의론의 성격을 이 사상이 띠고 있기 때문으로 앞서에 소개된 사상들을 일거에 회의 비판할 수 있는 역할을 하기 때문이다. 이에 대해서는 「原始佛教와 形而上學」(p.169~170)을 참조하기 바람.

곳에서 질문받을 때마다 뱀장어가 미끄러워 잡기 어려운 것처럼 종잡을 수 없는 말을 하여 교란시키는 자라면 그 모두가 이 네 가지 경우에 의거하거나 또는 이 네 가지 가운데 어느 하나에 의거하고 있다. 곧 이외에 다른 근거는 존재하지 않는 것이다.……바로 이 법을 보고 그렇게 오신 붓다에 대해서 찬미한다면 그때 비로소 참되고 올바른 찬미를 한 것이 된다.

⑰ 우발론(偶發論)15)의 첫번째 근거
67 제자들아, 한 무리의 수행자나 사제들은 우발론을 지니고 있다. 곧 두 가지 경우로 자아와 세계는 우연히 발생한 것이라고 가르친다. 그러면 그 존경받는 수행자나 사제들은 무엇에 의거하고 무엇에 관련지어 우발론을 지니게 되고 또한 두 가지 경우로 자아와 세계는 우연히 발생한 것이라고 가르치게 되는가.

68 제자들아, 어떤 천신들은 생각이 존재하지 않는 중생들이다. 그 천신들에게 생각이 일어나자 그 무리로부터 죽게 된다. 제자들아, 어떤 중생이 그 무리로부터 죽어서 이 세상에 오는 경우가 있다. 그리고 이 세상에 와서 그 중생은 출가를 한다. 출가한 뒤 열심히 정진하고 수행하고 불방일함으로써 또한 올바르게 사유함으로써 마음이 집중상태에 이른다. 그렇게 집중한 마음에서 생각이 일어났던 것을 기억한다. 그러나 그 이상은 기억하지 못한다.

그리하여 그는 '자아와 세계는 우연히 발생한 것이다. 왜냐하면 나는 실로 과거에 없었다. 그런데 지금은 있다. 즉, 존재하지

---

15) adhicca-samuppanna-Vāda, 偶然論이라고 해도 좋다.

않다가 존재하게 된 것이다.'라고 말한다.

 제자들아, 이것이 바로 우발론의 첫번째 근거로서 여기에 의거하고 관련지어 자아와 세계는 우연히 발생한 것이라고 가르치고 있다.

⑱ 우발론의 두번째 근거

69 그러면 또 한 무리의 수행자나 사제들은 두번째로 무엇에 의거하고 무엇에 관련지어 우발론을 지니며 또한 자아와 세계는 우연히 발생한 것이라고 가르치는가.

 여기에서 제자들아, 어떤 수행자나 사제는 단순히 사색하고 사량한다. 그는 단순한 사색에 빠지고 사량을 행한 뒤 얻게 된 스스로의 이해를 '자아와 세계는 우연히 발생한 것이다.'라고 말한다. 이것이 제자들아, 우발론의 두번째 근거로서 여기에 의거하고 관련지어 한 무리의 수행자나 사제들은 자아와 세계란 우연히 발생한 것이라고 가르치고 있다.

70 제자들아, 이상과 같은 것들이 바로 한 무리의 수행자나 사제들이 우발론을 지니고 있으며 또한 자아와 세계의 우연한 발생을 두 가지 경우로 가르치는 것이라 한다. 제자들아, 어떤 수행자나 사제이든지 우발론을 지니고 있으며 또한 자아와 세계의 우연한 발생을 가르치는 자라면 그 모두가 이 두 가지 경우에 의거하거나 또는 이 두 가지 가운데 어느 하나에 의거하고 있다.

 곧 이외에 다른 근거는 존재하지 않는 것이다.……바로 이 법을 보고 그렇게 오신 붓다에 대해서 찬미한다면 그때 비로소 참되고 올바른 찬미를 한 것이 된다.

71 그리고 제자들아, 이상과 같은 것들을 통하여 한 무리의 수

행자나 사제들은 과거의 겁에 대하여 말하고 과거에 대한 견해를 지니게 되니, 과거에 관하여 18가지 경우로 다르게 정돈된 관견들을 주장한다고 말하는 것이다. 제자들아, 어떤 수행자나 사제이든지 과거의 겁에 대하여 말하고 과거에 대한 견해를 지니고 있으며, 과거에 관하여 여러 가지 관견들을 주장하고 있는 자라면 그 모두가 이 18가지 경우에 의거하거나 또는 이 18가지 가운데 어느 하나에 의거하고 있다. 곧 이외에 다른 근거는 존재하지 않는 것이다.[16]

72 그런데 제자들아, 그렇게 오신 붓다는 이상과 같은 견해들의 근거는 이와 같이 국집되어 있으며, 이와 같이 더럽혀져 있으며, 이와 같은 갈 곳과 이와 같은 미래를 지니고 있다고 알아낸다. 그리고 그렇게 오신 붓다는 그것을 알아낼 뿐 아니라 그보다 더 높은 것도 알아낸다. 그러나 그러한 앎에 집착하지 않는다. 이처럼 제자들아, 집착하지 않기 때문에 그렇게 오신 붓다는 스스로 고요함을 느낀다. 고요함을 느낀 뒤 그 느낌의 집기와 사라짐과 맛과 환난과 벗어남을 있는 그대로 알게 된다. 그런 뒤 취착하는 것 없이 해탈한다.

73 제자들아, 이러한 것이 바로 깊이가 있고 보기가 어렵고 이해하기가 어렵고 적정하고 고상하고 단순한 사색과 사려를 넘어

---

16) 제5『사문과경』의 6師의 사상과 전통 Brahmanism의 사상을 이 경의 과거 18견과 대비해 보면 일부영속론 제1견(⑤)에 전통적인 Brahmanism이 대응되고, 영속론 제4견(④)과 우발론 제2견(⑱)에 파쿠다·푸라나·막칼리의 사상이 상응한다. 그리고 궤변론 제4견(⑯)은 산자야의 회의론을 포섭한다. 그리고 니간타의 사상은 역시 영속론 제4견(④)에 대응하고 아지타의 사상은 우발론 제2견(⑱)에 대응하는 것으로 정리할 수 있다.

섰고 미묘하기가 이를 데 없고 슬기로운 자만이 능히 알 수 있는 법으로서 그렇게 오신 붓다가 스스로 잘 알고 똑똑히 보아 가르치는 법이다. 바로 이 법을 보고 그렇게 오신 붓다에 대해서 찬미한다면 그때 비로소 참되고 올바른 찬미를 한 것이 된다."

(2) 미래에 대한 44가지 견해
74 "제자들아, 한 무리의 수행자나 사제들은 미래의 겁에 대하여 말하고 미래에 대한 견해를 지니고 있으니, 미래에 대하여 44가지 경우로 다르게 정돈된 관견들을 주장하고 있다. 그러면 그 수행자나 사제들은 미래의 겁에 대해서 말하고 미래에 대한 견해를 지니되, 무엇에 의거하고 무엇에 관련지어 미래에 관하여 44가지 경우로 다르게 정돈된 관견들을 주장하고 있는 것인가.

①~⑯ 죽은 뒤에도 생각하는 자아가 있다는 이론들
75 제자들아, 한 무리의 수행자나 사제들은 죽은 뒤에도 생각이 존재한다는 이론을 지니고 있다. 곧 16가지 경우로 죽은 뒤에도 생각하는 자아는 존재한다고 가르치는 것이다.
　그러면 그 수행자나 사제들은 무엇에 의거하고 무엇에 관련지어 죽은 뒤에도 생각이 존재한다는 이론을 지니게 되고, 또한 16가지 경우로 죽은 뒤에도 생각하는 자아가 존재한다고 가르치게 되는가.
76 '색(色)을 지닌[17] 자아가 있다. 죽은 뒤에 그 자아에게는 병

---

17) 죽은 뒤의 존재가 육체를 지니는가 어떤가에 대한 견해 표명이 色의 有無로 표현된 것이 아닌가 한다.

이 없으며 생각이 존재한다.'라고 가르친다. 또는 '색이 없는 자아가 있다. 죽은 뒤에 그 자아에게는 병이 없으며 생각이 존재한다.'라고 가르친다. '색이 있기도 하고 없기도 한 자아가 있다.' ……'색이 있는 것도 아니고 없는 것도 아닌 자아가 있다.' ……'유한한[18] 자아가 있다.'……'무한한 자아가 있다.'……'유한하기도 하고 무한하기도 한 자아가 있다.'……'유한하지도 않고 무한하지도 않는 자아가 있다.'……'한 가지 생각을 지닌 자아가 있다.'……'여러 가지 생각을 지닌 자아가 있다.'……'작은 생각을 지닌 자아가 있다.'……'한량 없는 생각을 지닌 자아가 있다.' ……'오로지 즐겁기만 한 자아가 있다.'……'오로지 괴롭기만 한 자아가 있다.'……'즐겁기도 하고 괴롭기도 한 자아가 있다.'…… 또는 '즐겁지도 괴롭지도 않는 자아가 있다. 죽은 뒤에 그 자아에게는 병이 없으며 생각이 존재한다.'라고 가르친다.

77 제자들아, 이상과 같은 것들이 바로 한 무리의 수행자나 사제들이 죽은 뒤에도 생각이 존재한다는 이론을 지니며 또한 죽은 뒤에도 생각하는 자아는 존재한다고 가르치게 되는 16가지 경우이다. 제자들아, 어떤 수행자나 사제이든지 죽은 뒤에도 생각이 존재한다는 이론을 지니며 또한 죽은 뒤에도 생각하는 자아는 존재한다고 가르치고 있는 자라면 그 모두가 이 16가지 경우에 의거하거나 또는 이 16가지 가운데 어느 하나에 의거하고 있다. 곧 이외에 다른 근거는 존재하지 않는 것이다.……이러한 법을 보고

---

18) 육체를 소유하는가 어떤가에 따라 자연히 自我의 크기가 논의될 것이 순서이거니와 그러한 자아의 크기에 관한 것이 邊(anta)의 有·無로 표현된 것이 아닌가 한다.

서 그렇게 오신 붓다에 대해서 찬미를 한다면 그때 비로소 참되고 올바른 찬미를 한 것이 된다. — 제 이 송분 끝 —

⑰~㉔ 죽은 뒤의 자아는 생각이 없다는 이론들
78 제자들아, 한 무리의 수행자나 사제들은 죽은 뒤에는 생각이 없다는 이론을 지니고 있다. 곧 8가지 경우로 죽은 뒤의 자아는 생각이 없다고 가르치는 것이다. 그러면 그 수행자나 사제들은 무엇에 의거하고 무엇에 관련지어 죽은 뒤에는 생각이 없다는 이론을 지니게 되며 또한 8가지 경우로 죽은 뒤의 자아는 생각이 없다고 가르치게 되는가.

79 '색을 지닌 자아가 있다. 죽은 뒤에 그 자아에게는 병이 없으며 생각이 존재하지 않는다.' 또는 '색이 없는 자아가 있다. 죽은 뒤에 그 자아에게는 병이 없으며 생각이 존재하지 않는다.'라고 가르친다. 또는 '색이 있기도 하고 없기도 한 자아가 있다.' ······ '색이 있지도 않고 없지도 않는 자아가 있다.' ······ '유한한 자아가 있다.' ······ '무한한 자아가 있다.' ······ '유한하기도 하고 무한하기도 한 자아가 있다.' ······ 또는 '유한하지도 않고 무한하지도 않는 자아가 있다. 죽은 뒤에 그 자아에게는 병이 없으며 생각이 존재하지 않는다.'라고 가르친다.

80 제자들아, 이상과 같은 것들이 바로 한 무리의 수행자나 사제들이 죽은 뒤에는 생각이 없다는 이론을 지니며 또한 죽은 뒤의 자아는 생각이 없다고 가르치게 되는 8가지 경우이다. 제자들아, 어떤 수행자나 사제이든지 죽은 뒤에는 생각이 없다는 이론을 지니며 또한 죽은 뒤의 자아는 생각이 없다고 가르치고 있는 자라면 그 모두가 이 8가지 경우에 의거하거나 또는 이 8가지

가운데 어느 하나에 의거하고 있다. 곧 이외에 다른 근거는 존재하지 않는 것이다.……이러한 법을 보고 그렇게 오신 붓다에 대해서 찬미를 한다면 그때 비로소 참되고 올바른 찬미를 한 것이 된다.

㉕~㉜ 죽은 뒤의 자아는 생각을 지니지도 않고 지니지 않는 것도 아니라는 이론들

81 제자들아, 한 무리의 수행자나 사제들은 죽은 뒤에는 생각이 존재하는 것도 아니고 존재하지 않는 것도 아니라는 이론을 지니고 있다. 곧 8가지 경우로 죽은 뒤의 자아는 생각을 지닌 것도 아니고 지니지 않은 것도 아니라고 가르치는 것이다. 그러면 그 수행자나 사제들은 무엇에 의거하고 무엇에 관련지어 죽은 뒤에는 생각이 존재하는 것도 아니고 존재하지 않는 것도 아니라는 이론을 지니게 되고 또한 8가지 경우로 죽은 뒤의 자아는 생각을 지닌 것도 아니고 지니지 않은 것도 아니라고 가르치게 되는가.

82 '색을 지닌 자아가 있다. 그 자아에게는 죽은 뒤에 병이 없으며 생각은 있는 것도 아니고 없는 것도 아니다.'라고 가르친다. 또는 '색이 없는 자아가 있다.'……'색이 있기도 하고 없기도 한 자아가 있다.'……'색이 있는 것도 아니고 없는 것도 아닌 자아가 있다.'……'유한한 자아가 있다.'……'무한한 자아가 있다.'……'유한하기도 하고 무한하기도 한 자아가 있다.'……'유한하지도 않고 무한하지도 않은 자아가 있다. 그 자아에게는 죽은 뒤에 병이 없으며 생각이 있는 것도 아니고 없는 것도 아니다.'라고 가르친다.

83 제자들아, 이상과 같은 것들이 바로 한 무리의 수행자나 사

제들이 죽은 뒤에는 생각이 있는 것도 아니고 없는 것도 아니라는 이론을 지니고 있으며, 또한 죽은 뒤의 자아는 생각을 지니는 것도 아니고 지니지 않는 것도 아니라는 것을 가르치는 8가지 경우이다. 제자들아, 어떤 수행자나 사제이든지 죽은 뒤에는 생각이 있는 것도 아니고 없는 것도 아니라는 이론을 지니고, 또한 죽은 뒤의 자아는 생각을 지니는 것도 아니고 지니지 않는 것도 아니라는 것을 가르치고 있는 자라면 그 모두가 이 8가지 가운데 어느 하나에 의거하고 있다. 곧 이외에 다른 근거는 존재하지 않는 것이다.……바로 이러한 법을 보고 그렇게 오신 붓다에 대해서 찬미한다면 그때 비로소 참되고 올바른 찬미를 한 것이 된다.

㉝ 첫번째의 단멸론(斷滅論)

84 제자들아, 한 무리의 수행자나 사제들은 단멸론을 지니고 있다. 곧 7가지 경우로, 현존하는 중생이 단멸되고 소멸되고 없어질 것임을 가르친다. 그러면 그 수행자나 사제들은 무엇에 의거하고 무엇에 관련지어 단멸론을 지니게 되고 또한 현존하는 중생들이 7가지 경우로 단멸하고 소멸되고 없어질 것이라고 가르치게 되는가.

85 여기에서 제자들아, 어떤 수행자나 사제는 다음과 같이 보고 말한다.

'여보시오, 자아라는 것은 색을 지니고 네 가지 중요한 원소로 이루어지고 부모로부터 태어난 것으로서 몸이 부서져 죽은 뒤에는 단멸되고 소멸되어 없어지고 말지오. 이러한 까닭에 자아는 진정으로 완전히 단멸하는 것이 됩니다.'

이와 같이 한 무리의 수행자나 사제들은 현존하는 중생이 단멸하고 소멸되고 없어질 것임을 가르치고 있는 것이다.

㉞ 두번째의 단멸론
86 다른 수행자나 사제가 첫번째 단멸론자에게 '여보시오, 당신이 말하는 그러한 자아도 있습니다. 그래서 그러한 자아가 없다라고 말하지는 않습니다. 그러나 이 정도로는 자아가 진정으로 완전히 단멸된다고 볼 수 없습니다. 실로 다른 자아가 있으니 하늘의 존재이고 색을 지니고 애욕에서 행하고 덩어리로 된 음식을 먹는 자아입니다. 그러한 자아를 당신은 알지도 보지도 못합니다. 그러나 나는 그것을 알고 봅니다. 바로 이 자아가 몸이 부서져 죽은 뒤에 단멸되고 소멸되고 없어지고 맙니다. 여보시오, 이러한 근거에서 자아는 진정으로 완전히 단멸하는 것이 됩니다.'라고 말한다.

 이와 같이 한 무리의 수행자나 사제들은 현존하는 중생이 단멸되고 소멸되고 없어질 것임을 가르치고 있는 것이다.

㉟ 세번째의 단멸론
87 또 다른 수행자나 사제가 두번째의 단멸론자에게 다음과 같이 말한다.

 '여보시오, 당신이 말한 그러한 자아도 있습니다. 그래서 그러한 자아가 없다라고 말하지는 않습니다. 그러나 이 정도로는 자아가 진정으로 완전히 단멸된다고 볼 수 없습니다. 실로 다른 자아가 있으니 하늘의 존재이고 색을 지니고 뜻으로 되어 있고 여러 가지 부분들이 모두 갖춰지고 감관이 열등하지 않는 자아입니다. 그러한 자아를 당신은 알지도 보지도 못합니다. 그러나 나는 그것을 알고 봅니다. 바로 이 자아가 몸이 부서져 죽은 뒤에 단멸되고 소멸되고 없어지고 맙니다. 여보시오, 이러한 근거에서 자아는 진정으로 완전히 단멸하는 것이 됩니다.'

이와 같이 한 무리의 수행자나 사제들은 현존하는 중생이 단멸되고 소멸되고 없어질 것임을 가르치고 있는 것이다.

㊱ 네번째의 단멸론[19)]

88 또 다른 수행자나 사제가 세번째 단멸론자에게 다음과 같이 말한다.

'여보시오, 당신이 말하는 그러한 자아도 있습니다. 그래서 그러한 자아가 없다라고 말하지는 않습니다. 그러나 이 정도로는 자아가 진정으로 완전히 단멸된다고 볼 수 없습니다. 실로 다른 자아가 있으니, 모든 색에 관한 생각을 넘으며 걸림에 관한 생각

●●●●●●●●●●●●

19) 네번째 단멸론부터 끝의 일곱번째 단멸론의 내용은 불교내에서도 귀중히 여겨지는 無色界 四處에 해당하는 것들이다. 즉, 空無邊處(무한한 허공의 포섭처), 識無邊處(무한한 식별의 포섭처), 無所有處(어떤 것도 아님의 포섭처), 非想非非想處(생각도 아니고 생각아님도 아님의 포섭처)가 그 내용이다. 이들이 다른 종교의 단멸론 사상을 설명하기 위해 제시되는 데는 다소의 의문이 있을 수 있다. 그러나 잘 살펴보면 중요한 데서 큰 차이점을 볼 수 있다. 첫째는 어떤 경우에도 自我(attan)의 존재를 지속적으로 주장한다는 점이다. 불교의 경우 어떤 영속하는 또는 잡힐 만한 실체성을 갖춘 그런 자아가 있어서 공무변처 또는 식무변처에 드는 것이다라고 가르치지는 않는다. 그냥 그러한 경계를 설정할 뿐이다. 둘째는 불교의 경우 궁극적으로 '생각과 느낀 바의 소멸〔想受滅〕'에서 해탈을 증득함으로써 모든 괴로움이 끝나는 구조인데 이 想受滅에 도달하는 과정이 공무변처 내지 비상비비상처이다. 따라서 아직 완성되지 않은 종교적 경지로서 종교적 완성을 나름대로 주장하고 있는 것이므로 차이가 나는 것이다. 이러한 두 가지의 차이점은 이 다음 현재의 상태에서 진리완성에 대한 이론들에 나타나는 色界四禪의 설명에도 그대로 적용할 수 있을 것이다.

을 없애는 등, 여러 가지 생각들을 사유하지 않아서 허공은 무한하다라고 (보는) 무한한 허공의 포섭처에 들어가는 자아입니다. 그러한 자아를 당신은 알지도 보지도 못합니다. 그러나 나는 그것을 알고 봅니다. 바로 이 자아가 몸이 부서져 죽은 뒤에 단멸되고 소멸되고 없어지고 맙니다. 여보시오, 이러한 근거에서 자아는 진정으로 완전히 단멸하는 것이 됩니다.'

이와 같이 한 무리의 수행자나 사제들은 현존하는 중생이 단멸되고 소멸되고 없어질 것임을 가르치고 있는 것이다.

㊲ 다섯번째의 단멸론
89 또 다른 수행자나 사제가 네번째 단멸론자에게 다음과 같이 말한다.

'여보시오, 당신이 말하는 그러한 자아도 있습니다. 그래서 그러한 자아가 없다라고 말하지는 않습니다. 그러나 이 정도로는 자아가 진정으로 완전히 단멸된다고 볼 수 없습니다. 실로 다른 자아가 있으니, 무한한 허공의 포섭처를 완전히 넘어서서 식별이 무한하다라고 보는 무한한 식별의 포섭처에 들어가는 자아입니다. 그러한 자아를 당신은 알지도 보지도 못합니다. 그러나 나는 그것을 알고 봅니다. 바로 이 자아가 몸이 부서져 죽은 뒤에 단멸되고 소멸되고 없어지고 맙니다. 여보시오, 이러한 근거에서 자아는 진정으로 완전히 단멸하는 것이 됩니다.'

이와 같이 한 무리의 수행자나 사제들은 현존하는 중생이 단멸되고 소멸되고 없어질 것임을 가르치고 있는 것이다.

㊳ 여섯번째의 단멸론

90 또 다른 수행자나 사제가 다섯번째의 단멸론자에게 다음과 같이 말한다. '여보시오, 당신이 말하는 그러한 자아도 있습니다. 그래서 그러한 자아가 없다라고 말하지는 않습니다. 그러나 이 정도로는 자아가 진정으로 완전히 단멸된다고 볼 수 없습니다. 실로 다른 자아가 있으니, 무한한 식별의 포섭처를 완전히 넘어서서 어떤 것도 없다라고 보는, 어떤 것도 아님의 포섭처에 들어가는 자아입니다. 그러한 자아를 당신은 알지도 보지도 못합니다. 그러나 나는 그것을 알고 봅니다. 바로 이 자아가 몸이 부서져 죽은 뒤에 단멸되고 소멸되고 없어지고 맙니다. 여보시오, 이러한 근거에서 자아는 진정으로 완전히 단멸하는 것이 됩니다.'

이와 같이 한 무리의 수행자나 사제들은 현존하는 중생이 단멸되고 소멸되고 없어질 것임을 가르치고 있는 것이다.

㊴ 일곱번째의 단멸론

91 또 다른 수행자나 사제가 여섯번째의 단멸론자에게 다음과 같이 말한다.

'여보시오, 당신이 말하는 그러한 자아도 있습니다. 그래서 그러한 자아가 없다라고 말하지는 않습니다. 그러나 이 정도로는 자아가 진정으로 완전히 단멸된다고 볼 수 없습니다. 실로 다른 자아가 있으니, 어떤 것도 아님의 포섭처를 완전히 넘어서서, 적정하고 고상한, 생각도 아니고 생각아닌 것도 아님의 포섭처에 들어가는 자아입니다. 그러한 자아를 당신은 알지도 보지도 못합니다. 그러나 나는 그것을 알고 봅니다. 바로 이 자아가 몸이 부서져 죽은 뒤에 단멸되고 소멸되고 없어지고 맙니다. 여보시오,

이러한 근거에서 자아는 진정으로 완전히 단멸하는 것이 됩니다.'
　이와 같이 한 무리의 수행자나 사제들은 현존하는 중생이 단멸되고 소멸되고 없어질 것임을 가르치고 있는 것이다.
92　제자들아, 이상과 같은 것들이 바로 한 무리의 수행자나 사제들이 단멸론을 지니며 또한 현존하는 중생이 단멸되고 소멸되고 없어질 것임을 가르치고 있는 7가지 경우이다. 제자들아, 어떤 수행자나 사제이든지 단멸론을 지니고, 또한 현존하는 중생이 단멸되고 소멸되고 없어질 것임을 가르치고 있는 자라면 그 모두가 이 7가지 경우에 의거하거나 또는 이 7가지 가운데 어느 하나에 의거하고 있다. 곧 이외에 다른 근거는 존재하지 않는 것이다.……. 바로 이러한 법을 보고 그렇게 오신 붓다에 대해서 찬미한다면 그때 비로소 참되고 올바른 찬미를 한 것이 된다.

㊵ 첫번째 현존하는 존재에서의 진리 완성에 관한 이론
93　제자들아, 한 무리의 수행자나 사제들은 현존하는 존재에서 진리의 세계에 드는 것에 관한 이론을 지니고 있다. 곧 다섯 가지 경우로 현존하는 중생이 현재의 상태에서 최상의 진리 세계에 든다고 가르치는 것이다. 그러면 그 수행자나 사제들은 무엇에 의거하고 무엇에 관련지어 현존하는 존재에서 진리의 세계에 드는 것에 관한 이론을 지니며 또한 다섯 가지로 현존하는 중생이 현재의 상태에서 최상의 진리 세계에 든다고 가르치게 되는가?
94　여기에서 제자들아, 어떤 수행자나 사제는 이와 같이 보고 말한다. '여보시오, 이 자아는 다섯 가지의 애욕(愛欲)을 소유하고 구비하여 즐기고 있습니다. 이런 까닭으로 이 자아는 현재 상태에서 최상의 진리 세계에 이미 든 것입니다.'

이와 같이 한 무리의 수행자나 사제는 현존하는 중생이 현재의 상태에서 최상의 진리 세계에 든다고 가르치는 것이다.

㊶ 두번째 현존하는 존재에서의 진리 완성에 관한 이론
95 다른 수행자나 사제가 앞의 이론에 대해 다음과 같이 말한다. '여보시오, 당신이 말하는 그러한 자아도 있습니다. 그래서 그러한 자아가 없다라고 말하지는 않습니다. 그러나 이 정도로는 자아가 현재의 상태에서 이미 최상의 진리 세계에 들었다고 볼 수 없습니다. 왜냐하면, 애욕이란 덧없고 괴로운 것이며 변하는 법인데, 애욕이 변하고 달라짐에 따라 슬픔과 눈물과 괴로움과 근심과 혼란스러움이 일어나기 때문입니다. 그리고 실제로 애욕과 선하지 못한 법을 떠나서, 사색을 갖추고 사려를 갖추고, 떠남에서 생긴 기쁨과 즐거움을 갖춘 첫번째 선정을 구족하여 지내는 자아가 있습니다. 여보시오, 이 자아가 바로 현재의 상태에서 이미 최상의 진리 세계에 든 자아입니다.'
여기에서 또 한 무리의 수행자나 사제들은 현존하는 중생이 현재의 상태에서 진리의 세계에 든다고 가르치는 것이다.

㊷ 세번째 현존하는 존재에서의 진리 완성에 관한 이론
96 또 다른 수행자나 사제는 두번째의 진리 완성에 관한 이론에 대하여 다음과 같이 말한다. '여보시오, 당신이 말하는 그러한 자아도 있습니다. 그래서 그러한 자아가 없다라고 말하지는 않습니다. 그러나 이 정도로는 자아가 현재의 상태에서 이미 최상의 진리 세계에 들었다고 볼 수 없습니다. 왜냐하면 첫번째의 선정에는 사색하고 사려한 것이 있는데 이것으로 말미암아 거칠다라

는 이야기를 듣기 때문입니다. 그리고 실제로 사색과 사려가 적 정해져 안으로 깨끗하고, 마음이 하나로 되고, 사색과 사려가 없 고, 집중상태에서 생긴 기쁨과 즐거움을 갖춘 두번째의 선정을 구족하여 지내는 자아가 있습니다. 여보시오, 이 자아가 바로 현 재의 상태에서 이미 최상의 진리 세계에 든 자아입니다.'

여기에서 또 한 무리의 수행자나 사제들은 현존하는 중생이 현 재의 상태에서 진리의 세계에 든다고 가르치는 것이다.

㊸ 네번째 현존하는 존재에서의 진리 완성에 관한 이론
97 또 다른 수행자나 사제가 세번째의 진리 완성에 관한 이론 에 대하여 다음과 같이 말한다. '여보시오, 당신이 말하는 그러한 자아도 있습니다. 그래서 그러한 자아가 없다라고 말하지는 않습 니다. 그러나 이 정도로는 자아가 현재의 상태에서 이미 최상의 진리 세계에 들었다고 볼 수 없습니다. 왜냐하면 두번째의 선정 에는 기쁨으로 인한 마음의 우쭐댐이 있는데 이것으로 말미암아 거칠다라는 이야기를 듣기 때문입니다. 그리고 실제로 기쁨에 대 한 탐착을 떠나, 담담히 바라보고 기억과 지혜를 갖추어 지내고, 몸으로 즐거움을 느낍니다. 그리하여 담담히 바라보며 기억을 갖 춤은 즐거운 삶이다라고 성인들이 말하는 세번째의 선정을 구족 하여 지내는 그러한 자아가 있습니다. 여보시오, 이 자아가 바로 현재의 상태에서 이미 최상의 진리 세계에 든 자아입니다.'

여기에서 또 한 무리의 수행자나 사제들은 현존하는 중생이 현 재의 상태에서 진리의 세계에 든다고 가르치는 것이다.

㊹ 다섯번째 현존하는 존재에서의 진리 완성에 관한 이론

98 또 다른 수행자나 사제가 네번째의 진리 완성에 관한 이론에 대하여 다음과 같이 말한다. '여보시오, 당신이 말하는 그러한 자아도 있습니다. 그래서 그러한 자아가 없다라고 말하지는 않습니다. 그러나 이 정도로는 자아가 현재의 상태에서 이미 최상의 진리 세계에 들었다고 볼 수 없습니다. 왜냐하면, 세번째의 선정에는 마음으로 즐거움을 향유하고 있는데 이것으로 말미암아 거칠다라는 이야기를 듣기 때문입니다. 그리고 실제로 즐거움도 버리고 괴로움도 버리어, 또 안심과 근심도 이미 과거에 소멸하여, 괴롭지도 즐겁지도 않은, 담담히 바라보면서도 기억을 갖추어서 청정한 네번째의 선정을 구족하여 지내는 그러한 자아가 있습니다. 여보시오, 이 자아가 바로 현재의 상태에서 이미 최상의 진리 세계에 든 자아입니다.'

여기에서 또 한 무리의 수행자나 사제들은 현존하는 중생이 현재의 상태에서 진리의 세계에 든다고 가르치는 것이다.

99 제자들아, 이상과 같은 것들이 바로 한 무리의 수행자나 사제들이 현존하는 존재에서의 진리 완성에 관한 이론을 지니며, 또한 현존하는 중생이 현재의 상태에서 이미 최상의 진리 세계에 든다라고 가르치게 되는 다섯 가지 경우이다. 제자들아, 어떤 수행자나 사제이든지 현존하는 존재에서의 진리 완성에 관한 이론을 지니며 또한 현존하는 중생이 현재의 상태에서 이미 최상의 진리의 세계에 든다라고 가르치고 있는 자라면, 그 모두가 이 다섯 가지 경우에 의거하거나 또는 이 다섯 가지 가운데 어느 하나에 의거하고 있다. 곧 이외에 다른 근거는 존재하지 않는 것이다. ……이러한 법을 보고서 그렇게 오신 붓다에 대해서 찬미를 한다

면 그때 비로소 참되고 올바른 찬미를 한 것이 된다.

100 그리고 제자들아, 이상과 같은 것들을 통하여 한 무리의 수행자나 사제들은 미래의 겁에 대하여 말하고 미래에 대한 견해를 지니고 있으니, 미래에 관하여 44가지 경우로 다르게 정돈된 관견들을 주장한다고 말하는 것이다. 제자들아, 어떤 수행자나 사제이든지 미래의 겁에 대하여 말하고 미래에 대한 견해를 지니고 있으며, 미래에 관하여 여러 가지 관견들을 주장하고 있는 자라면 그 모두가 이 44가지 경우에 의거하거나 (이 44가지 가운데 어느 하나에 의거하고 있다. 곧 이외에 다른 근거는 존재하지 않는 것이다.) 바로 이 법을 보고 그렇게 오신 붓다에 대해서 찬미한다면 그때 비로소 참되고 올바른 찬미를 한 것이 된다.

101 그리고 제자들아, 또 이상과 같은 것들을 통하여 한 무리의 수행자나 사제들은 과거의 겁과 미래의 겁에 대하여 말하고 과거와 미래에 대한 견해를 지니게 되니, 과거와 미래에 관하여 62가지 경우로 다르게 정돈된 관견들을 주장한다고 말하는 것이다.

102 제자들아, 어떤 수행자나 사제이든지 과거의 겁과 미래의 겁에 대하여 말하고 과거와 미래에 대한 견해를 지니고 있으며 과거와 미래에 관하여 여러 가지 관견들을 주장하고 있는 자라면, 그 모두가 이 62가지 경우에 의거하거나 이 62가지 가운데 어느 하나에 의거하고 있다. 곧 이외에 다른 근거는 존재하지 않는 것이다.

103 그런데 제자들아, 그렇게 오신 붓다는 다음과 같이 알아낸다. 곧 이상과 같은 견해들의 근거는 이와 같이 국집되어 있으며, 이와 같이 더럽혀져 있으며 이와 같은 갈 곳과 이와 같은 미래를 지니고 있다고 알아낸다. 그리고 그렇게 오신 붓다는 그것을 알

아낼 뿐 아니라 그보다 더 높은 것도 알아낸다. 그러나 그러한 앎에 집착하지 않는다. 이처럼 제자들아, 집착하지 않기 때문에 그렇게 오신 붓다는 스스로 고요함을 느낀다. 고요함을 느낀 뒤 그 느낌의 집기와 사라짐과 맛과 환난과 벗어남을 있는 그대로 알게 된다. 그런 뒤 취착하는 것 없이 해탈한다.

104 제자들아, 이러한 것이 바로 깊이가 있고 보기가 어렵고 이해하기가 어렵고 적정하고 고상하고 단순한 사색과 사려를 넘어 섰고 미묘하기가 이를 데 없고 슬기로운 자만이 능히 알 수 있는 법으로서 그렇게 오신 붓다가 스스로 잘 알고 똑똑히 보아 가르치는 법이다. 바로 이 법을 보고 그렇게 오신 붓다에 대해서 찬미한다면 그때 비로소 참되고 올바른 찬미를 한 것이 된다."

4. 이상의 견해들은 갈애에 빠진 자들의 번민일 뿐

105 "제자들아, 어떤 수행자나 사제들은 영속론을 지니고 또한 자아와 세계의 영속함을 네 가지 경우로 가르치고 있는데, 이 견해는 저 수행자나 사제들이 알지 못하고 보지 못하여 단지 느낀 것을 말한 것이며 갈애에 빠져 있어 고뇌하고 번민한 것을 말한 것에 지나지 않는다.[20]

●●●●●●●●●●●●●●●●

20) 붓다 당시의 종교적 진리 주장에 대한 붓다의 종합적인 평가이다. 어떤 종교적 주장도 그것은 붓다의 견지에서 볼 때 합리적인 근거가 없음을 '느낀 것을 말한 것이다'라는 표현으로 대신하고 있다. 사실 종교적 진리 주장일수록 정서적인 것일 확률이

106 제자들아, 또 어떤 수행자나 사제들은 일부는 영속하고, 일부는 영속하지 못하다는 견해를 지니며 또한 자아와 세계의 일부는 영속하고 일부는 영속하지 못함을 네 가지 경우로 가르치고 있는데, 이 견해 역시 저 수행자나 사제들이 알지 못하고 보지 못하여 단지 느낀 것을 말한 것이며 갈애에 빠져 있어 고뇌하고 번민한 것을 말한 것에 지나지 않는다.

107 제자들아, 또 어떤 수행자나 사제들은 유한 무한론을 지니고 또한 세계의 유한 무한을 네 가지 경우로 가르치고 있는데, 이 견해 역시 저 수행자나 사제들이 알지 못하고 보지 못하여 단지 느낀 것을 말한 것이며 갈애에 빠져 있어 고뇌하고 번민한 것을 말한 것에 지나지 않는다.

108 제자들아, 또 어떤 수행자나 사제들은 뱀장어가 미끄러워 잡기 어려운 것처럼 종잡을 수 없는 말을 하며 또한 곳곳에서 질문받을 때마다 네 가지 경우로 뱀장어가 미끄러워 잡기 어려운 것처럼 종잡을 수 없는 말을 하며 교란시키고 있는데, 이것 역시 저 수행자나 사제들이 알지 못하고 보지 못하여 단지 느껴진 것을 말한 것이며, 갈애에 빠져 있어 고뇌하고 번민하는 것을 말한 것에 지나지 않는다.

109 제자들아, 또 어떤 수행자나 사제들은 우발론을 지니고 있으며 또한 두 가지 경우로 자아와 세계는 우연히 발생한 것으로 가르치고 있는데, 이 견해 역시 저 수행자나 사제들이 알지 못하

● ● ● ● ● ● ● ● ● ● ● ● ●
높다. 그리고 문제의 해결을 위한 맹목적인 애착속에서 ('渴愛에 빠져 있어') '고뇌하고 번민한 것'을 표명한 것에 불과하다라고 지적하고 있는 것이다.

고 보지 못하여 단지 느낀 것을 말한 것이며 갈애에 빠져 있어 고뇌하고 번민한 것을 말한 것에 지나지 않는다.

110 그리하여 제자들아, 저 수행자나 사제들이 과거의 겁에 대하여 말하고 과거에 대한 견해를 지니고 있으며, 또한 과거에 관하여 18가지 경우로 다르게 정돈된 관견들을 주장하고 있는데, 이 견해들은 저 수행자나 사제들이 알지 못하고 보지 못하여 단지 느낀 것을 말한 것이며 갈애에 빠져 있어 고뇌하고 번민한 것을 말한 것에 지나지 않는다.

111 제자들아, 또 어떤 수행자나 사제들은 죽은 뒤에는 생각이 존재한다는 이론을 지니며, 또한 16가지 경우로 죽은 뒤에도 생각하는 자아는 존재한다고 가르치고 있는데, 이 견해 역시 저 수행자나 사제들이 알지 못하고 보지 못하여 단지 느낀 것을 말한 것이며 갈애에 빠져 있어 고뇌하고 번민한 것을 말한 것에 지나지 않는다.

112 제자들아, 또 어떤 수행자나 사제들은 죽은 뒤에는 생각이 없다는 이론을 지니며 또한 8가지 경우로 죽은 뒤의 자아는 생각이 없다고 가르치고 있는데, 이 견해 역시 저 수행자나 사제들이 알지 못하고 보지 못하여 단지 느낀 것을 말한 것이며 갈애에 빠져 있어 고뇌하고 번민한 것을 말한 것에 지나지 않는다.

113 제자들아, 또 어떤 수행자나 사제들은 죽은 뒤에는 생각이 있는 것도 아니고 없는 것도 아니라는 이론을 지니고 있으며, 또한 8가지 경우로 죽은 뒤의 자아는 생각을 지니는 것도 아니고 지니지 않는 것도 아니라고 가르치고 있는데, 이 견해 역시 저 수행자나 사제들이 알지 못하고 보지 못하여 단지 느낀 것을 말한 것이며 갈애에 빠져 있어 고뇌하고 번민한 것을 말한 것에 지

나지 않는다.

114 제자들아, 또 어떤 수행자나 사제들은 단멸론을 지니며 또한 7가지 경우로 현존하는 중생이 단멸되고 소멸되고 없어질 것임을 가르치고 있는데, 이 견해 역시 저 수행자나 사제들이 알지 못하고 보지 못하여 단지 느낀 것을 말한 것이며 갈애에 빠져 있어 고뇌하고 번민한 것을 말한 것에 지나지 않는다.

115 제자들아, 또 어떤 수행자나 사제들은 현존하는 존재에서의 진리 완성에 관한 이론을 지니며 또한 다섯 가지 경우로 현존하는 중생이 현재의 상태에서 이미 최상의 진리 세계에 든다라고 가르치는데, 이것 역시 저 수행자나 사제들이 알지 못하고 보지 못하여 단지 느껴진 것을 말하는 것이며 갈애에 빠져 있어 고뇌하고 번민한 것을 말하는 데 지나지 않는다.

116 그리하여 제자들아, 저 수행자나 사제들이 미래의 겁에 대하여 말하고, 미래에 대한 견해를 지니고 있으며, 또한 미래에 관하여 44가지 경우로 다르게 정돈된 관견들을 주장하고 있는데, 이 견해들은 저 수행자나 사제들이 알지 못하고 보지 못하여 단지 느낀 것을 말한 것이며 갈애에 빠져 있어 고뇌하고 번민한 것을 말한 것에 지나지 않는다.

117 결국 제자들아, 저 수행자나 사제들은 과거의 겁과 미래의 겁에 대하여 말하고, 과거와 미래에 대한 견해를 지니고 있으며, 과거와 미래에 관하여 62가지 경우로 다르게 정돈된 관견들을 주장하고 있는데, 이 견해들은 저 수행자나 사제들이 알지 못하고 보지 못하여 단지 느낀 것을 말한 것이며, 갈애에 빠져 있어 고뇌하고 번민한 것을 말한 것에 지나지 않을 뿐이다."

5. 견해들은 부딪침에 기대어 일어난 것[21]

118 "제자들아, 어떤 수행자나 사제들은 영속론을 지니고 또한 자아와 세계의 영속론을 지니고 또한 자아와 세계의 영속함을 네 가지 경우로 가르치고 있는데, 이 견해는 부딪침에 기대어 (일어난) 것이다.

119 제자들아, 또 어떤 수행자나 사제들은 일부는 영속하고, 일부는 영속하지 못하다는 견해를 지니며 또한 자아와 세계의 일부는 영속하고 일부는 영속하지 못함을 네 가지 경우로 가르치고 있는데, 이 견해 역시 부딪침에 기대어 일어난 것이다.

120 제자들아, 또 어떤 수행자나 사제들은 유한 무한론을 지니고 또한 세계의 유한 무한을 네 가지 경우로 가르치고 있는데, 이 견해 역시 부딪침에 기대어 일어난 것이다.

121 제자들아, 또 어떤 수행자나 사제들은 뱀장어가 미끄러워 잡기 어려운 것처럼 종잡을 수 없는 말을 하며 또한 곳곳에서 질문받을 때마다 네 가지 경우로 뱀장어가 미끄러워 잡기 어려운 것처럼 종잡을 수 없는 말을 하며 교란시키고 있는데, 이것 역시 부딪침에 기대어 일어난 것이다.

●●●●●●●●●●●●●

21) 앞서 모든 견해들은 느낌을 말한 것에 지나지 않는다고 규명하였다. 그런데 불교의 진리인 十二緣起說을 볼 때 '느낌'은 '부딪침(phassa)'을 기대어서 일어난다고 설해진다. 그런 입장에서 모든 견해들의 기원 또는 근거가 부딪침이라고 밝히는 부분이다. 이 부딪침은 나름대로 '六觸緣起'라는 연기설로 정착되지만 궁극적으로 十二緣起說에서 완성됨은 재론할 필요가 없다. 결국 불교의 진리 주장은 十二緣起說을 중심으로 한 가르침들을 잘 이해해 봄으로써 파악될 수 있는 성질의 것임을 말할 수 있다.

8. 범망 경 243

122 제자들아, 또 어떤 수행자나 사제들은 우발론을 지니고 있으며 또한 두 가지 경우로 자아와 세계는 우연히 발생한 것으로 가르치고 있는데, 이 견해 역시 부딪침에 기대어 일어난 것이다.

123 그리하여 제자들아, 저 수행자나 사제들이 과거의 겁에 대하여 말하고 과거에 대한 견해를 지니고 있으며, 또한 과거에 관하여 18가지 경우로 다르게 정돈된 관견들을 주장하고 있는데, 이 견해들은 (모두) 부딪침에 기대어 일어난 것이다.

124 제자들아, 또 어떤 수행자나 사제들은 죽은 뒤에는 생각이 존재한다는 이론을 지니며, 또한 16가지 경우로 죽은 뒤에도 생각하는 자아는 존재한다고 가르치고 있는데, 이 견해 역시 부딪침에 기대어 일어난 것이다.

125 제자들아, 또 어떤 수행자나 사제들은 죽은 뒤에는 생각이 없다는 이론을 지니며 또한 8가지 경우로 죽은 뒤의 자아는 생각이 없다고 가르치고 있는데, 이 견해 역시 부딪침에 기대어 일어난 것이다.

126 제자들아, 또 어떤 수행자나 사제들은 죽은 뒤에는 생각이 있는 것도 아니고, 없는 것도 아니라는 이론을 지니고 있으며, 또한 8가지 경우로 죽은 뒤의 자아는 생각을 지니는 것도 아니고 지니지 않는 것도 아니라고 가르치고 있는데, 이 견해 역시 부딪침에 기대어 일어난 것이다.

127 제자들아, 또 어떤 수행자나 사제들은 단멸론을 지니며 또한 7가지 경우로 현존하는 중생이 단멸되고 소멸되고 없어질 것임을 가르치고 있는데, 이 견해 역시 부딪침에 기대어 일어난 것이다.

128 제자들아, 또 어떤 수행자나 사제들은 현존하는 존재에서

의 진리완성에 관한 이론을 지니며 또한 다섯 가지 경우로 현존하는 중생이 현재의 상태에서 이미 최상의 진리 세계에 든다라고 가르치는데, 이것 역시 부딪침에 기대어 일어난 것이다.

129 그리하여 제자들아, 저 수행자나 사제들이 미래의 겁에 대하여 말하고 미래에 대한 견해를 지니고 있으며 또한 미래에 관하여 44가지 경우로 다르게 정돈된 관견들을 주장하고 있는데, 이 견해들은 (모두) 부딪침에 기대어 일어난 것이다.

130 결국 제자들아, 저 수행자나 사제들은 과거의 겁과 미래의 겁에 대하여 말하고, 과거와 미래에 대한 견해를 지니고 있으며, 과거와 미래에 관하여 62가지 경우로 다르게 정돈된 관견들을 주장하고 있는데, 이 견해들 (모두가) 부딪침에 기대어 일어난 것이다.

(다음과 같은 경우는 존재하지 않는다.)

131 제자들아, 어떤 수행자나 사제들은 영속론을 지니고 또한 자아와 세계의 영속함을 네 가지 경우로 가르치고 있는데, 그들이 실로 부딪침에 기대지 않고도 그런 것을 느낄 수 있다고 하는 그러한 경우는 존재하지 않는다.

132 제자들아, 또 어떤 수행자나 사제들은 일부는 영속하고 일부는 영속하지 못하다는 견해를 지니며, 또한 자아와 세계의 일부는 영속하고 일부는 영속하지 못함을 네 가지 경우로 가르치고 있는데, 그들이 실로 부딪침에 기대지 않고도 그런 것을 느낄 수 있다고 하는 그러한 경우는 존재하지 않는다.

133 제자들아, 또 어떤 수행자나 사제들은 유한 무한론을 지니며 또한 세계의 유한 무한을 네 가지 경우로 가르치고 있는데, 그들이 실로 부딪침에 기대지 않고도 그런 것을 느낄 수 있다고

하는 그러한 경우는 존재하지 않는다.

134 제자들아, 또 어떤 수행자나 사제들은 뱀장어가 미끄러워 잡기 어려운 것처럼 종잡을 수 없는 말을 하며 또한 곳곳에서 질문받을 때마다 네 가지 경우로 뱀장어가 미끄러워 잡기 어려운 것처럼 종잡을 수 없는 말을 하여 교란시키고 있는데, 그들이 실로 부딪침에 기대지 않고도 그런 것을 느낄 수 있다고 하는 그러한 경우는 존재하지 않는다.

135 제자들아, 또 어떤 수행자나 사제들은 우발론을 지니고 있으며 또한 두 가지 경우로 자아와 세계는 우연히 발생한 것으로 가르치고 있는데, 그들이 실로 부딪침에 기대지 않고도 그런 것을 느낄 수 있다고 하는 그러한 경우는 존재하지 않는다.

136 그리하여 제자들아, 저 수행자나 사제들이 과거의 겁에 대하여 말하고 과거에 대한 견해를 지니고 있으며 또한 과거에 관하여 18가지 경우로 다르게 정돈된 관견들을 주장하고 있는데, 그들이 실로 부딪침에 기대지 않고도 그런 것을 느낄 수 있다고 하는 그러한 경우는 존재하지 않는다.

137 제자들아, 또 어떤 수행자나 사제들은 죽은 뒤에는 생각이 존재한다는 이론을 지니며, 또한 16가지 경우로 죽은 뒤에도 생각하는 자아는 존재한다고 가르치고 있는데, 그들이 실로 부딪침에 기대지 않고도 그런 것을 느낄 수 있다고 하는 그러한 경우는 존재하지 않는다.

138 제자들아, 또 어떤 수행자나 사제들은 죽은 뒤에는 생각이 없다는 이론을 지니며 또한 8가지 경우로 죽은 뒤의 자아는 생각이 없다고 가르치고 있는데, 그들이 실로 부딪침에 기대지 않고도 그런 것을 느낄 수 있다고 하는 그러한 경우는 존재하지 않는다.

139 제자들아, 또 어떤 수행자나 사제들은 죽은 뒤에는 생각이 있는 것도 아니고, 없는 것도 아니라는 이론을 지니고 있으며, 또한 8가지 경우로 죽은 뒤의 자아는 생각을 지니는 것도 아니고 지니지 않는 것도 아니라고 가르치고 있는데, 그들이 실로 부딪침에 기대지 않고도 그런 것을 느낄 수 있다고 하는 그러한 경우는 존재하지 않는다.

140 제자들아, 또 어떤 수행자나 사제들은 단멸론을 지니며 또한 7가지 경우로 현존하는 중생이 단멸하고 소멸되고 없어질 것임을 가르치고 있는데, 그들이 실로 부딪침에 기대지 않고도 그런 것을 느낄 수 있다고 하는 그러한 경우는 존재하지 않는다.

141 제자들아, 또 어떤 수행자나 사제들은 현존하는 존재에서의 진리 완성에 관한 이론을 지니며 또한 다섯 가지 경우로 현존하는 중생이 현재의 상태에서 이미 최상의 진리 세계에 든다라고 가르치는데, 그들이 실로 부딪침에 기대지 않고도 그런 것을 느낄 수 있다고 하는 그러한 경우는 존재하지 않는다.

142 그리하여 제자들아, 저 수행자나 사제들이 미래의 겁에 대하여 말하고 미래에 대한 견해를 지니고 있으며 또한 미래에 관하여 44가지 경우로 다르게 정돈된 관견들을 주장하고 있는데, 그들이 실로 부딪침에 기대지 않고도 그런 것을 느낄 수 있다고 하는 그러한 경우는 존재하지 않는다.

143 결국 제자들아, 저 수행자나 사제들은 과거의 겁과 미래의 겁에 대하여 말하고, 과거와 미래에 대한 견해를 지니고 있으며, 과거와 미래에 관하여 62가지 경우로 다르게 정돈된 관견들을 주장하고 있는데 그들 (모두가) 실로 부딪침에 기대지 않고도 그런 것을 느낄 수 있다고 하는 그러한 경우는 존재하지 않는 것

이다."

6. 견해들의 갈 곳은 둥글게 윤회하는 것

144 "제자들아, 영속론을 지니며 자아와 세계의 영속함을 네 가지 경우로 가르치는 수행자나 사제들은, 또한 일부는 영속하고 일부는 영속하지 못하다는 이론을 지니고 있는 수행자나 사제들도,… 또한 유한 무한론을 지니고 있는 수행자나 사제들도, … 또한 뱀장어가 미끄러워 잡기 어려운 것처럼 종잡을 수 없는 말을 하는 수행자나 사제들도, … 또한 우발론을 지니고 있는 수행자나 사제들도,…이처럼 과거의 겁에 대하여 말하는 수행자나 사제들도, … 또한 죽은 뒤에도 생각이 있다는 이론을 지니고 있는 수행자나 사제들도, … 또한 죽은 뒤에는 생각이 없다는 이론을 지니고 있는 수행자나 사제들도, … 또한 죽은 뒤에는 생각이 있는 것도 아니고 없는 것도 아니라는 이론을 지니고 있는 수행자나 사제들도,…또한 단멸론을 지니고 있는 수행자나 사제들도, … 또한 현존하는 존재에서의 진리완성에 관한 이론을 지니고 있는 수행자나 사제들도, … 이처럼 미래의 겁에 대하여 말하는 수행자나 사제들도, … 그리하여 과거의 겁과 미래의 겁에 대하여 말하고 과거와 미래에 대한 견해를 지니고 있으며, 과거와 미래에 관하여 62가지 경우로 다르게 정돈된 관견들을 주장하고 있는 수행자나 사제들도, 그 모두가 여섯 가지 부딪침의 포섭처에 부딪치고 부딪쳐 느끼고 있는 것이다. 그들에게는 느낌에 기대어

갈애가 있고, 갈애에 기대어 취착함이 있고, 취착함에 기대어 됨이 있고, 됨에 기대어 태어남이 있고, 태어남에 기대어 늙음·죽음·슬픔·눈물·괴로움·근심·갈등이 함께 존재한다."

7. 견해의 그물

145 "제자들아, 실로 붓다의 제자라면 여섯 가지 부딪침의 포섭처에 대해서 그 집기와 사라짐, 맛과 환난 그리고 벗어남을 있는 그대로 알아낸다. 바로 이것이 이상의 모든 견해들보다 더욱 높은 것을 알아낸 것이다.

146 실로 제자들아, 과거의 겁과 미래의 겁에 대하여 말하고, 과거와 미래에 대한 견해를 지니고 있으며, 과거와 미래에 관하여 다르게 정돈된 관견들을 주장하고 있는 수행자나 사제들은, 그 모두가 (이상의) 62가지 경우로 그물 안에 갇힌 듯이 되어 여기서 빠져나가려하나 묶여 있으며 또 빠져나가려하나 완전히 그 속에 들어있는 것이다.

제자들아, 마치 능숙한 어부 또는 그 어부의 제자가 미세한 그 물코를 갖춘 그물을 가지고 작은 연못을 덮는다고 하자. 그 어부는 '이 연못에 있는 어떤 크기의 살아있는 고기들도 그물 속에 갇혔다. 그 고기들은 여기서 빠져나가려하나 묶여있으며 빠져나가려하나 완전히 그 속에 들어있는 것이다.'라고 생각할 것이다.

이와 같이 제자들아, 과거의 겁과 미래의 겁에 대하여 말하고, 과거와 미래에 대한 견해를 지니고 있으며, 과거와 미래에 관하여 다르게 정돈된 관견들을 주장하고 있는 수행자나 사제들은 그 모두가 이상의 62가지 경우로 그물 안에 갇힌 듯이 되어 여기서 빠져나가려하나 묶여 있으며, 또 빠져나가려하나 완전히 그 속에 들어있는 것이다.

147 그런데 제자들아, 그렇게 오신 붓다의 몸에는 (새로운) 존재로 이끄는 (원인)이 끊어져서 없다. 그렇게 오신 붓다의 몸은 그렇게 머무는 것이다. 그렇게 오신 붓다의 몸이 이와 같이 머물고 있을 동안은 천신과 인간들이 그렇게 오신 붓다를 볼 수 있지만 몸이 부서지고 목숨이 다한 뒤에는 천신과 인간들이 그렇게 오신 붓다를 볼 수 없는 것이다.

제자들아, 줄기에 달려있는 망고 열매는 어떤 것이나 줄기와 함께 있을 것이다. 그러나 줄기에서 잘려진 망고 송이는 (그렇지 못하다.) 제자들아, 이와 같이 그렇게 오신 붓다의 몸에는 새로운 존재로 이끄는 원인이 끊어져서 없다. 그렇게 오신 붓다의 몸은 그렇게 머무는 것이다. 그렇게 오신 붓다의 몸이 이와 같이 머물고 있을 동안은 천신과 인간들이 그렇게 오신 붓다를 볼 수 있지만, 몸이 부서지고 목숨이 다한 뒤에는 천신과 인간들이 그렇게 오신 붓다를 볼 수 없는 것이다."

148 이렇게 설하셨을 때 아난다 장로는 붓다께 다음과 같이 말씀드렸다.

"붓다시여, 놀라운 일입니다. 붓다시여, 일찍이 없었던 일입니다. 붓다시여, 도대체 이 법문의 이름은 무엇입니까."

"그러면 아난다야, 너는 이 법문(의 이름)을 뜻의 그물이라고 지니어라. 또는 법의 그물이라고도 지니어라. 또는 범신의 그물이라고도 지니어라. 또는 견해의 그물이라고도 지니어라. 또는 최고의 전쟁 승리자라고도 지니도록 해라."
149 붓다께서는 이와 같이 설하셨고 마음이 흡족해진 제자들은 붓다의 말씀을 듣고 매우 기뻐하였다. 그리고 이러한 문답이 베풀어질 때 일만 세계가 진동하였다.

— 8. 범망경 끝 —

9. 대념처 경[1]
불교의 진리 (1)[2]

● ● ● ● ● ● ● ● ● ● ● ●

1) 장니카야(Dīgha-Nikāya)제2권 제9경(Mahā‑Satipaṭṭhāna Sutta)〔D.N.Ⅱ, p. 217~235(N.D.P) p.290~315(P.T.S)〕. 그런데 이 경은 중니카야(Majjhima-Nikāya)에서도 동일한 내용이 그대로 되풀이 된다. 중니카야 제1권 제10경이 바로 그것이다. 이처럼 동일 경전이 니카야 내에서 두번씩이나 되풀이 됨을 볼 때 불교의 수행과 진리를 설하는 경으로서 손색이 없다 할 것이다. 한역의 대응경으로는 中阿含 98 경 念處經〔大正藏 1, p.582 中~〕이 있다.
2) 이 경은 一乘(Eka-yāna)의 길을 설하는 경으로 표방되고 있다(제2단락 참조). 一乘은 대·소승을 통틀어 불교의 궁극적인 지향점이 집약되어 있는 개념이다(『묘법연화경』〔大正藏 9. p.7 中~〕참조). 곧 그것은 一佛乘의 준말이기 때문이다. 붓다가 되는 하나의 길인 일승의 길을, 이 경전은 '네 가지 기억의 확립〔四念處〕'이라는 가르침을 부연 설명하면서 제시한다. 그러한 모든 설명들이 가치롭지만 특히 마지막 법의 설명 중 '네 가지 진리'를 설하면서 마무리하는 것을 주의할 만하다. 네 가지 진리〔四諦〕는 분명 불교의 진리를 대표하는 것으로 손색이 없기 때문이다.
더욱이 네 가지 진리 중 집기(集起)와 멸함〔滅〕의 진리를 다시 분멸하면서 이른바 六六法緣起의 支分들은 제시하고 있어 주목된다. '눈→색→눈의 식별→눈의 부딪침→눈의 느낌→색의 생각→색의 의도→색의 사색→색의 사려' 등의 계열이 제시되는 것이다. 우리는 앞서 8.『범망경』등에서 '여섯 부딪침의 포섭처〔六觸入處〕' 또는 '六觸緣起'라는 것이 다른 종교사상들을 비판하는데 있어서 붓다의 가르침으로 결정적인 역할을 하는 것을 보았다.
바로 그 교설들이 역시 네 가지 진리 속에서 설해지고 있으므로 상응하는 바가 있는 것이다. 그리고 이 경은 나름대로 불교의 수행법을 총괄적으로 정리해주고 있다. 간단

1. 가르침의 주제

1 이와 같이 내가 들었다. 한때에 붓다께서는 쿠루 국의 카마사담마라고 하는 쿠루 사람들의 시읍에서 지내셨다. 그곳에서 붓다께서는 "제자들아."라고 하시며 제자들을 불러 말씀하셨다.

"붓다시여."라고 하며 그 제자들은 붓다께 응답하였다. 붓다께서는 설하셨다.

2 "제자들아, 중생들의 청정함을 위하여, 슬픔과 눈물의 극복을 위하여 괴로움과 근심의 소멸을 위하여, 합리적인 (길을) 따르기 위하여, 그리고 진리의 세계를 똑똑히 보기 위하여 (마련된) 일승(一乘)의 길이 있다. 곧 네 가지 기억의 확립(이라는 수행)이다.

넷이란 어떤 것들인가. 여기에서 붓다의 제자는 몸에서 몸을 보고 지내되, 열심히 지혜와 기억을 갖추고 세상에 대해 탐욕과 근심을 제거한 채 지낸다. 그리고 여러 느낌들에서 느낌을 보고 지내되, 열심히 지혜와 기억을 갖추고 세상에 대해 탐욕과 근심

● ● ● ● ● ● ● ● ● ● ● ●

한 '숨쉬는 법'에 대한 수행으로부터 점점 수준을 상승시켜 네 가지 진리에 대한 고찰에까지 끌어올리고 있는 것이다. 그런데 네 가지 진리로 불교의 진리가 일단락되는 것은 물론 아니다. 누누이 언급하였지만 十二緣起說에 이르러 불교의 진리주장은 일단락되는 것이다. 그러한 견지에서 볼 때 이 경에 설해진 일련의 과정은 '수행'에 중점이 두어진 것으로 보지 않을 수 없다. 즉, '수행에 의한 깨달음' 이것이 붓다의 진리 주장이거니와, 그 중 수행의 범주에서 이해할 수 있는 내용인 것이다. 앞서 여덟 개의 경전들에 제시된 붓다의 가르침도 모두 길고 긴 수행의 길을 여러 가지로 분별해 준 것으로 이해하면 된다.

결국 수행에 의한 '깨달음' 그것은 十二緣起說이다. 그에 대한 붓다의 말씀은 다음 제 10. 연기상응의 4개 경에서 살펴도록 하고 여기서는 '수행'을 염두에 두면서 그 진리성을 음미해가도록 하자.

을 제거한 채 지낸다. 그리고 마음에서 마음을 보고 지내되, 열심히 지혜와 기억을 갖추고 세상에 대해 탐욕과 근심을 제거한 채 지낸다. 끝으로 여러 법들에서 법을 보고 지내되, 열심히 지혜와 기억을 갖추고 세상에 대해 탐욕과 근심을 제거한 채 지낸다."

2. 몸을 보는 것

(1) 숨쉬기

3 "그러면 제자들아, 어떻게 붓다의 제자가 몸에서 몸을 보고 지내는가. 여기에서 제자들아, 한 제자가 한적한 곳에 가거나 나무뿌리 위에 가거나 또는 빈 집에 가서 가부좌를 맺고 몸을 곧게 한 뒤 기억을 떠올린 채로 있는다. 그는 기억을 갖춘 채 (숨을) 내쉬고, 기억을 갖춘 채 들이쉰다. 또 길게 내쉴 때는 길게 내쉰다고 알고, 길게 들이쉴 때는 길게 들이쉰다고 알아낸다. 또 짧게 내쉴 때는 짧게 내쉰다고 알고, 짧게 들이 쉴 때는 짧게 들이쉰다고 알아낸다. 또 몸의 모든 (느낌에 대해) 느끼면서 내쉬는 (법을) 수련하고, 몸의 모든 (느낌에 대해) 느끼면서 들이쉬는 (법을) 수련한다. 그리고 몸의 결합작용을 누그러뜨리며 내쉬는 (법을) 수련하고, 몸의 결합작용을 누그러뜨리며 들이쉬는 (법을) 수련한다.

제자들아, 능숙한 선반공 또는 선반공의 제자가 긴 것을 뽑을 때는 길게 뽑는다라고 알고, 짧은 것을 뽑을 때는 짧게 뽑는다라고 알아낸다. 마치 그와 같이 제자들아, 그 제자는 길게 내쉴 때

는 길게 내쉰다고 알고, 길게 들이쉴 때는 길게 들이쉰다고 알아
낸다. 또 짧게 내쉴 때는 짧게 내쉰다고 알고, 짧게 들이쉴 때는
짧게 들이쉰다고 알아낸다. 또 몸의 모든 (느낌에 대해) 느끼면
서 내쉬는 (법을) 수련하고, 몸의 모든 (느낌에 대해) 느끼면서
들이쉬는 (법을) 수련한다. 그리고 몸의 결합작용을 누그러뜨리
며 내쉬는 (법을) 수련하고, 몸의 결합작용을 누그러뜨리며 들이
쉬는 (법을) 수련한다.

 이와 같이 (수행하면서) 몸의 안으로부터 몸을 보고 지내고,
몸의 바깥에서 몸을 보고 지내고, 몸의 안팎에서 몸을 보고 지낸
다. 또 몸에서 집기하는 법을 보고 지내고, 몸에서 흩어지는 법을
보고 지내고, 몸에서 집기하고 흩어지는 법을 보고 지낸다. 또 몸
이 있다라는 기억을 가까이 머무르게 한다. 그리하여 조금의 앎
이나 조금의 기억을 위해서도 (다른 것에) 의지함이 없는 까닭
에 세상의 어떤 것에 대해서도 취착하지 않는다. 제자들아, 이와
같이 그 제자는 몸에서 몸을 보고 지내는 것이다.

(2) 절도 있는 행동

4 다시 또 제자들아, 그 제자가 갈 때는 나는 간다라고 알아내
고, 서 있을 때는 나는 서 있다라고 알아내고, 앉았을 때는 나는
앉아 있다라고 알아내고, 잠들 때는 나는 잠든다라고 알아낸다.
이렇게 저렇게 몸이 향하는 대로 그때마다 그것을 알아낸다.

 이와 같이 (수행하면서) 몸의 안으로부터 몸을 보고 지내고,
몸의 바깥에서 몸을 보고 지내고, 몸에서 흩어지는 법을 보고 지
내고, 몸에서 집기하고 흩어지는 법을 보고 지낸다. 또 몸이 있다
라는 기억을 가까이 머무르게 한다. 그리하여 조금의 앎이나 조

금의 기억을 위해서도 (다른 것에) 의지함이 없는 까닭에 세상의 어떤 것에 대해서도 취착하지 않는다. 제자들아, 이와 같이 그 제자는 몸에서 몸을 보고 지내는 것이다.

(3) 지혜

5 다시 또 제자들아, 그 제자가 나아가고 물러갈 때 지혜에 입각해 움직이고, 앞을 보고 뒤를 볼 때 지혜에 입각해 움직이고, 굽히고 펼 때 지혜에 입각해 움직이고, 승가리와 발우와 법의를 지닐 때 지혜에 입각해 움직이고, 먹고·마시고·쓰고 맛볼 때 지혜에 입각해 움직이고, 대소변을 볼 때 지혜에 입각해 움직이고·가고·머물고·앉고·자고·깨고·말하고·침묵할 때도 지혜에 입각해 움직인다. 이와 같이 (수행하면서) 몸의 안으로부터 ……. 이와 같이 제자들아, 그 제자는 몸에서 몸을 보고 지내는 것이다.

(4) 역겨운 모습을 사유함

6 다시 또 제자들아, 그 제자가 발바닥에서 머리털까지 피부로 싸여 있는 이 몸을 여러 가지 더러운 요소가 가득 찬 것으로 자세히 살펴본다. 곧 '이 몸에는 머리털, 몸털, 손톱, 이빨, 피부, 살, 힘줄, 뼈, 골수, 콩팥, 심장, 간, 늑막, 비장, 장간막, 창자, 위, 대변, 담즙, 가래, 고름, 피, 땀, 지방질, 눈물, 수지(獸脂), 침, 콧물, 관절액, 오줌이 있다.'라고 자세히 살펴본다.

제자들아, 양쪽에 주둥이가 있는 자루에 여러 가지 곡식이 가득 차 있을 것이다. 곧 살리쌀, 비히쌀, 강낭콩, 콩, 깨, 탈곡된 곡알 등이 차 있다. 그것을 눈 있는 사람이 풀어서 '이것은 살리쌀, 이것은 비히쌀, 이것은 강낭콩, 이것은 콩, 이것은 깨, 이것은 탈곡된 곡알이다.'라고 자세히 볼 것이다. 마치 이와 같이 제자들아, 그 제자가 발바닥에서 머리털까지 피부로 싸여 있는 이 몸을 살펴보되, 여러 가지 더러운 요소가 가득 찬 것으로 자세히 살펴본다. 곧 '이 몸에는 머리털 몸털……오줌이 있다.'라고 하며. 이와 같이 (수행하면서) 몸의 안으로부터……이와 같이 제자들아, 그 제자는 몸에서 몸을 보고 지내는 것이다.

(5) 계층에 대해 사유함

7 다시 또 제자들아, 그 제자가 이 몸을 살펴보되, 머물고 향하는 대로 계층으로부터 자세히 살펴본다. 곧 '이 몸에는 땅의 계층, 물의 계층, 불의 계층, 바람의 계층이 있다.'라고 하며.

제자들아, 능숙한 도살자나 도살자의 제자가 암소를 죽인 뒤 큰 사거리에 부분 부분 나누어 놓고 앉아 있을 것이다. 마치 이와 같이 제자들아, 그 제자가 이 몸을 머물고 향하는 대로 계층으로부터 자세히 살펴본다. 곧 '이 몸에는 땅의 계층, 물의 계층, 불의 계층, 바람의 계층이 있다.'라고 하며. 이와 같이 (수행하면서) 몸의 안으로부터 몸을 보고 지낸다.……이와 같이 제자들아, 그 제자가 몸에서 몸을 보고 지내는 것이다.

(6) 시바티카 묘지

8 다시 또 제자들아, 그 제자가 시바티카 묘지에 던져진 유해를 볼 것이다. 곧 죽은 지 하루 또는 이틀 또는 3일이 된 유해가 부풀어오르고 거무죽죽한 빛을 띠고 완전히 부패한 것을 볼 것이다. 그는 이 몸을 움츠린다. '이 몸도 또한 이와 같은 존재여서

필연적으로 이와 같이 될 것이며 이와 같은 것이 지나가지 않았을 뿐이다.'라고 하며. 이와 같이 (수행하면서) 몸의 안에서……. 이와 같이 제자들아, 그 제자는 몸에서 몸을 보며 지내는 것이다.

다시 또 제자들아, 그 제자가 시바티카 묘지에 던져진 유해를 볼 것이다. 곧 까마귀 또는 매 또는 독수리 또는 개 또는 재칼 또는 호랑이 또는 표범 또는 늑대 또는 이런 저런 생물들이 유해를 먹고 있는 것을 볼 것이다. 그는 이 몸을 움추린다. '이 몸도 또한 이와 같은 존재여서 필연적으로 이와 같이 될 것이며 아직 이와 같은 것이 지나가지 않았을 뿐이다.'라고 하며. 이와 같이 (수행하면서) 몸의 안에서……. 이와 같이 제자들아, 그 제자가 몸에서 몸을 보며 지내는 것이다.

다시 또 제자들아, 그 제자가 시바티카 묘지에 던져진 유해를 볼 것이다. 곧 살과 피가 붙어 있고 힘줄로 연결된 뼈의 사슬을 ……살과 피가 더덕 더덕 붙어 있고 힘줄로 연결된 뼈의 사슬을 ……살과 피는 사라졌고 힘줄로만 연결된 뼈의 사슬들을……힘줄들도 사라진 뼈가 4방8방으로 널려져 있는 것을 볼 것이다. 손뼈는 이쪽에, 발뼈는 저쪽에, 발목뼈는 이쪽에, 정강이뼈는 저쪽에, 허벅다리뼈는 이쪽에, 목뼈는 저쪽에, 턱뼈는 이쪽에, 이빨은 저쪽에, 해골은 또 이쪽에 널려져 있는 것을 볼 것이다. 그는 이 몸을 움추린다. '이 몸도 또한 이와 같은 존재여서 반드시 이와 같이 될 것이며 이와 같은 것이 지나가지 않았을 뿐이다.'라고 하며. 이와 같이 (수행하면서) 몸의 안으로부터…… 그 제자가 몸에서 몸을 보고 지내는 것이다.

다시 또 제자들아, 그 제자가 시바티카 묘지에 던져진 유해를 볼 것이다. 곧 하얗고 백진주의 색을 닮은 뼈를……일 년을 넘어서 더미를 이룬 뼈를……썩어 가루가 된 뼈를 볼 것이다. 그는 이 몸을 움추린다. '이 몸도 또한 이와 같은 존재여서 반드시 이와 같이 될 것이며 아직 이와 같은 것이 지나가지 않았을 뿐이다.'라고 하며.

이와 같이 (수행하면서) 몸의 안으로부터 몸을 보고 지내고, 몸의 바깥에서 몸을 보고 지내고, 몸의 안팎에서 몸을 보고 지낸다. 또 몸에서 집기하는 법을 보고 지내고, 몸에서 흩어지는 법을 보고 지내고, 몸에서 집기하고 흩어지는 법을 보고 지낸다. 또 몸이 있다라는 기억을 가까이 머무르게 한다. 그리하여 조금의 앎이나 조금의 기억을 위해서도 (다른 것에) 의지함이 없는 까닭에 세상의 어떤 것에 대해서도 취착하지 않는다. 제자들아, 이와 같이 그 제자는 몸에서 몸을 보고 지내는 것이다."

-몸을 보는 것 끝-

3. 느낌을 보는 것

9 "다시 제자들아, 어떻게 붓다의 제자가 여러 느낌들에서 느낌을 보고 지내는가. 여기에서 제자들아, 그 제자가 즐거운 느낌을 느낄 때는 나는 즐거운 느낌을 느낀다라고 알아낸다. 괴로운 느낌을 느낄 때는 나는 괴로운 느낌을 느낀다라고 알아낸다. 괴롭지도 즐겁지도 않은 느낌을 느낄 때는 나는 괴롭지도 즐겁지도 않은 느낌을 느낀다고 알아낸다. 육체적인 즐거운 느낌을 느낄

때는 나는 육체적인 즐거운 느낌을 느낀다라고 알아낸다. 비육체적인 즐거운 느낌을 느낄 때는 나는 비육체적인 즐거운 느낌을 느낀다라고 알아낸다. 육체적인 괴로운 느낌을 느낄 때는 육체적인 괴로운 느낌을 느낀다라고 알아낸다. 비육체적인 괴로운 느낌을 느낄 때는 나는 비육체적인 괴로운 느낌을 느낀다라고 알아낸다. 육체적인 괴롭지도 즐겁지도 않은 느낌을 느낄 때는 나는 육체적인 괴롭지도 즐겁지도 않은 느낌을 느낀다라고 알아낸다. 비육체적인 괴롭지도 즐겁지도 않은 느낌을 느낄 때는 나는 비육체적인 괴롭지도 즐겁지도 않은 느낌을 느낀다라고 알아낸다.

이와 같이 (수행하면서) 여러 느낌의 안으로부터 느낌을 보고 지내고, 여러 느낌의 바깥에서 느낌을 보고 지내고, 여러 느낌의 안팎에서 느낌을 보고 지낸다. 또 여러 느낌에서 집기하는 법을 보고 지내고, 여러 느낌에서 흩어지는 법을 보고 지내고, 여러 느낌에서 집기하고 흩어지는 법을 보고 지낸다. 또 느낌이 있다라는 기억을 가까이 머무르게 한다. 그리하여 조금의 앎이나 조금의 기억을 위해서도 (다른 것에) 의지함이 없는 까닭에 세상의 어떤 것에 대해서도 취착하지 않는다.

제자들아, 이와 같이 그 제자는 여러 느낌들에서 느낌을 보고 지내는 것이다."

－느낌을 보는 것 끝－

4. 마음을 보는 것

10 "다시 제자들아, 어떻게 붓다의 제자가 마음에서 마음을 보

고 지내는가. 여기에서 제자들아, 그 제자가 탐착을 지닌 마음을 탐착을 지닌 마음이라고 알아낸다. 탐착을 떠난 마음을 탐착을 떠난 마음이라고 알아낸다. 분노를 지닌 마음을 분노를 지닌 마음이라고 알아낸다. 분노를 떠난 마음을 분노를 떠난 마음이라고 알아낸다. 치암을 지닌 마음을 치암을 지닌 마음이라고 알아낸다. 치암을 떠난 마음을 치암을 떠난 마음이라고 알아낸다. 집약된 마음을 집약된 마음이라고 알아낸다.

혼란한 마음을 혼란한 마음이라고 알아낸다. 큰 것에 이른 마음을 큰 것에 이른 마음이라고 알아낸다. 큰 것에 이르지 않은 마음을 큰 것에 이르지 않은 마음이라고 알아낸다. 위가 있는 마음을 위가 있는 마음이라고 알아낸다. 위가 없는 마음을 위가 없는 마음이라고 알아낸다. 집중상태에 든 마음을 집중상태에 든 마음이라고 알아낸다. 집중상태에 들지 않은 마음을 집중상태에 들지 않은 마음이라고 알아낸다. 해탈한 마음을 해탈한 마음이라고 알아낸다. 해탈하지 못한 마음을 해탈하지 못한 마음이라고 알아낸다.

이와 같이 (수행하면서) 마음의 안으로부터 마음을 보고 지내고, 마음의 바깥에서 마음을 보고 지내고, 마음의 안팎에서 마음을 보고 지낸다. 또 마음에서 집기하는 법을 보고 지내고, 마음에서 흩어지는 법을 보고 지내고, 마음에서 집기하고 흩어지는 법을 보고 지낸다. 또 마음이 있다라는 기억을 가까이 머무르게 한다. 그리하여 조금의 앎이나 조금의 기억을 위해서도 (다른 것에) 의지함이 없는 까닭에 세상의 어떤 것에 대해서도 취착하지 않는다.

제자들아, 이와 같이 그 제자는 마음에서 마음을 보고 지내는 것이다."

                                    －마음을 보는 것 끝－

5. 법을 보는 것

(1) 덮개를 제거함

11 "다시 제자들아, 붓다의 제자가 어떻게 여러 법들에서 법을 보고 지내는가. 여기에서 제자들아, 그 제자가 여러 법들에서 법을 보고 지낸다. 곧 다섯 가지 덮개를 (법도에 맞게 제거한다.) 그러면 제자들아, 어떻게 그 제자가 다섯 가지 덮개라는 법에서 법을 보고 지내는가.

여기에서 제자들아, 그 제자가 안으로 애욕과 욕심이 있을 때 나에게는 안으로 애욕과 욕심이 있다고 알아낸다. 안으로 애욕과 욕심이 없을 때는 나에게는 안으로 애욕과 욕심이 없다라고 알아낸다. 그리고 아직 일어나지 않은 애욕과 욕심이 일어나면 일어나는 대로 그것을 알아낸다. 그리고 이미 일어난 애욕과 욕심이 버려지면 버려지는 대로 그것을 알아낸다. 그리고 버려진 애욕과 욕심이 앞으로 일어나지 않는다면 않는 대로 그것을 알아낸다.

안으로 분노가 있을 때 나에게는 안으로 분노가 있다라고 알아낸다. 안으로 분노가 없을 때는 나에게는 안으로 분노가 없다라고 알아낸다. 그리고 아직 일어나지 않은 분노가 일어나면 일어나는 대로 그것을 알아낸다. 그리고 이미 일어난 분노가 버려지면 버려지는 대로 그것을 알아낸다. 그리고 버려진 분노가 앞으로 일어나지 않는다면 않는 대로 그것을 알아낸다.
  안으로 혼침과 수면이 있을 때 나에게는 안으로 혼침과 수면이 있다라고 알아낸다. 안으로 혼침과 수면이 없을 때는 나에게는 안으로 혼침과 수면이 없다라고 알아낸다. 그리고 아직 일어나지 않은 혼침과 수면이 일어나면 일어나는 대로 그것을 알아낸다. 그리고 이미 일어난 혼침과 수면이 버려지면 버려지는 대로 그것을 알아낸다. 그리고 버려진 혼침과 수면이 앞으로 일어나지 않는다면 않는 대로 그것을 알아낸다.
  안으로 흥분과 후회가 있을 때 나에게는 안으로 흥분과 후회가 있다라고 알아낸다. 안으로 흥분과 후회가 없을 때는 나에게는 안으로 흥분과 후회가 없다라고 알아낸다. 그리고 아직 일어나지 않은 흥분과 후회가 일어나면 일어나는 대로 그것을 알아낸다. 그리고 이미 일어난 흥분과 후회가 버려지면 버려지는 대로 그것을 알아낸다. 그리고 버려진 흥분과 후회가 앞으로 일어나지 않는다면 않는 대로 그것을 알아낸다.
  안으로 의혹이 있을 때 나에게는 안으로 의혹이 있다라고 알아낸다. 안으로 의혹이 없을 때는 나에게는 안으로 의혹이 없다라고 알아낸다. 그리고 아직 일어나지 않은 의혹이 일어나면 일어나는 대로 그것을 알아낸다. 그리고 이미 일어난 의혹이 버려지면 버려지는 대로 그것을 알아낸다. 그리고 버려진 의혹이 앞으로 일어나지 않는다면 않는 대로 그것을 알아낸다.
  이와 같이 (수행하면서) 여러 법의 안으로부터 법을 보고 지내고, 여러 법의 바깥에서 법을 보고 지내고, 여러 법의 안팎에서 법을 보고 지낸다. 또 여러 법에서 집기하는 법을 보고 지내고, 여러 법에서 흩어지는 법을 보고 지내고, 여러 법에서 집기하고 흩어지는 법을 보고 지낸다. 또 법이 있다라는 기억을 가까이 머무르게 한다. 그리하여 조금의 앎이나 조금의 기억을 위해서도 (다른 것에) 의지함이 없는 까닭에 세상의 어떤 것에 대해서도 취착하지 않는다.

제자들아, 이와 같이 그 제자는 여러 법에서 법을 보고 지내는 것이다. 곧 다섯 가지 덮개를 (법도에 맞게 제거하는 것이다.)

(2) 근간을 알아냄

12 다시 또 제자들아, 붓다의 제자가 여러 법에서 법을 보고 지낸다. 곧 다섯 가지 취착함의 근간에서 (법도에 맞게 고찰한다.) 그러면 제자들아, 어떻게 그 제자가 다섯 가지 취착함의 근간이라는 법에서 법을 보고 지내는가. 여기에서 제자들아, 그 제자는 '색은 이러하고 색의 집기는 이러하고 색의 사라짐은 이러하다. 느낌은 이러하고 느낌의 집기는 이러하고 느낌의 사라짐은 이러하다. 생각은 이러하고 생각의 집기는 이러하고 생각의 사라짐은 이러하다. 여러 결합은 이러하고 여러 결합의 집기는 이러하고 여러 결합의 사라짐은 이러하다. 식별은 이러하고 식별의 집기는 이러하고 식별의 사라짐은 이러하다.'라고 (알아낸다.)

이와 같이 (수행하면서) 여러 법의 안으로부터 법을 보고 지내고, 여러 법의 바깥에서 법을 보고 지내고, 여러 법의 안팎에서 법을 보고 지낸다. 또 여러 법에서 집기하는 법을 보고 지내고, 여러 법에서 흩어지는 법을 보고 지내고, 여러 법에서 집기하고 흩어지는 법을 보고 지낸다. 또 법이 있다라는 기억을 가까이 머무르게 한다. 그리하여 조금의 앎이나 조금의 기억을 위해서도 (다른 것에) 의지함이 없는 까닭에 세상의 어떤 것에 대해서도 취착하지 않는다.

 제자들아, 이와 같이 그 제자는 여러 법에서 법을 보고 지내는 것이다. 곧 다섯 가지 취착함의 근간에서 (법도에 맞게 고찰하는 것이다.)

(3) 포섭처를 알아냄

13 다시 또 제자들아, 붓다의 제자가 여러 법에서 법을 보고 지낸다. 곧 여섯 가지 안과 밖의 포섭처에서 (법도에 맞게 고찰한다.) 그러면 제자들아, 어떻게 그 제자가 여섯 가지 안과 밖의 포섭처라는 법에서 법을 보고 지내는가.

 여기에서 제자들아, 그 제자가 눈을 알아내고 여러 색을 알아내고 그 둘을 기대어 일어나는 결박을 알아낸다. 그리고 아직 일어나지 않은 결박이 일어나면 일어나는 대로 그것을 알아낸다. 그리고 이미 일어난 결박이 사라지면 사라지는 대로 그것을 알아낸다. 그리고 버려진 결박이 미래에 일어나지 않으면 않는 대로 그것을 알아낸다.

 그리고 귀를 알아내고 여러 소리를 알아내고 그 둘을 기대어 일어나는 결박을 알아낸다. 그리고 아직 일어나지 않은 결박이 일어나면 일어나는 대로 그것을 알아낸다. 그리고 이미 일어난 결박이 사라지면 사라지는 대로 그것을 알아낸다. 그리고 버려진 결박이 미래에 일어나지 않으면 않는 대로 알아낸다.

 그리고 코를 알아내고 여러 냄새를 알아내고 그 둘을 기대어 일어나는 결박을 알아낸다. 그리고 아직 일어나지 않은 결박이 일어나면 일어나는 대로 그것을 알아낸다. 그리고 이미 일어난 결박이 사라지면 사라지는 대로 그것을 알아낸다. 그리고 버려진 결박이 미래에 일어나지 않으면 않는 대로 알아낸다.

　그리고 혀를 알아내고 여러 맛을 알아내고 그 둘을 기대어 일어나는 결박을 알아낸다. 그리고 아직 일어나지 않은 결박이 일어나면 일어나는 대로 그것을 알아낸다. 그리고 이미 일어난 결박이 사라지면 사라지는 대로 그것을 알아낸다. 그리고 버려진 결박이 미래에 일어나지 않으면 않는 대로 알아낸다.

　그리고 몸을 알아내고 여러 촉감을 알아내고 그 둘을 기대어 일어나는 결박을 알아낸다. 그리고 아직 일어나지 않은 결박이 일어나면 일어나는 대로 그것을 알아낸다. 그리고 이미 일어난 결박이 사라지면 사라지는 대로 그것을 알아낸다. 그리고 버려진 결박이 미래에 일어나지 않으면 않는 대로 알아낸다.

　그리고 뜻을 알아내고 여러 촉감을 알아내고 그 둘을 기대어 일어나는 결박을 알아낸다. 그리고 아직 일어나지 않은 결박이 일어나면 일어나는 대로 그것을 알아낸다. 그리고 이미 일어난 결박이 사라지면 사라지는 대로 그것을 알아낸다. 그리고 버려진 결박이 미래에 일어나지 않으면 않는 대로 알아낸다.

　이와 같이 (수행하면서) 여러 법의 안으로부터 법을 보고 지내고, 여러 법의 바깥에서 법을 보고 지내고, 여러 법의 안팎에서 법을 보고 지낸다. 또 여러 법에서 집기하는 법을 보고 지내고, 여러 법에서 흩어지는 법을 보고 지내고, 여러 법에서 집기하고 흩어지는 법을 보고 지낸다. 또 법이 있다라는 기억을 가까이 머무르게 한다. 그리하여 조금의 앎이나 조금의 기억을 위해서도 (다른 것에) 의지함이 없는 까닭에 세상의 어떤 것에 대해서도 취착하지 않는다.

　제자들아, 이와 같이 그 제자는 여러 법에서 법을 보고 지내는 것이다. 곧 여섯 가지 안과 밖의 포섭처에서 (법도에 맞게 고찰하는 것이다.)

⑷ 깨달음의 인자를 수행함

14 다시 또 제자들아, 붓다의 제자가 여러 법에서 법을 보고 지낸다. 곧 일곱 깨달음의 인자에서 (법도에 맞게 수행한다.) 그러면 제자들아, 어떻게 그 제자가 일곱 깨달음의 인자라는 법에서 법을 보고 지내는가. 여기에서 제자들아, 그 제자가 안으로 기억이라는 원만한 깨달음의 인자가 있을 때, 나에게는 안으로 기억이라는 원만한 깨달음의 인자가 있다라고 알아낸다. 안으로 기억이라는 원만한 깨달음의 인자가 없을 때는 나에게는 안으로 기억이라는 원만한 깨달음의 인자가 없다라고 알아낸다. 그리고 아직 일어나지 않은 기억이라는 원만한 깨달음의 인자가 일어나면 일어나는 대로 그것을 알아낸다. 그리고 이미 일어난 기억이라는 원만한 깨달음의 인자가 닦이고 충족되면 되는 대로 그것을 알아낸다.

안으로 법의 고찰이라는 원만한 깨달음의 인자가 있을 때 나에게는 안으로 법의 고찰이라는 원만한 깨달음의 인자가 있다라고 알아낸다. 안으로 법의 고찰이라는 원만한 깨달음의 인자가 없을 때는 나에게는 안으로 법의 고찰이라는 원만한 깨달음의 인자가 없다라고 알아낸다. 그리고 아직 일어나지 않은 법의 고찰이라는 원만한 깨달음의 인자가 일어나면 일어나는 대로 그것을 알아낸다. 그리고 이미 일어난 법의 고찰이라는 원만한 깨달음의 인자가 닦이고 충족되면 되는 대로 그것을 알아낸다.

안으로 정진이라는 원만한 깨달음의 인자가 있을 때, 나에게는 안으로 정진이라는 원만한 깨달음의 인자가 있다라고 알아낸다.
안으로 정진이라는 원만한 깨달음의 인자가 없을 때는 나에게는
안으로 정진이라는 원만한 깨달음의 인자가 없다라고 알아낸다.
그리고 아직 일어나지 않은 정진이라는 원만한 깨달음의 인자가
일어나면 일어나는 대로 그것을 알아낸다. 그리고 이미 일어난
정진이라는 원만한 깨달음의 인자가 닦이고 충족되면 되는 대로
그것을 알아낸다.

　안으로 기쁨이라는 원만한 깨달음의 인자가 있을 때, 나에게는
안으로 기쁨이라는 원만한 깨달음의 인자가 있다라고 알아낸다.
안으로 기쁨이라는 원만한 깨달음의 인자가 없을 때는 나에게는
안으로 기쁨이라는 원만한 깨달음의 인자가 없다라고 알아낸다.
그리고 아직 일어나지 않은 기쁨이라는 원만한 깨달음의 인자가
일어나면 일어나는 대로 그것을 알아낸다. 그리고 이미 일어난
기쁨이라는 원만한 깨달음의 인자가 닦이고 충족되면 되는 대로
그것을 알아낸다.

　안으로 누그러짐이라는 원만한 깨달음의 인자가 있을 때, 나에
게는 안으로 누그러짐이라는 원만한 깨달음의 인자가 있다라고
알아낸다. 안으로 누그러짐이라는 원만한 깨달음의 인자가 없을
때는 나에게는 안으로 누그러짐이라는 원만한 깨달음의 인자가
없다라고 알아낸다. 그리고 아직 일어나지 않은 누그러짐이라는
인자가 일어나면 일어나는 대로 그것을 알아낸다. 그리고 이미
일어난 누그러짐이라는 원만한 깨달음의 인자가 닦이고 충족되면
되는 대로 그것을 알아낸다.

　안으로 집중이라는 원만한 깨달음의 인자가 있을 때, 나에게는
안으로 집중이라는 원만한 깨달음의 인자가 있다고 알아낸다. 안

으로 집중이라는 원만한 깨달음의 인자가 없을 때는 나에게는 안으로 집중이라는 원만한 깨달음의 인자가 없다라고 알아낸다. 그리고 아직 일어나지 않은 집중이라는 원만한 깨달음의 인자가 일어나면 일어나는 대로 그것을 알아낸다. 그리고 이미 일어난 집중이라는 원만한 깨달음의 인자가 닦이고 충족되면 되는 대로 그것을 알아낸다.

안으로 담담히 바라봄이라는 원만한 깨달음의 인자가 있을 때, 나에게는 안으로 담담히 바라봄이라는 원만한 깨달음의 인자가 있다라고 알아낸다. 안으로 담담히 바라봄이라는 원만한 깨달음의 인자가 없을 때는 나에게는 안으로 담담히 바라봄이라는 원만한 깨달음의 인자가 없다라고 알아낸다. 그리고 아직 일어나지 않은 담담히 바라봄이라는 원만한 깨달음의 인자가 일어나면 일어나는 대로 그것을 알아낸다. 그리고 이미 일어난 담담히 바라봄이라는 원만한 깨달음의 인자가 닦이고 충족되면 되는 대로 그것을 알아낸다.

이와 같이 (수행하면서) 여러 법의 안으로부터 법을 보고 지내고, 여러 법의 바깥에서 법을 보고 지내고, 여러 법의 안팎에서 법을 보고 지낸다. 또 여러 법에서 집기하는 법을 보고 지내고, 여러 법에서 흩어지는 법을 보고 지내고, 여러 법에서 집기하고 흩어지는 법을 보고 지낸다. 또 법이 있다라는 기억을 가까이 머무르게 한다. 그리하여 조금의 앎이나 조금의 기억을 위해서도 (다른 것에) 의지함이 없는 까닭에 세상의 어떤 것에 대해서도 취착하지 않는다.

제자들아, 이와 같이 그 제자는 여러 법에서 법을 보고 지내는 것이다. 곧 일곱 깨달음의 인자에서 (법도에 맞게 수행하는 것이다.)

⑸ 네 가지 진리를 알아냄

15 다시 또 제자들아, 붓다의 제자가 여러 법에서 법을 보고 지낸다. 곧 네 가지 성스러운 진리에서 (법도에 맞게 고찰한다.) 그러면 제자들아, 어떻게 그 제자가 네 가지 성스러운 진리라는 법에서 법을 보고 지내는가. 여기에서 제자들아, 그 제자가 이것이 괴로움이다라고 있는 그대로 알아낸다. 이것이 괴로움의 집기이다라고 있는 그대로 알아낸다. 이것이 괴로움의 멸함이다라고 있는 그대로 알아낸다. 이것이 괴로움의 멸함에 이르는 길이다라고 있는 그대로 알아낸다.　　　　　　　　　－제 일 송분 끝－

● 괴로움의 진리

16 제자들아, 어떤 것이 괴로움의 성스러운 진리인가. 생함도 괴로움, 늙음도 괴로움, 죽음도 괴로움, 슬픔·눈물·곤란·근심·번민도 괴로움이다. 사랑하지 않는 자와 만나는 것도 괴로움, 사랑하는 자와 헤어지는 것도 괴로움, 원하는 것을 얻지 못하는 것도 괴로움이니, 줄여서 다섯 가지 취착함의 근간이 괴로움이다.

17 제자들아, 어떤 것이 생함인가. 이런 저런 중생들이 이런 저런 중생의 무리로 생하고, 태어나고, 화생하고, 전개하는 것. 여러 근간의 나타남. 여러 포섭처의 성취. 이것을 제자들아, 생함이라고 부른다.

18 제자들아, 어떤 것이 늙음인가. 이런 저런 중생들이 이런 저런 중생의 무리에서 나이가 많아지고, 노쇠하고, 이가 빠지고, 머리가 희어지고, 피부가 쭈글해지고, 목숨이 차차 줄고, 여러 감관

이 무뎌진다. 이것을 제자들아, 늙음이라고 부른다.

19 제자들아, 어떤 것이 죽음인가. 이런 저런 중생들이 이런 저런 중생의 무리로부터 떨어지고, 쓰러지고, 부서지고, 사라지고, 사망하고, 살 날을 다 살았고, 근간들이 부서지고, 몸이 팽개쳐지고, 목숨과 감관이 단멸한다. 이것을 제자들아, 죽음이라고 부른다.

20 제자들아, 어떤 것이 슬픔인가. 제자들아, 이런 저런 불행을 당하고 이런 저런 괴로운 법에 부딪친 자에게는 이런 저런 온갖 슬픈 느낌이 있게 된다. 이것을 제자들아, 슬픔이라고 부른다.

21 제자들아, 어떤 것이 눈물인가. 제자들아, 이런 저런 불행을 당하고 이런 저런 괴로운 법에 부딪친 자에게는 이런 저런 온갖 눈물이 있게 된다. 이것을 제자들아, 눈물이라고 부른다.

22 제자들아, 어떤 것이 괴로움인가. 제자들아, 몸에 속한 괴로움이 있고 몸에 속한 불쾌함이 있으며, 몸의 부딪침에서 생하여 느껴지는 괴로움과 불쾌함이 있다. 이것을 제자들아, 괴로움이라고 부른다.

23 제자들아, 어떤 것이 근심인가. 제자들아, 마음에 속한 괴로움이 있고 마음에 속한 불쾌함이 있으며, 뜻의 부딪침에서 생하여 느껴지는 괴로움과 불쾌함이 있다. 이것을 제자들아, 근심이라고 부른다.

24 제자들아, 어떤 것이 번민인가. 제자들아, 이런 저런 불행을 당하고 이런 저런 괴로운 법에 부딪친 자에게는 이런 저런 온갖 번거롭고 답답함이 있게 된다. 이것을 제자들아, 번민이라고 부른다.

25 제자들아, 어떤 것이 사랑하지 않는 자와 만나는 괴로움인가. 여기에 원하지 않고, 사랑하지 않고, 뜻에 맞지 않은 색·소

리·냄새·맛·촉감·법이 있다. 또는 (남의) 이익과 도움됨과 편안함과 수행에 의한 안온함을 바라지 않는 자들이 있다. 그러한 것들과 만나고, 모이고, 함께 하고, 섞이는 것. 이것이 제자들아, 사랑하지 않는 자들과 만나는 괴로움이다.

26 제자들아, 어떤 것이 사랑하는 자들과 헤어지는 괴로움인가. 여기에 원하고, 사랑하고, 뜻에 맞는 색·소리·냄새·맛·촉감·법이 있다. 또는 (남의) 이익과 도움됨과 편안함과 수행에 의한 안온함을 바라는 자들이 있다. 곧 어머니, 아버지, 형제, 아내, 친구, 동료, 친척 등이 있다. 그들과 만나지 못하고, 모이지 못하고, 함께 하지 못하고, 섞이지 못하는 것. 이것이 제자들아, 사랑하는 자들과 헤어지는 괴로움이다.

27 제자들아, 어떤 것이 원하는 것을 얻지 못하는 괴로움인가. 제자들아, 반드시 (다시) 태어나야 하는 존재인 중생들이 다음과 같은 소망을 지닌다.

'아, 나는 (다시) 태어나야 하는 그러한 존재가 아니었으면 한다. 생함에 들지 않았으면 한다.'라고. 그러나 소망하는 대로 성취할 수는 없다. 이것이 원하는 것을 얻지 못하는 괴로움이다.

또한 제자들아, 반드시 늙어야 하는 존재인 중생들이 다음과 같은 소망을 지닌다. '아, 나는 결국 늙어야만 하는 그러한 존재가 아니었으면 한다. 늙음에 들지 않았으면 한다.'라고. 그러나 소망하는 대로 성취할 수는 없다. 이것이 원하는 것을 얻지 못하는 괴로움이다.

또한 제자들아, 반드시 병들고마는 존재인 중생들이 다음과 같은 소망을 지닌다. '아, 나는 결국 병들고마는 그러한 존재가 아니었으면 한다. 병이 들지 않았으면 한다.'라고. 그러나 소망하는 대로 성취할 수는 없다. 이것이 원하는 것을 얻지 못하는 괴로움이다.

또한 제자들아, 반드시 죽어야만 하는 존재인 중생들이 다음과 같은 소망을 지닌다. '아, 나는 결국 죽어야만 하는 그러한 존재가 아니었으면 한다. 죽지 않았으면 한다.'라고. 그러나 소망하는 대로 성취할 수는 없다. 이것이 원하는 것을 얻지 못하는 괴로움이다.

또한 제자들아, 반드시 슬픔·눈물·괴로움·근심 그리고 번민들과 함께 해야 하는 존재인 중생들이 다음과 같은 소망을 지닌다. '아, 나는 결국 슬픔·눈물·괴로움·근심 그리고 번민 등과 함께 해야 하는 그러한 존재가 아니었으면 한다. 슬픔도 눈물도 괴로움도 근심도 그리고 번민도 없었으면 한다.'라고. 그러나 소망하는 대로 성취할 수는 없다. 이것이 원하는 것을 얻지 못하는 괴로움이다.

28 제자들아, 어떤 것이 줄여서 다섯 가지 근간의 괴로움인가. 곧 색 취착의 근간, 느낌 취착의 근간, 생각 취착의 근간, 결합 취착의 근간, 식별 취착의 근간이다. 제자들아, 이들이 다섯 가지 취착의 근간이다. 그리고 제자들아, 이것을 괴로움의 진리라고 부른다.

● 집기의 진리

29 제자들아, 어떤 것이 괴로움의 집기라는 성스러운 진리인가. 갈애란 재생으로 이끌고 기쁨과 탐착을 갖추어 이곳 저곳에서 기쁘게 한다. 곧 애욕의 갈애, 존재의 갈애, 존재아닌 것의 갈애이다.

다시 제자들아, 이 갈애는 어디에서 생기고 어디에 들러붙는가.

세상에 사랑스럽고 유쾌한 것이 있으니 여기에서 갈애가 생기고 여기에 갈애가 들러붙는다.

어떤 것이 세상의 사랑스럽고 유쾌한 것인가. 눈이 세상에서 사랑스럽고 유쾌한 것이다. 여기에서 갈애가 생기고 여기에 갈애가 들러붙는다. 귀가 세상에서……코가 세상에서……혀가 세상에서……몸이 세상에서……뜻이 세상에서 사랑스럽고 유쾌한 것이다. 여기에서 갈애가 생기고 여기에 갈애가 들러붙는다.

여러 색이 세상에서……여러 소리가 세상에서……여러 냄새가 세상에서……여러 맛이 세상에서……여러 촉감이 세상에서……여러 법이 세상에서 사랑스럽고 유쾌한 것이다. 여기에서 갈애가 생기고 여기에 갈애가 들러붙는다.

눈의 식별이 세상에서……귀의 식별이 세상에서……코의 식별이 세상에서……혀의 식별이 세상에서……몸의 식별이 세상에서……뜻의 식별이 세상에서 사랑스럽고 유쾌한 것이다. 여기에서 갈애가 생기고 여기에 갈애가 들러붙는다.

눈의 부딪침이 세상에서……귀의 부딪침이 세상에서……코의 부딪침 세상에서……혀의 부딪침이 세상에서……몸의 부딪침이 세상에서……뜻의 부딪침이 세상에서 사랑스럽고 유쾌한 것이다. 여기에서 갈애가 생기고 여기에 갈애가 들러붙는다.

눈의 부딪침에서 생한 느낌이 세상에서……귀의 부딪침에서 생한 느낌이 세상에서……코의 부딪침에서 생한 느낌이 세상에서……혀의 부딪침에서 생한 느낌이 세상에서……몸의 부딪침에서 생한 느낌이 세상에서……뜻의 부딪침에서 생한 느낌이 세상에서 사랑스럽고 유쾌한 것이다. 여기에서 갈애가 생기고 여기에 갈애가 들러붙는다.

색의 생각3)이 세상에서……소리의 생각이 세상에서……냄새의 생각이 세상에서……맛의 생각이 세상에서……촉감의 생각이 세상에서……법의 생각이 세상에서 사랑스럽고 유쾌한 것이다. 여기에서 갈애가 일어나고 여기에 갈애가 들러붙는다.

색의 의도함이 세상에서……소리의 의도함이 세상에서……냄새의 의도함이 세상에서……맛의 의도함이 세상에서……촉감의 의도함이 세상에서……법의 의도함이 세상에서 사랑스럽고 유쾌한 것이다. 여기에서 갈애가 일어나고 여기에 갈애가 들러붙는다.

색의 사색이 세상에서……소리의 사색이 세상에서……냄새의 사색이 세상에서……맛의 사색이 세상에서……촉감의 사색이 세상에서……법의 사색이 세상에서 기뻐할 만하고 유쾌한 것이다. 여기에서 갈애가 일어나고 여기에 갈애가 들러붙는다.

색의 사려가 세상에서……소리의 사려가 세상에서……냄새의 사려가 세상에서……맛의 사려가 세상에서……촉감의 사려가 세상에서……법의 사려가 세상에서 사랑스럽고 유쾌한 것이다. 여기에서 갈애가 일어나고 여기에 갈애가 들러붙는다. 제자들아, 이것이 괴로움의 집기라는 성스러운 진리이다.

● 멸함의 진리

30 제자들아, 어떤 것이 괴로움의 멸함이라는 성스러운 진리인가. 갈애에 대해, 남음없이 탐착을 떠남으로부터 (갈애를) 멸하

- - - - - - - - - - - - - - -

3) 색의 생각(rūpa-saññā)은 색이 하는 생각이 아니라 '색에 대해 일어나는 생각'으로 이해해야 할 것이다. 이하 색의 의도·사색·사려의 경우도 마찬가지이다.

게 되니, 그만두고 포기하고 해탈하여 (갈애)에 대해 집착하지 않는다. 제자들아, 갈애는 어디에서 버려지고 어디에서 멸하는가. 세상에 사랑스럽고 유쾌한 것이 있으니 여기에서 갈애가 버려지고 여기에서 갈애가 멸한다.

어떤 것이 세상의 사랑스럽고 유쾌한 것인가. 눈이 세상에서 사랑스럽고 유쾌한 것이다. 여기에서 갈애가 버려지고 여기에서 갈애가 멸한다.

귀가 세상에서……코가 세상에서……혀가 세상에서……몸이 세상에서……뜻이 세상에서 사랑스럽고 유쾌한 것이다. 여기에서 갈애가 버려지고 여기에서 갈애가 멸한다.

여러 색이 세상에서……여러 소리가 세상에서……여러 냄새가 세상에서……여러 맛이 세상에서……여러 촉감이 세상에서……여러 법이 세상에서 사랑스럽고 유쾌한 것이다. 여기에서 갈애가 버려지고 여기에서 갈애가 멸한다.

눈의 식별이 세상에서……귀의 식별이 세상에서……코의 식별이 세상에서……혀의 식별이 세상에서……몸의 식별이 세상에서……뜻의 식별이 세상에서 사랑스럽고 유쾌한 것이다. 여기에서 갈애가 버려지고 여기에서 갈애가 멸한다.

눈의 부딪침이 세상에서……귀의 부딪침이 세상에서……코의 부딪침이 세상에서……혀의 부딪침이 세상에서……몸의 부딪침이 세상에서……뜻의 부딪침이 세상에서 사랑스럽고 유쾌한 것이다. 여기에서 갈애가 버려지고 여기에서 갈애가 멸한다.

눈의 부딪침에서 생한 느낌이 세상에서……귀의 부딪침에서 생한 느낌이 세상에서……코의 부딪침에서 생한 느낌이 세상에서……혀의 부딪침에서 생한 느낌이 세상에서……몸의 부딪침에서 생한 느낌이 세상에서……뜻의 부딪침에서 생한 느낌이 세상에서 사랑스럽고 유쾌한 것이다. 여기에서 갈애가 버려지고 여기에서 갈애가 멸한다.

색의 생각이 세상에서……소리의 생각이 세상에서……냄새의 생각이 세상에서……맛의 생각이 세상에서……촉감의 생각이 세상에서……법의 생각이 세상에서 사랑스럽고 유쾌한 것이다. 여기에서 갈애가 버려지고 여기에서 갈애가 멸한다.

색의 의도함이 세상에서……소리의 의도함이 세상에서……냄새의 의도함이 세상에서……맛의 의도함이 세상에서……촉감의 의도함이 세상에서……법의 의도함이 세상에서 사랑스럽고 유쾌한 것이다. 여기에서 갈애가 버려지고 여기에서 갈애가 멸한다.

색의 사색이 세상에서……소리의 사색이 세상에서……냄새의 사색이 세상에서……맛의 사색이 세상에서……촉감의 사색이 세상에서……법의 사색이 세상에서 사랑스럽고 유쾌한 것이다. 여기에서 갈애가 버려지고 여기에서 갈애가 멸한다.

색의 사려가 세상에서……소리의 사려가 세상에서……냄새의 사려가 세상에서……맛의 사려가 세상에서……촉감의 사려가 세상에서……법의 사려가 세상에서 사랑스럽고 유쾌한 것이다. 여기에서 갈애가 버려지고 여기에서 갈애가 멸한다. 제자들아, 이것이 괴로움의 멸함이라는 성스러운 진리이다.

• 길의 진리

31 제자들아, 어떤 것이 괴로움의 멸함에 이르는 길이라는 성스러운 진리인가. 제자들아, 이것은 여덟 가지 성스러운 길이다. 곧 바른 견해, 바른 사유, 바른 언어, 바른 직업, 바른 생활, 바른 정

진, 바른 기억, 바른 집중이다.

　제자들아, 어떤 것이 바른 견해인가. 제자들아, 괴로움에 대한 앎, 괴로움 집기에 대한 앎, 괴로움 멸함에 대한 앎, 괴로움 멸함에 이르는 길에 대한 앎, 이것이 제자들아, 바른 견해이다.

　제자들아, 어떤 것이 바른 사유인가. 벗어남의 사유, 분노하지 않는 사유, 해치지 않는 사유, 이것이 제자들아, 바른 사유이다.

　제자들아, 어떤 것이 바른 언어인가. 거짓말을 멀리하고, 험담을 멀리하고, 거친말을 멀리하고, 쓸데없는 말을 멀리한다. 이것이 제자들아, 바른 언어이다.

　제자들아, 어떤 것이 바른 직업인가. 살생을 멀리하고, 훔치는 짓을 멀리하고, 애욕에서의 음행을 멀리한 (직업들이)다. 이것이 제자들아, 바른 직업이다.

　제자들아, 어떤 것이 바른 생활인가. 여기에서 제자들아, 성스러운 붓다의 제자들은 삿된 생활을 버리고 바른 생활로써 삶을 꾸려간다. 이것이 제자들아, 바른 생활이다.

　제자들아, 어떤 것이 바른 정진인가. 여기에서 제자들아, 붓다의 제자가 아직 일어나지 않은 악하고 불선한 법들을 일어나지 않도록 의욕적으로 노력하고, 정진력을 일으키고, 마음을 잡아 노력한다. 이미 일어난 악하고 불선한 법들을 버리기 위해 의욕적으로 노력하고, 정진력을 일으키고, 마음을 잡아 노력한다. 아직 일어나지 않은 선한 법들을 일어나게 하기 위해 의욕적으로 노력하고, 정진력을 일으키고, 마음을 잡아 노력한다. 이미 일어난 선한 법들을 머물게 하고, 망실되지 않게 하고, 더 많이 되게 하고, 방대하게 하고, 닦이게 하고, 충족되게 하기 위해 의욕적으로 노력하고, 정진력을 일으키고, 마음을 잡아 노력한다. 이것이 제자들아, 바른 정진이다.

　제자들아, 어떤 것이 바른 기억인가. 여기에서 제자들아, 붓다의 제자가 몸에서 몸을 보고 지내되, 열심히 지혜와 기억을 갖추고 세상에서 탐욕과 근심을 제거하여 지낸다. 여러 느낌에서 느낌을 보고 지내되, 열심히 지혜와 기억을 갖추고 세상에서 탐욕과 근심을 제거하여 지낸다. 마음에서 마음을 보고 지내되, 열심히 지혜와 기억을 갖추고 세상에서 탐욕과 근심을 제거하여 지낸다. 여러 법에서 법을 보고 지내되, 열심히 지혜와 기억을 갖추고 세상에서 탐욕과 근심을 제거하여 지낸다. 이것이 제자들아, 바른 기억이라고 불린다.

　제자들아, 어떤 것이 바른 집중인가. 여기에서 제자들아, 붓다의 제자가 애욕을 떠나고 선하지 못한 법을 떠나 사색과 사려를 갖춘, 떠남에서 생기는 기쁨과 즐거움을 갖춘 첫번째 선정을 구족하여 지낸다. 사색과 사려가 적정해져 안으로 깨끗하고, 마음이 하나로 되고, 사색과 사려가 없고, 집중에서 생긴 기쁨과 즐거움을 갖춘 두번째 선정을 구족하여 지낸다. 기쁨에 대한 탐착을 떠나 담담히 바라보면서도 기억과 지혜를 갖추어 지낸다. 그리하여 몸으로 즐거움을 느끼게 되어 '담담히 바라보고 기억을 갖춤은 즐거운 삶이다.'라고 성인들이 말하는 세번째의 선정을 구족하여 지낸다.

　즐거움도 버리고 괴로움도 버리어, 또 안심과 근심도 이미 과거에 소멸하여, 괴롭지도 즐겁지도 않은 담담히 바라보면서도 기억을 갖추어서 청정한 네번째 선정을 구족하여 지낸다.

　이것이 제자들아, 바른 집중이라고 불린다. 제자들아, 이것이 괴로움의 멸함에 이르는 길이라는 성스러운 진리이다.

32 이와 같이 (수행하면서) 여러 법의 안으로부터 법을 보고 지내고, 여러 법의 바깥에서 법을 보고 지내고, 여러 법의 안팎에서 법을 보고 지낸다. 또 여러 법에서 집기하는 법을 보고 지내고, 여러 법에서 흩어지는 법을 보고 지내고, 여러 법에서 집기하고 흩어지는 법을 보고 지낸다. 또 법이 있다는 기억을 가까이 머무르게 한다. 그리하여 조금의 앎이나 조금의 기억을 위해서도 (다른 것에) 의지함이 없는 까닭에 세상의 어떤 것에 대해서도 취착하지 않는다. 제자들아, 이와 같이 그 제자는 여러 법에서 법을 보고 지내는 것이다. 곧 네 가지 성스러운 진리에서 (법도에 맞게 고찰한다.)"

―법을 보는 것 끝―

6. 기억의 확립을 수행할 때 얻게 되는 공덕

33 "제자들아, 누구든지 이 기억의 확립에서 7년을 수행한다면 그에게는 두 가지 결과 중 어느 한 결과가 기대된다. 즉, 현재의 상태에서 앎을 얻든지, 남은 번뇌가 있을 때는 오지 않음의 결과〔不還果〕를 얻는다.

제자들아, 7년은 그만둬라. 제자들아, 누구든지 이 기억의 확립에서 6년을 수행한다면……5년을……4년을……3년을……2년을……1년을…… 제자들아, 1년은 그만둬라. 제자들아, 누구든지 이 기억의 확립에서 7개월을 수행한다면 그에게는 두 가지 결과 중 어느 한 결과가 기대된다. 즉, 현재의 상태에서 앎을 얻든지, 남은 번뇌가 있을 때는 오지 않음의 결과를 얻는다.

제자들아, 7개월은 그만둬라. 제자들아, 누구든지 이 기억의 확립에서 6개월을 닦는다면……5개월을……4개월을……3개월을……2개월을……1개월을……보름을……제자들아, 보름은 그만둬라.

제자들아, 누구든지 이 기억의 확립에서 7일을 닦는다면 그에게는 두 가지 결과 중 어느 한 결과가 기대된다. 즉, 현재의 상태에서 앎을 얻든지, 남은 번뇌가 있을 때는 오지 않음의 결과를 얻는다.

34 제자들아, 중생들의 청정함을 위하여, 슬픔과 눈물의 극복을 위하여, 괴로움과 근심의 소멸을 위하여, 합리적인 (길을) 따르기 위하여, 진리의 세계를 똑똑히 보기 위하여 (마련된) 일승(一乘)의 길[4]이 있다. 곧 네 가지 기억의 확립(이라는 수행)이다. (다시 말해) 이러한 일승의 길에 관한 나의 가르침은 바로 이상과 같은 네 가지 기억의 확립(이라는 수행)에 입각하여 설해진 것이다."

붓다께서는 이렇게 설하셨다. 마음이 흡족해진 그 제자들은 붓다의 말씀을 듣고 매우 즐거워하였다.

―9. 대념처 경 끝―

---

4) 잡아함(561)경에 보면 四如意足이라는 수행에 대해서도 一乘道라는 위상을 부여하고 있다. 四念處와 四如意足은 三十七助道品으로 종합되어 원시불교의 대표적인 수행법으로 나타난다. 따라서 원시불교의 가르침에서부터 벌써 一佛乘의 길은 시작되었음을 잘 느낄 수 있는 것이다.

10. 연기상응의 4개 경[1]
불교의 진리 (2)

1. 연기 경[2]

●●●●●●●●●●●●●

1) 여기는 단일 경을 싣지 못하였다. 대원인 경〔D.N.Ⅱ.2.Mahānidāna Sutta〕이 여기의 목적에 부합하는 단일 경이기는 하나 12연기설의 특수한 형태를 띠고 있는 관계로 안타깝지만 싣지를 못했다. 그리고 보편적인 연기설의 정형들이 나타나는 네 개의 경을 선별해 보았다. 이들은 모두 상응니카야(Saṁyutta-Nikāya)의 제12상응인 연기상응(Nidāna-Saṁyutta)에 소속되어 있는 경들이다. 본 편역자는 十二緣起說이 팔리경전상에서 최상의 위상을 지닌다고 신앙하고 있거니와 그러한 신앙에 상응니카야의 연기상응은 충분히 부합되고 있다. 특히 여기에 수록한 4개 경은 중요한 의미적인 연관을 지니고 있으므로 비록 단일 경은 아니나 단일 경 이상의 가치가 있다고 본다.
2) 상응니카야(Saṁyutta−Nikāya) 제2권 제12상응 제1경 연기경(Paṭiccasamuppāda Sutta)〔S.N.Ⅱ, p.3∼4(N.D.P);p.1∼2(P.T.S)〕: 한역대응경은 雜阿含 12권 16경 法說義說經〔大正藏 2, p.85上〕.
여러 곳에 12연기설은 편입되어 나타난다. 그 중에서도 이 경은 붓다가 (12)연기설을 설하겠노라고 전제하시고 설해진 드문 경이다.

이와 같이 내가 들었다. 한때에 붓다께서는 사밧티 시의 제타바나 숲에 있는 아나타핀디카 장자가 바친 승원(僧園)에서 지내셨다. 그곳에서 붓다께서는 "제자들아."라고 하시며 제자들을 부르셨다. "붓다시여."라고 하며 그 제자들은 붓다께 답하였다. 붓다께서는 말씀하셨다.

"제자들아, 너희들에게 기대어 함께 일어남(의 법인 연기)[3]에 관해 가르치겠다. 그것을 듣고 잘 생각하여라. 그러면 설하겠다."

"예, 붓다시여."라고 하며 그 제자들은 붓다께 답하였다. 붓다께서는 설하셨다.

"제자들아, 기대어 함께 일어남(의 법인 연기)란 어떤 것인가. 제자들아, 밝힘 아닌 것을 기대어 여러 결합이 있다. 결합을 기대어 식별이 있다. 식별을 기대어 이름과 색이 있다. 이름과 색을 기대어 여섯 포섭처가 있다. 여섯 포섭처를 기대어 부딪침이 있다. 부딪침을 기대어 느낌이 있다. 느낌을 기대어 갈애가 있다. 갈애를 기대어 취착함이 있다. 취착함을 기대어 됨이 있다. 됨을 기대어 태어남이 있다. 태어남을 기대어 늙음과 죽음 그리고 슬픔, 눈물, 괴로움, 근심, 번민이 함께 나타난다. 이와 같이 하여 온통 괴롭기만한 괴로움의 근간이 집기한다. 제자들아, 이것이

●●●●●●●●●●●●●

3) 우리가 연기(緣起)라고 알고 있는 이 말은 원어를 분석해 볼 때 paṭicca(기대어-) sam(함께-) uppāda(일어남)의 세 단어로 되어 있다. 이처럼 세 단어로 구성된 데에는 말할 수 없이 깊은 의미가 함축되어 있다. 그 구체적인 의미는 깨달음의 대상으로까지 격상되는 것인데, 다음의 연구서를 참조하면 도움이 될 것이다. ① 高翊晋, 『아함법상의 체계성 연구』(동국대 출판부, 1990) p.116~117 ② 최봉수, 『원시불교의 연기사상 연구』(경서원, 1991) p.109~181.

기대어 함께 일어남(의 법인 연기)이다.

밝힘 아닌 것에 대하여 남음 없이 탐착을 떠나 (밝힘 아닌 것이) 멸하므로 결합이 멸한다. 결합이 멸하므로 식별이 멸한다. 식별이 멸하므로 이름과 색이 멸한다. 이름과 색이 멸하므로 여섯 포섭처가 멸한다. 여섯 포섭처가 멸하므로 부딪침이 멸한다. 부딪침이 멸하므로 느낌이 멸한다. 느낌이 멸하므로 갈애가 멸한다. 갈애가 멸하므로 취착함이 멸한다. 취착함이 멸하므로 됨이 멸한다. 됨이 멸하므로 태어남이 멸한다. 태어남이 멸하므로 늙음과 죽음 그리고 슬픔, 눈물, 괴로움, 근심, 번민이 멸한다. 이와 같이 온통 괴롭기만하던 괴로움의 근간이 멸한다.⁴⁾"

●●●●●●●●●●●●●●●
4) 장니카야의 『대원인경』에는 바로 이 연기의 도리를 과소평가하는 아난다 장로를 붓다께서 꾸짖는 대목이 서분으로 소개된다. [D.N.Ⅱ, p.44]의 내용을 그대로 옮기겠다.

   이와 같이 내가 들었다. 한때 붓다께서는 쿠루 국에 있는 캄마사담마라고 하는, 쿠루 사람들의 시읍에서 지내셨다. 그때 아난다 장로가 붓다께 나아갔다. 가서는 붓다께 공손히 절한 뒤에 한쪽에 앉았다. 한쪽에 앉은 아난다 장로는 붓다께 이렇게 여쭈었다. "붓다시여, 놀라운 일입니다. 붓다시여, 일찍이 없었던 일입니다. 붓다시여, 기대어 함께 일어남이라는 (법)은 깊은 것이고 깊은 데서 빛나는 것이라고 하지만 저에게는 아주 명확한 것처럼 보입니다."
   "아난다야, 실로 이와 같이 말하지 말라. 아난다야, 실로 이와 같이 말하지 말라. 아난다야, 기대어 함께 일어남이라는 (법)은 깊은 것이며 깊은 데서 빛나는 것이다. 아난다야, 사람들은 이 법을 깨닫지 못하고 꿰뚫지 못하였기 때문에, 엉킨 실타래같이 종기에 덮힌 듯이 문자풀이나 바바자풀이 꼬인 것같이 나쁘고 멀어져 있고 아래로 떨어져 있는 곳으로의 윤회를 벗어나지 못하는 것이다."
   즉, 12연기의 도리를 쉽사리 이해해 버리고 그것으로 명확한 파악을 했다라고 해서는 안 된다고 지적하고 계신다. 그러면 어떻게 할 때 12연기설을 깨달은 것이라고 할 수 있는가. 붓다께서는 12연기설을 깨닫지 못하기에 세세생생 괴로움의 윤회를 거듭한다고 말씀하셨다. 따라서 12연기설을 깨달으면 윤회로부터의 해탈을 스스로 확인할 수 있게 된다는 逆의 진술도 가능하다. 결국 일체의 괴로움과 윤회로부터 해탈하였는가를 스스로에게서 보고 비로소 연기법에 대한 앎과 不知를 주장해야 할 것이다.

붓다께서는 이와 같이 설하셨다. (붓다의 설법으로) 마음이 흡족해진 그 제자들은 붓다의 말씀에 매우 기뻐하였다.

— 연기경 끝 —

2. 분별 경[5]

(……)붓다께서는 사밧티 시에서 지내셨다. (……) "제자들아, 너희들에게 기대어 함께 일어남(의 법인 연기)에 관해 가르치고 분별하겠다. 그것을 듣고 잘 생각하여라. 그러면 설하겠다." "예, 붓다시여."라고 하며 그 제자들은 붓다께 답하였다. 붓다께서는 설하셨다.

"제자들아, 기대어 함께 일어남(의 법인 연기)란 어떤 것인가.

---

5) 상응니카야 제2권 제12상응 제2경 분별경(Vibhaṅga Sutta)[D.N.Ⅱ, p.4~6(N.D.P.); p.2~4(P.T.S.)] : 한역 대응경은 제1 연기경과 같이 잡아함 12권 제16경(法説義説經)이다. 이 경은 연기설을 구성하는 12가지 支分들에 대해 하나 하나 분별해 주고 있다.
여기서 우리가 주의해야 할 점이 있다. 분별된 내용이 지분의 완벽한 설명은 결코 아니라는 점이다. 예를 들어 '밝힘 아닌 것'은 四諦에 대한 無智로 분별되는데, 분별된 내용인 '四諦에 대한 無智'가 '밝힘 아닌 것'이라는 지분의 완벽한 설명은 아니라는 것이다. 왜냐하면 또 다른 내용으로도 분별되기 때문이다. 이와 같은 분별의 방식 또는 설명의 방법을 密意説 또는 隨勝説이라고 부르면서 部派佛敎時代 이후 많이들 주목하고 있다.
결국 분별된 내용은 지분의 완벽한 의미에 이르게 하는 하나의 뗏목이라고 생각하며 음미하면 좋을 것이다.

제자들아, 밝힘 아닌 것을 기대어 (……) 온통 괴롭기만한 괴로움의 근간이 집기한다.

 그러면 제자들아, 늙음과 죽음은 어떤 것인가. 이런 저런 중생들이 이런 저런 중생의 무리에서 나이가 많아지고, 노쇠하고, 이가 빠지고, 머리가 희어지고, 피부가 쭈글해지고, 목숨이 차차 줄고, 여러 감관이 무뎌진다. 이것을 늙음이라고 부른다. 그리고 이런 저런 중생들이 이런 저런 중생의 무리로부터 떨어지고, 쓰러지고, 부서지고, 사라지고, 사망하고, 살 날을 다 살았고, 근간들이 부서지고, 몸이 팽개쳐지고, 목숨과 감관이 단멸한다. 이것을 죽음이라고 부른다. 늙음은 이와 같고 죽음은 이와 같으니 제자들아, 이것을 늙음과 죽음이라고 부른다.

 다시 제자들아, 태어남이란 어떤 것인가. 이런 저런 중생들이 이런 저런 중생의 무리로 생하고, 태어나고, 화생하고 전개하는 것. 여러 근간의 나타남. 여러 포섭처의 성취가 있다. 제자들아, 이것을 태어남이라고 부른다.

 다시 제자들아, 됨이란 어떤 것인가. 제자들아, 세 가지 됨이 있다. 곧 애욕의 존재가 됨, 색의 존재가 됨, 색이 없는 존재가 됨이다. 제자들아, 이것을 됨이라고 부른다.

 다시 제자들아, 취착함이란 어떤 것인가. 제자들아, 네 가지 취착함이 있다. 곧 애욕에 취착함, 견해에 취착함, 계율과 금기에 취착함, 자아의 주장에 취착함이다. 제자들아, 이것을 취착함이라고 부른다.

 다시 제자들아, 갈애란 어떤 것인가. 제자들아, 여섯 가지 갈애의 몸이 있다. 색에 대한 갈애, 소리에 대한 갈애, 냄새에 대한 갈애, 맛에 대한 갈애, 촉감에 대한 갈애, 법에 대한 갈애이다.

제자들아, 이것을 갈애라고 부른다.

　다시 제자들아, 느낌이란 어떤 것인가. 제자들아, 여섯 가지 느낌의 몸이 있다. 눈의 부딪침에서 생한 느낌, 귀의 부딪침에서 생한 느낌, 코의 부딪침에서 생한 느낌, 혀의 부딪침에서 생한 느낌, 몸의 부딪침에서 생한 느낌, 뜻의 부딪침에서 생한 느낌이다. 제자들아, 이것을 느낌이라고 부른다.

　다시 제자들아, 부딪침이란 어떤 것인가. 제자들아, 여섯 가지 부딪침의 몸이 있다. 곧 눈의 부딪침, 귀의 부딪침, 코의 부딪침, 혀의 부딪침, 몸의 부딪침, 뜻의 부딪침이다. 제자들아, 이것을 부딪침이라고 부른다.

　다시 제자들아, 여섯 포섭처란 어떤 것인가. 눈의 포섭처, 귀의 포섭처, 코의 포섭처, 혀의 포섭처, 몸의 포섭처, 뜻의 포섭처이다. 제자들아, 이것을 여섯 포섭처라고 부른다.

　다시 제자들아, 이름과 색이란 어떤 것인가. 느낌, 생각, 의도, 부딪침, 사유 등을 이름이라고 부른다. 그리고 네 가지 중요한 원소 및 네 가지 중요한 원소를 취착하여 이루어진 색을 색이라고 부른다. 이름은 이와 같고 색은 또 이와 같으니, 제자들아, 이것을 이름과 색이라고 부른다.

　다시 제자들아, 식별이란 어떤 것인가. 제자들아, 여섯 가지 식별의 몸이 있다. 곧 눈의 식별, 귀의 식별, 코의 식별, 혀의 식별, 몸의 식별, 뜻의 식별이다. 제자들아, 이것을 식별이라고 부른다.

　다시 제자들아, 여러 결합이란 어떤 것인가. 제자들아, 세 가지 결합이 있다. 몸의 결합, 말의 결합, 마음의 결합이다. 제자들아, 이것들을 여러 결합이라고 부른다.

　다시 제자들아, 어떤 것이 밝힘 아닌 것인가. 제자들아, 괴로움에 대한 무지, 괴로움의 집기에 대한 무지, 괴로움의 멸함에 대한 무지, 괴로움의 멸함에 이르는 길에 대한 무지가 있다. 제자들아, 이것을 밝힘 아닌 것이라고 부른다.

　제자들아, 이와 같이 밝힘 아닌 것에 기대어 여러 결합이 있다. 결합에 기대어 식별이 있다.…… 이와 같이 하여 온통 괴롭기만 한 괴로움의 근간이 집기하게 된다.

　그리고 밝힘 아닌 것에 대하여 남음 없이 탐착을 떠나 (밝힘 아닌 것이) 멸하므로 결합이 멸한다. 결합이 멸하므로 식별이 멸한다.…… 이와 같이 하여 온통 괴롭기만한 괴로움의 근간이 멸하게 된다."

―분별 경 끝―

3. 연고 경[6)]

　(……)붓다께서는 사밧티 시에서 지내셨다. (……) "제자들아, 나는 너희들에게 기대어 함께 일어남(의 법인 연기)와 기대어 함께 일어난 법들을 가르치겠다. 그것을 듣고 잘 생각하여라. 그러면 설하겠다." "예, 붓다시여."라고 하며 그 제자들은 붓다께 답하였다. 붓다께서는 설하셨다.

---

6) 상응니카야 제2권 제12상응 제20경 연고경(Paccaya Sutta) 〔S.N.Ⅱ, p.23~25 (N.D.P.); p.25~27(P.T.S.)〕: 한역대응경은 잡아함 제12권 14경 『因緣法經』〔大正藏2, p.84中~〕.

"제자들아, 기대어 함께 일어남(의 법인 연기)란 어떤 것인가. 제자들아, 태어남을 기대어 늙음과 죽음이 있다. 그렇게 오신 붓다께서 출현하든 출현하지 않든 (관계 없이) 이러한 계층이 머물고 있으니, 법칙으로 머물고 있는 것이며 법칙으로 결정된 것이다. 곧 이 (태어남)을 기대어 (늙음과 죽음이 있다)라는 사실이다.[7] 이 사실을 그렇게 오신 붓다는 원만히 잘 깨닫고 잘 파악할 뿐이다. 그런 뒤 설법하고, 가르치고, 설정하고, 세우고, 밝히고, 분별하고, 천명하는 것이다. 그리하여 결국 다음과 같이 말한다. '제자들아, 태어남을 기대어 늙음과 죽음이 있다라고 보아라.'

제자들아, 됨을 기대어 태어남이 있다.……제자들아, 취착함을 기대어 됨이 있다.……제자들아, 갈애를 기대어 취착함이 있다.……제자들아, 느낌을 기대어 갈애가 있다.……제자들아, 부딪침을 기대어 느낌이 있다.……제자들아, 여섯 포섭처를 기대어 부딪침이 있다.……제자들아, 이름과 색을 기대어 여섯 포섭처가 있다.……제자들아, 식별을 기대어 이름과 색이 있다.……제자들아, 결합을 기대어 식별이 있다.……제자들아, 밝힘 아닌 것을 기

• • • • • • • • • • •
7) 연기법이 불교의 진리임이 또 한번 구체적으로 선언되는 것이다. 진리는 만들어지는 것이 아니라 발견되는 것이어야 한다. 보편타당한 진리는 언제 어느 곳에서도 현존하고 있을 것이므로 그것은 붓다의 출현 등에 전혀 구애될 것이 아니다. 그냥 진리(계층)로서 머물고 있고 법칙으로서 머물고 있을 뿐임이 자연스럽게 표백되고 있다.
붓다께서는 단지 그것을 발견하여 붓다가 되셨고 그 발견된 내용을 우리에게 가르치고 계시는 구조인 것이다.
그리고 이 경은 한역어를 사용할 경우, 연기법과 연기한 법의 두 가지 측면을 설한다. 연기법은 주로 연기의 발생양식인 '기대어-함께-일어남'의 법칙에 중점을 두는 것 같고, 연기한 법은 연기의 12가지 支分 하나 하나에 중점을 두는 차이가 있다.

대어 여러 결합이 있다. 그렇게 오신 붓다께서 출현하든 출현하지 않든 관계 없이 이러한 계층이 머물고 있으니, 법칙으로 머물고 있는 것이며 법칙으로 결정된 것이다. 곧 이 (밝힘 아닌 것)을 기대어 (여러 결합이 있다)라는 사실이다. 이 사실을 그렇게 오신 붓다께서는 원만히 잘 깨닫고 잘 파악할 뿐이다. 그런 뒤 설법하고, 가르치고, 설정하고, 세우고, 밝히고, 분별하고, 천명하는 것이다. 그리하여 결국 다음과 같이 말한다. '제자들아, 밝힘 아닌 것을 기대어 여러 결합이 있다라고 보아라.'

이와 같이 제자들아, 여기에 그런 것⁸⁾이 있으며 그렇지 않은 것은 없고 다른 것도 없으니, 앞의 (지분)을 기대어 일어난다는 사실(이 있을) 뿐이다. 제자들아, 이것이 바로 기대어 함께 일어남(의 법인 연기)이다.

그러면 제자들아, 기대어 함께 일어난 법들은 어떤 것들인가. 제자들아, 늙음과 죽음은 무상하고 결합되었고 기대어 함께 일어난 것이다. 그리하여 반드시 사라지고 흩어지니 (그것에서) 탐착을 버리고 (그것을) 멸해야 한다. 그리고 제자들아, 태어남(도) 무상하고 결합되었고 기대어 함께 일어난 것이다. 그리하여 반드시 사라지고 흩어지니 (그것에서) 탐착을 버리고 (그것을) 멸해

● ● ● ● ● ● ● ● ● ● ● ● ●

8) 진리를 뜻하거나 진리의 동의어로 쓰이는 말이 여럿 있다. 無漏의 계층(anāsava dhātu), 열반(nibbāna), 진리(Sacca) 그리고 如(tathātā)이다. 이 중 如는 가히 대승불교에서 진리의 대용어로 널리 쓰인다.(예를 들어 『小品般若經』 ⑫「小如品」과 ⑮「大如品」 등에서 如가 주제로 설해진다.) 그 如가 바로 '그런 것'으로 이 경에서 옮겨졌는데 '그런 것'의 내용은 다름 아닌 12연기설인 것이다. 불교의 진리로서 12연기설의 위상을 의심할 수 없게 한다.

야 한다.

 그리고 제자들아, 됨(도) 무상하고 결합되었고 기대어 함께 일어난 것이다. 그리하여 반드시 사라지고 흩어지니 (그것에서) 탐착을 버리고 (그것을) 멸해야 한다. ……제자들아, 취착함(도) ……제자들아, 갈애(도)……제자들아, 느낌(도)……제자들아, 부딪침(도)……제자들아, 여섯 포섭처(도)……제자들아, 이름과 색(도)……제자들아, 식별(도)……제자들아, 여러 결합(도) ……제자들아, 밝힘 아닌 것(도) 무상하고 결합되었고 기대어 함께 일어난 것이다. 그리하여 반드시 사라지고 흩어지니 (그것에서) 탐착을 버리고 (그것을) 멸해야 한다. 제자들아, 이것들이 기대어 함께 일어난 법들이라고 불린다.

 제자들아, 성스러운 나의 제자라면 '이것이 기대어 함께 일어남(의 법인 연기)이다. 그리고 이것들이 기대어 함께 일어난 법들이다.'라고 있는 그대로 바른 지혜로써 잘 보아야 한다. 그렇게 하면 그 제자는 결코 과거(의 전생들)에 대해 (의심을 품지 않는다.) 곧 '나는 과거에 있었을까. 나는 과거에 없었을까. 나는 과거에 무엇이었을까. 나는 과거에 어떻게 존재했을까. 그리고 과거에 무엇으로 있다가 다시 무엇이 되곤 하였을까.'라고 (의심하며) 과거로 거슬러 가는 일이 결코 없다.

 또한 미래(의 삶들)에 대해 (의심을 품지 않는다.) 곧 '나는 미래에(도) 존재할까. 나는 미래에는 존재하지 않을까. 나는 미래에 무엇일까. 나는 미래에는 어떻게 존재할까. 그리고 미래에는 무엇으로 있다가 다시 무엇이 되곤 할까.'라고 (의심하며) 미래로 달려가는 일이 결코 없다.

 또한 현재(의 삶)에 대해서도 안으로 의심을 품는 일이 결코 없다. 곧 '나는 지금 존재하는 것인가. 나는 지금 존재하지 않는 것인가. 나는 지금 무엇인가. 나는 지금 어떻게 존재하는가. 그리고 이 중생들은 어디에서 왔다가 어디로 가는 것일까.'라고 안으로 의심하는 일이 결코 없다.[9]

왜냐하면 제자들아, 성스러운 나의 제자라면 '이것이 기대어 함께 일어남(의 법인 연기)이다. 그리고 이것들이 기대어 함께 일어난 법들이다.'라고 있는 그대로 바른 지혜로써 잘 보고 있기 때문이다."

— 연고 경 끝 —

●●●●●●●●●●●●
9) 종교적인 진리는 보편성과 타당성에 더하여 '죽음의 적극적인 극복'이 보장되어야 하는 조건이 필요하다. 지금 이 경은 12연기설의 바른 깨달음을 통해, 삶과 죽음의 완벽한 해명과 극복이 자연히 성취됨을 웅변적으로 보여주고 있다.
그리고 '이 중생은 어디에서 왔다가 어디로 가는 것일까.'하는 의문에 관련하여, 12연기설을 바탕으로 한 다음의 경을 소개하지 않을 수 없다. 곧 『제일의공경(第一義空經)』이다.

이와 같이 내가 들었다. 한때 붓다께서는 쿠루수의 조우 부락에 계시면서 여러 제자들에게 말씀하셨다.
"나는 이제 너희들을 위하여 설법하리라. 이것은 처음도 중간도 마지막도 좋으며 좋은 뜻과 좋은 맛으로 순일하며, 원만하고 깨끗하다. 이른바 제일의공경(第一義空經)이니 자세히 듣고 잘 생각하라. 너희들을 위하여 설법하리라.
(여기까지는 〔大正藏2, p.92下〕의 漢譯.)
눈이 나타날 때 어디로부터 오지 않는다. 사라질 때 어느 곳으로 가서 모이지 않는다. 이와 같이 실로 제자들아, 눈은 없다가 존재하며 존재하다 돌아간다. 業이 있다. 과보가 있다. 그러나 지은 자는 얻지 못한다. 그는 이 근간〔蘊〕들을 버리고 다른 근간들을 놓는데 공인된 법칙과 다를 수가 없다. 거기에서 공인된 법칙이란 곧 이것이 있으므로 저것이 있다 등의, 널리 설하면 緣起이다.
(이상은 〔Abh.k.p.299(14~16) 및 Abh.k, p.129(9~12);Abh.k.는 범본 俱舍論의 약자〕에 나오는 梵文의 번역이다.)
(귀·코·혀·몸·뜻도 그와 같다.) 제자들아, 이것을 제일의 공법경이라고 한다."

4. 캇차나곳타 경[10]

 (……) 붓다께서는 사밧티 시에서 지내셨다. (……) 그때 캇차나곳타 장로가 붓다께서 계신 곳으로 다가왔다. 와서 붓다께 공손히 절하고 한쪽에 앉았다. 한쪽에 앉은 캇차나곳타 장로는 붓다께 여쭈었다.

 "붓다시여, '바른 견해, 바른 견해'라고들 말합니다. 붓다시여, 어느 정도에 (이르러야) 바른 견해가 있게 됩니까."

 "캇차나야, 세상은 대부분 두 가지에 의지하고 있다. 있다는 것과 없다는 것이다. 그러나 캇차나야, 세계의 집기[11]를 있는 그

●●●●●●●●●●●●

붓다께서 이 경을 말씀하시자 여러 제자들은 붓다의 말씀을 기뻐하며 받들어 행하였다.

한마디로 우리가 중생으로 보고 있는 눈·귀·코·혀·몸·뜻은 '가도 간 곳 없고 와도 온 곳이 없다.'라고 설해진다. 그러면 無에서 홀연히 나타났고 無로 홀연히 없어져 버리는 것일까. 그러나 그것도 아닌 듯 하다. '業은 있고 과보도 있다.'라고 하지 않는가. 그 모든 진실이 十二緣起說과의 관련아래 있다. 연기법의 깨달음이 다시금 강조되는 것이다.

그리고 위에 든 경전은 空思想을 또한 천명하고 있어 주의를 모은다. 벌써 이 경의 제목이 '第一義空(Paramārthaśūnyatā)을 설하는 경'임을 보고서도 알 수 있다. 또한 대승의 대표적인 사상 중의 하나인 空思想과 연기설이 결합하고 있어서, 다음에 소개되는 中道思想과의 결합이 설해진 『캇차나곳타경』과 함께 주목된다.

10) 상응니카야 제2권 제12상응 제15경(Kaccāna-gotta Sutta)[S.N. II, p.17(N.D.P.;P.T.S.)] : 한역 대응경으로는 잡아함 12권 제19경 가전연경[大正藏 2, p.85中~]이 있다. 이 경은 12연기설이 中道思想의 구체적인 내용임을 천명하고 있다. 中道에는 여러 가지가 있는데 그 중에서도 대표적인 有(atthitā) 無(natthitā) 中道를 다루고 있다.

11) 세계의 집기(loka-samudaya)의 과정은 '밝힘 아닌 것을 기대어 여러 겹합이 있다. ……이와 같이 하여 온통 괴롭기만한 괴로움의 근간이 집기하게 된다.'이다.

대로 바른 지혜로써 보는 자는 세상에서 없다라는 (견해)를 지니지 않는다. 그리고 캇차나야, 세계의 멸함[12]을 있는 그대로 바른 지혜로써 보는 자는 세상에서 있다라는 (견해)를 지니지 않는다.

캇차나야, 세상은 대부분 (나의 자아라는 것에) 접근하고 (나의 자아라는 것을) 취착하고 고집하여 (나의 자아라는 것에) 속박된다. 그러나 세상이 그러한 접근과 취착과 고집과 속박을 (물리치고) 나의 자아라는 것에 접근하지 않고 (나의 자아라는 것을) 취착하지 않고 고집하지 않는다고 하자. 그리고 '괴로움이 일어나면 일어난다'라고, '괴로움이 사라지면 사라진다'라고 (보아) 의심하지 않고, 의혹을 갖지 않고, 남에게 의지할 필요가 없어, 여기에서 앎을 얻는다고 하자. 캇차나야, 이 정도에 (이르러면) 바른 견해가 있는 것이다.

캇차나야, '모든 것이 있다'라고 하는 (견해)가 하나의 극단이다. '모든 것이 없다'라고 하는 (견해)가 두번째의 극단이다. 캇차나야, 그렇게 오신 붓다는 이 두 극단에 치우치지 않고 가운데로써 법을 설한다. 곧 '밝힘 아닌 것을 기대어 여러 결합이 있다. 결합을 기대어 식별이 있다.……이와 같이 하여 온통 괴롭기만한 괴로움의 근간이 집기하게 된다. 밝힘 아닌 것에 대해 남음 없이 탐착을 떠나 (밝힘 아닌 것을) 멸하므로 결합이 멸한다. 결합이

● ● ● ● ● ● ● ● ● ● ● ● ● ●

12) 세계의 멸함(loka-nirodha)의 과정은 '밝힘 아닌 것에 대해 탐착을 떠나 밝힘 아닌 것을 멸하므로 결합이 멸한다.……이와 같이 하여 온통 괴롭기만한 괴로움이 멸하게 된다.'이다.

멸하므로 식별이 멸한다.……이와 같이 하여 온통 괴롭기만한 괴로움의 근간이 멸하게 된다."

　(붓다께서는 이와 같이 설하셨다. 붓다의 말씀을 듣고 캇차나곳타 장로는 모든 번뇌를 끊고 마음의 해탈을 얻어 동등한 성자가 되었다.)[13]

— 캇차나곳타 경 끝 —

●●●●●●●●●●
13) 원문에는 없으나 한역대응경에 입각하여 살려 넣었다.

에필로그

 나무를 보듯 확실한 모습을 기대한 사람들은 실망했을 줄 모른다. 불교의 진리란 무엇일까를 이 책 한 권을 읽어 본 뒤 즉물적(即物的)으로 파악하고 싶었던 사람이라면 그러했을 것이다. 팔리 경전은 십이연기설(十二緣起說)을 진리의 내용으로 제시했다지만 십이연기설의 구체적인 모습·즉물적인 모습에 대해서는 여전히 침묵하고 있기 때문이다.
 왜 그럴까? 그 까닭은 한 가지이다. 십이연기의 진리성은 듣고 읽고 하는 정도로는 성취되지 않는다. 반드시 개인의 수행에 의한 깨달음을 통해서만이 획득되는 것이다. 따라서 붓다께서 아무리 상세히 십이연기의 진리성을 묘사해 주어도 소용없다.
 예를 들어 설악산의 정상인 대청봉에서 맑게 개인 가을 날 동해를 바라 본 사람이 있다면 그 장관을 가슴 뿌듯하게 담고 있을 것이다. 그 사람은 아직 설악산에 올라 보지 못한 한 친구에게 자신이 본 동해의 모습을 이야기할 것이다. 섬들이라고는 찾아 볼 수 없는 무변대해(無辺大海)의 장쾌(壯快)함이 우주를 보는 것과 같다라고. 그러나 아무리 자세히 이야기해도 우주같다는 바다가 그 친구에게는 쉬 납득되지 않는다. 조금 이해한다해도 짐작에 지나지 않는다. 그러면 어떻게 해야 하는가. 그 친구도, 그 사람이 가르쳐 준 대로 날씨가 좋다고 예견된 어느 가을 날, 직접 설악산을 등반하여 대청봉 정상에 올라 동해를 보는 수밖에 없다.

이처럼 붓다께서 아무리 자세히 십이연기의 진리성을 말씀해 준다고 해도 그 말씀을 듣는 것만으로는 참으로 실익(實益)이 없다. 법도에 맞는 수행의 과정을 거쳐 스스로 그 실상(實相)을 깨달아 보는 수밖에 없는 것이다.

그러므로 실망하지 말고 우리도 등에 배낭을 짊어지고 수행의 산길을 직접 접어들어 보는 용기를 일으키자. 이 생에 다 오르지 못하면 다음 다음 생에라도 기어코 올라 수행의 정상에서 빛나는 깨달음의 세계를 마음껏 향유해 보겠노라고 마음을 일으키자.

그것이 발심(發心) 아니겠는가.

그리고 그 먼 길에 마음 맞는 도반(道伴)이라도 한 명 있다면 더욱 좋으리라.

불광출판부에서 펴낸 불서(佛書)들

불광출판부에서는 불교신행생활에 지침이 되는 불교경전을 평이한 오늘의 언어로써 쉽게 설명하여 발간하고, 선사(先師)들의 가르침을 통해 우리의 믿음이 자랄 수 있도록 적합한 내용을 선정하여 부처님의 말씀을 오늘의 생활인에게 직접 이어주며, 우리의 생명에 불멸의 불꽃을 지펴줄 책들을 출판하고 있습니다.

불광 불학총서

삼국시대 불교신앙연구 ——— 1
김영태 지음

한국불교사를 명쾌하게 꿰뚫어 온 김영태 교수가 우리 불교사에 있어 새벽녘에 해당하는 삼국시대 불교신앙에 대한 자신의 연구논문들을 다듬어 한 권의 책으로 엮었다.
저자는 머리말에서 "오늘뿐 아니라 영원히 내일에로 뻗어나갈 이 땅의 불교는 분명히 그 연원이 있고 맥이 있기 때문에 헛수고를 하는 한이 있더라도 그 줄기를 찾고 뿌리를 더듬는 일손을 멈추어서는 안 되리라."고 하면서 끊임없는 학문에의 열정을 보이고 있다.
불교의 전래와 신주(神呪)·미타·미륵 법화경교·관음신앙과 서민들의 불교신앙, 현겁천불신앙 등을 총망라하였으며 별편으로 삼국시대 불교관계 논문을 5편 수록하여 당시 불교신앙의 체계적인 이해를 돕고 있다.

한국밀교사상사연구 ——— 3
서윤길 지음

불교의 교설 중에 가장 깊고 높아 그 경지에 도달한 자 이외에는 알 수 없다는 밀교, 밀교는 한국불교사에서도 크나큰 비중을 차지하고 있다. 그럼에도 불구하고 밀교에 대한 연구서가 거의 없는 실정이다.
이러한 상황에서 한국밀교의 사상·신앙·교단·의식 등 다양한 측면을 역사적으로 서술한 이 책은 불교학의 발달에 큰 계기가 될 것이다.

제1장 한국밀교사상사 서설에는 밀교사상을 전반적으로 개괄하여 뒷장의 전문적인 연구논문의 이해를 돕고 있다.
제2장 신라시대편에서는 '의림선사와 그의 밀교사상', 제3장 고려시대편에서는 '고려건국의 밀교적 이념'과 '정토와 천태의 밀교적 수용, 제4장 조선시대편에서는 밀교전적의 개관(開版) 성행 등을 밝혀 한국불교에 있어 밀교의 당당한 위치를 자리매김하고 있다.

고려밀교사상사연구 ——— 4
서윤길 지음

밀교에 대해 깊이있게 연구하고 강의해 온 서윤길 교수의 박사학위 논문집을 증보 수정하여 엮어낸 본격적인 고려 밀교 연구서.
고려건국의 밀교적 이념, 도선 비보사상의 연원, 제석사상과 그 신앙의 고려적 전개, 구요신앙과 그 사상원류, 신인 총지종의 개입과 전개, 밀교적 제종의례의 개설, 정토와 천태의 밀교적 수용 등을 살펴봄으로써 고려 밀교의 사상과 발전상을 규명해 놓았다.
이외에 부록으로·고려 유가·율·신인 등 제종의 성립과 그 전개, 고려말 임제선의 수용, 고려불교사 개관을 부록으로 실어 고려불교의 체계적인 이해를 돕고 있다.
필자는 "고려시대의 밀교를 이해하지 못하면 한국불교사의 완벽한 정립은 물론이요, 고려에 있어서의 불교를 위시한 정치적, 사회적 사상의 완벽한 정립까지도 불가능함"을 밝히며 후학들의 관심을 촉구하고 있다.

불교철학의 한국적 전개 - 6
서경수 지음

이 책은 고대 인도불교의 중요성과 용수의 卽·中논리 및 근대 한국불교 연구의 개척 등에 학문적 업적을 쌓아 올렸던 서경수 교수의 최초 논문집이자 유고집이다.
크게 Ⅰ부와 Ⅱ부로 나뉘어, Ⅰ부 「불교의 논리와 윤리」에서는 초기 경전에서의 윤리문제와 우리나라에 전래된 이후 초기에 가졌던 역경의 문제, 한국인에 미친 윤리관 등이 수록되어 있다. Ⅱ부에서는 불교전래 초기의 우리나라에 있어서 교단형성의 문제에서부터 근세 일제침략기 우리 불교의 모습에 이르기까지 우리 불교사를 한눈에 바라볼 수 있도록 알기 쉽게 정리하였다.
불교와 우리 불교현실을 새삼 되돌아 보게 하는 역저로 읽는 이의 가슴에 깊게 새겨질 것이다.

근본불교의 가르침
아함의 중도체계 ──── 7
이중표 지음

현대는 갖가지 종교와 사상이 각기 다른 진리를 주장하며 대립하는 혼돈의 시대라 할 수 있다. 이처럼 진리의 개인주의 시대에서 자유를 보장하면서도 역사와 시대와 개인을 초월하는 보편타당한 진리는 없을까?
저자는 불교의 역사속에서 이같은 진리가 반드시 있을 것이라는 신념을 얻은 바 부처님이 제시한 가치의 세계를 밝혀 나가고 있다.
근본불교의 가르침을 구체적으로 살핀 이 책은 아함의 중도체계, 중도의 인식론적 체계, 중도의 존재론적 체계, 중도의 가치론적 체계를 연구, 부처님이 깨달은 진리는 이 세계는 우리의 마음에서 연기하고 있다는 연기법임을 결론짓고 있으며 불교가 이 시대 현대철학의 제 문제를 해결하는 가장 현실적이고 능동적인 사상임을 천명하고 있다.

민족정토론 ──── 8·9·10
1 민족운동
2 경제운동/근간
3 교육운동/근간
김재영 지음

우리민족이 당면한 사회과학적 문제들 즉, 분단과 외세의 문제, 노사간의 갈등 등 암울하고 혼란스럽게만 보이는 제반문제들을 풀어나가는 데 있어 어떠한 자세와 입장을 견지해야 할까?
우리사회의 변혁논리가 해묵은 종속이론이나 계급이론 해방신학의 차용논리가 되어서는 안 된다는 반성으로부터 필자는 그 대안논리를 불교에서 찾는다. 이것은 또한 역으로 사회현실에 둔감했던 불교의 실천운동에 대한 반성의 출발점이기도 하다.
필자는 이 책을 통해 역사속에서 불교가 사회실천운동으로 작용했던 사례들과 근현대사에 있어서 민족자주운동의 의미를 객관적으로 밝히고 그속에서 형성되는 불교의 사회정치적 이념과 그 구체적 실천방안을 진정한 민족주의적 입장에서 제안하고 있다.

원시불교 원전의 이해 - 11
최봉수 지음

불교의 방대한 원전 중에서도 원시불교 원전으로는 팔리 5 니카야와 팔리 율장을 들 수 있다. 이 책 『원시불교 원전의 이해』는 1차 원전인 범어와 팔리어로 된 원전에 초점을 두고 그 이해와 관심을 촉구, 우리 말 언중과 불교와의 만남을 보다 쉽게 하여 불교의 실질적인 대중화를 꾀하고 있다.
원전들이 지니는 가치를 공감해 보고, 원전을 본격적으로 이해하기 위한 방법론 특히, 불교술어의 한글 옮김에 초점을 두어 인시설 술어, 음사 술어, 교리 술어 등에 대한 한글 옮김의 방법론을 음미한다. 이어 인접하는 문헌들과의 비교, 장니카야, 중니카야, 상응니카야, 증지니카야, 소니카야의 팔리 5니카야 및 율장 전체에 대한 개설을 시도하여 그 전모를 어느 정도 파악 할 수 있게 했다. 아울러 방대한 경전을 어디에서부터 어떻게 읽어야 하는가에 대한 일말의 해결점을 제시해 주고 있다.

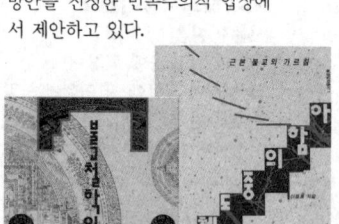
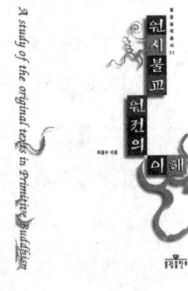

불광 선문총서

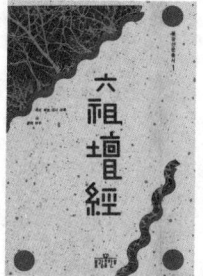

六祖壇經 — 1
육조혜능대사 어록·광덕 역주
육조단경은 동토선맥의 주봉이라 할 육조혜능대사의 직설법어록으로 대사의 생애와 중심사상을 담고 있다. 육조 혜능대사는 이 단경에서 '자성(自性) 즉 진불(眞佛)' '견성(見性) 즉 광명지혜신(光明智慧身)' '국토장엄과 생명의 실현' 등 '긍정과 동(動)의 진리'를 밝혀 보이고 있다.
이 책은 바로 불조의 골수를 직접 들어 보이고 근원을 바로 과헤쳐 지엽이 없으며, 불불(佛佛) 조조(祖祖)가 전할 수 없는 묘리를 만인 면전에 맞들어 댄 법문인 것이다.

禪關策進 — 2
운서주굉 지음·광덕 역주
이 책은 중국 명나라 말에 항주 운서산에 일대 총림을 창설하여 크게 종풍을 떨친 운서주굉 스님이 참선하는 이의 채찍이 되고 거울이 되는 조사법어를 모아 편찬한 것이다.
내용을 살펴보면 첫째 황벽 스님 이하 역대조사의 법을 39문 수록, 둘째 공부하신 이야기 24조, 셋째 여러 경론 중에서 참선 학도에 긴요한 대문을 간추려 모았다. 그리고 그 사이사이에 운서주굉 스님이 스스로 평을 가하였는데 실로 구구절절한 명문이 배우는 이들의 눈을 열어 주고 있다.
옛부터 널리 내외 제방 총림에서 선가(禪家)의 입문제일서로 중용된 이 책은 인간진리를 밝혀 인간회복을 완성시키는 참선의 실제 길잡이로 선입문자에 있어 더함없이 좋은 지침서이다.

禪宗永嘉集 — 3
영가현각 지음·혜업 역
이 책은 육조 혜능대사의 법제자인 영가현각 선사가 후인들을 위하여 찬술한 법문으로서 불교의 핵심이 되는 계정혜 삼학을 바탕으로 하여 깨달아가는 수행방법을 십단의 문장으로 나누어 상세하게 분석 설명한 글이다.
영가 스님은 머리말에서 "궁구함은 현실에 있으니 현실이 곧 진리임을 알아야 한다."고 말하면서 열 가지 문을 열어 하나하나를 짚어가고 있다.
제1과에는 누구나 수도코자하면 먼저 입지를 굳게 해야한다고 하였으니 입지는 참선 중에 대신근(大信根)을 말함이요, 제10과에는 세세생생에 항상 불법을 만나 삼보를 공경하여 범행을 닦아 밝은 선지식을 따르며 모든 중생들이 함께 불도를 이루어지이다고 간절한 발원을 하고 있는 이 책은 편편마다 마음 찾는 방법이 펼쳐져 있다.

金剛經五家解 — 4
무비 역주
불교의 가장 깊고 오묘한 진리를 담고 있는 금강경은 자신 안에 깃든 인간의 진실 생명력을 발휘하여 지혜와 대자비의 물결을 온 세상에 보내는 행동적 실천을 설한 불교의 진수이다.
규봉, 육조, 부대사, 야부, 종경 큰 스님의 주해에 조선초 함허 스님이 설의를 붙인 금강경오가해는 금강경의 깊은 뜻을 이해하는 데 없어서는 안될 필독서이다.

금강경의 사상과 내용을 가장 잘 해석해 놓은 금강경오가해를 무비 스님께서 스님들 뿐만 아니라 일반 불자들의 혜안을 열어 주기 위해 쉽게 번역, 현대적 언어로 설의를 붙였다.
한문본과 한글본을 한눈에 볼 수 있도록 새롭고 참신하게 편집한 이 책은 금강경을 공부하는 이들에게 좋은 길잡이가 될 것이다.

고봉화상 선요(禪要)·어록 ─── 5
고봉원묘선사 어록·통광 역주
참선은 마음 밝히는, 모든 수행 가운데 으뜸이다. 그래서 오늘도 제방의 선원에서 불철주야 용맹정진하는 납자들이 많다.
송말원초(宋末元初)의 고봉원묘선사가 참선에 대해 자세히 설명하고 있는 이 책은 실참실오(實參實悟)에 의한 간화선의 요체이며, 선문 납자의 정안(正眼)을 열어주는 지침서이다.
강원의 사집과 교재로서도 쓰여지는 등 선수행의 길잡이로서 톡톡한 역할을 해왔다. 선(禪)을 닦고, 마음을 안정시키려는 분은 반드시 이 책을 읽을 필요가 있다.
특히 이 책은 '선요' 외에도 염고(拈古)·송고(頌古)·게송·소불사(小佛事)·불조찬(佛祖讚) 등을 함께 실어 활발발한 선사의 진면목을 두루 살펴볼 수 있다.
온갖 심혈을 기울여 국역한 통광 스님께서는 "선요가 단순한 강원교재의 차원을 뛰어넘어 오늘을 사는 우리들의 정신세계에 등불이 되었으면 더 바랄 것이 없다."고 밝히고 있다.

禪門鍛鍊說 ─── 6
회산계현 지음·연관 역주
명나라 순치 년간에 선학(禪學)을 창도하는 한편 계율을 널리 전하여 도예(道譽)가 자자한 회산 화상(晦山和尙, 1610~1672)의 역저.
선문단련설은 손자병법의 체제를 본따 견서인고(堅誓忍苦), 변기수화(辨器授話) 등 13편으로 나누어 선중(禪衆)을 단련하는 방법을 밝힌 정심저작(精心著作)으로서 선림(禪林)의 이론적인 강령을 정리하면서 동시에 신랄하게 당시의 유폐를 지적하였다. 회산 화상은 "지위와 이름을 도적질한다는 조롱을 받지 않으려거든 반드시 큰 서원을 세워 고통을 참고 선중(禪衆)을 단련하라."고 일침을 가하고 있다.
한편 이 책에는 서촉야납 지철(智徹) 스님의 선종결의집(禪宗決疑集)과 대혜보각 선사 종문무고(大慧普覺禪師 宗門武庫)를 함께 수록하고 있다. 선종결의집은 화두를 참구하는 학인들의 집착과 의심을 명쾌하게 풀어주고, 근본을 가리켜 진리에 돌아가는 방법을 옛 선지식들의 일화를 통해 간단명료하게 제시하고 있다.
대혜보각 선사 종문무고는 선사께서 고인의 행리행록(行履行錄)을 들어 대중에게 보인 것을 그의 제자 도겸(道謙)이 모은 것이다. 114여의 이야기 가운데에는 대개 임제종장의 접물이생(接物利生)의 인연과 오도의 정수와 종횡무진한 기변을 보이고 있는데, 종문(宗門)의 향상사(向上事)를 밝힌 것이다.

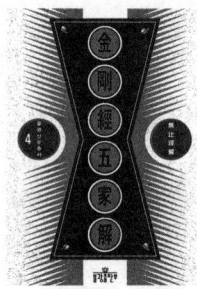

사진설법

수미단 ——— 1
관조 스님 사진집

불교장엄목공예의 정수인 수미단의 아름다움을 한국에서 최초로 영상화한 관조 스님 사진집.

부처님을 모시는 장방형의 수미단은 수미산을 상징하는 도상들과 문양이 새겨져 있는 장엄물로서 불교의 정신세계를 총체적으로 보여 주고 있다.

온 우주의 중심인 수미산에 등장하는 연꽃, 모란, 코끼리 등의 갖가지 동식물과 용, 가릉빈가, 아미타어 등 상상의 동물이 부처님을 찬탄공양하는 환희와 법열의 세계를 담고 있는 수미단.

불교사상을, 때론 민족신앙과 습합되어 독특한 표현기법으로 섬세하게 조각돼있는 수미단을 본격적으로 영상화한 이 책은 불자들 뿐만 아니라 전통 목공예를 계승 발전시키는 이들에게도 시사하는 바가 크다고 할 수 있다.

꽃을 드니 미소짓다 ——— 2
동욱 스님 연꽃 사진집

진리로 피어나는 연꽃의 아름다움을 한눈에 볼 수 있게 편집한 동욱 스님 연꽃 사진집.

연꽃만큼 불교의 교리에 잘 부합하는 꽃이 없다. 연꽃의 줄기는 우주의 축을, 연밥의 9개 구멍은 구품을, 3개의 연뿌리는 불법승 삼보를 의미하기도 한다. 연꽃은 우주삼라만상을, 진리를 상징하는 불교꽃으로 아주 오랜 옛적부터 많은 사람들의 사랑을 받아왔다.

그럼에도 불구하고 연꽃을 생생하게 영상화한 본격적인 사진집이 없는 국내 현실에서 동욱 스님이 지난 십수년 동안 심혈을 기울여 영상화한 연꽃 사진집은 참으로 값지다. 청정신심이 되살려지는 감동의 영상. 한 장 한 장 넘기면서 천차만별의 연꽃들이 온통 우주를 덮으면서 하나의 영원한 부처님의 미소로 나투는 무언의 설법 속으로 새록새록 젖어들 것이다.

티베트 불교의 역사와 문화
환생 ——— 3
한·티 교류협회 엮음

신비의 나라 티베트. 관음보살의 화신이라 추앙받는 승왕 달라이 라마를 중심으로 전 국민이 불교를 숭상하며 인류의 평화와 순수한 불교전통을 상징하는 곳. 그 곳에서는 아직도 믿지못할 일들이 벌어지고 있다.

그중에서도 달라이 라마의 왕사였던 링 린포체의 22번에 달하는 환생기록은 불교의 윤회관을 드러내놓는 단면이다.

이 사진집은 바로 그 링 린포체의 환생의 기록이며 윤회의 실증이다. 티베트 망명정부로부터 직접 제공받은 사진자료와 자세한 설명이 인과응보의 윤회사상을 이해하는데 큰 도움이 되고 있다.

영겁의 미소 ——— 4
안장헌 사진집

깊은 산속 거대한 마애불의 유쾌한 웃음, 황량한 절터를 지키는 돌부처의 티없이 맑은 천진무구한 웃음, 근엄하면서도 빙그레 미소지으며 반기는 법당 안의 불보살님, 동네 안 한모퉁이에 계신 미륵님의 싱거운 웃음, 금강역사 사천왕상의 득의만만한 미소….

20여 년간 전국 방방곡곡을 다니며 부처님 미소를 찾아온 안장헌 선생님의 작품 중에서 좋은 미소상 100여 점을 가려뽑아 시대별로 묶었다.

이 사진집에 수록된 미소상을 통해 영겁에서 영겁으로 전해지는 부처님의 숨결과 우리민족의 심성이 고스란히 가슴으로 전해지는 감동을 받게 될 것이다.

끝없는 구도의 땅-티벳 - 5
홍순태 사진집

중국의 서남부 고원지대에 위치한 티벳은 히말라야를 비롯하여 곤륜산맥, 영정산맥, 고비사막 등에 둘러싸여 있으며, 그 장엄하고 웅장한 초자연적인 원초적 경관은 보는 사람들을 압도시킨다.

평균 고도가 높아 비록 평지라고 하더라도 공기 중의 산소가 희박하고, 수분이 적으며 강렬한 일조권과 평균 강우량이 극히 적어서 전국토가 거의 불모지에 가깝다. 게다가 현재 중국의 압박을 받고 있다. 그러나 이러한 악조건 하에서도 그들이 굳굳하면서도 티없이 순박하게 살고 있는 것은 불교와 달라이 라마에 대한 믿음 때문이다.

이 책은 불교와 달라이 라마에 대한 믿음, 그리고 구도없이는 도저히 살아갈 수 없는 끝없는 구도의 땅 티벳의 웅장하고 초자연적인 경관과 생활상, 그리고 종교와 문화를 생생하게 담은 국내 최초 티벳 사진 영상집으로 작가 홍순태 교수는 일반인들이 쉽게 가지 않는 특별한 루트를 통해 티벳을 횡단하면서 티벳 내륙의 깊은 곳까지를 아름다운 사진 영상에 담아 보여주고 있다.

 月窓佛心

두메산골 앉은뱅이의 기원 ──── 1
이남덕 지음

70평생을 학문과 교육에 몸담아 왔던 이남덕 교수가 정년 후 포천 죽엽산 아래 말구리 마을에서 스스로의 삶과 우리사회에서 벌어지는 여러 가지 사건들을 고희(古稀)의 혜안으로 바라보며 적은 칼럼집.
불교를 통해 체득하게 된 동양적 휴머니즘과 유심론적 자연관 그리고 해박한 지성, 깔끔한 언어구사를 통한 강직한 민족주의적 자세의 견지는 잔잔한 가운데 큰 힘을 불러 일으키고 있다.
일상생활 속에서 깨달음의 빛을 찾아내고 이 시대의 아픔을 부처님의 마음으로 다독여 주고 있는 이 책을 읽는 동안 독자들은 새롭게 태어나는 자신을 발견하게 될 것이다.

바람이 움직이는가 깃발이 움직이는가 ──── 2
송석구 지음

동국대 철학과 교수로서 후학을 양성하는 한 편 신행법회의 회장으로 불제자의 길을 믿음직스럽게 걸어가고 있는 송석구 교수가 그동안 각 지상에 발표했던 글을 모았다.
제1장 행복의 창, 제2장 자비의 뜰, 제3장 지혜의 샘으로 나뉘어 편집된 이 책은 진정한 행복은 무엇인가, 어떻게 살아야 할 것인가, 21세기를 향한 불교의 역할, 동서철학의 한계 등 개인과 사회, 종교, 철학 등을 총망라하여 제시, 삶의 질적인 변화를 추구하고 있다.
저자는 머리말에서 "마음이 주인공이라는 진리를 알기 위해 썼던 글들을 모았다. 그저 읽어가면서 이 심전심으로 계합되어 마음의 청정도량 찾기를 바랄 뿐이다."라고 하며 오직 눈에 보이고 접촉되고 들리는 것만을 있는 것으로 착각하며 살아가는 현대인들을 일깨워주고 있다.

연꽃의 사연 ──── 3
이병주 지음

이 책은 두보시(杜甫詩)연구의 한 우물로 우리 한문학계의 맥을 잇고 있는 석전(石田) 이병주 교수의 감칠맛 나는 인생 이야기이다.
이 책을 통해 우리는 잊혀져 가는 낱말을 즐겨쓰고 독특한 행문(行文)을 고집하는 까다로운 문체를 접하게 되며 우러난 듯 맛지고 의미깊은 삶의 지혜를 흠뻑 맛볼 수 있다.
제1장 연꽃의 사연, 제2장 믿음이 있는 곳에, 제3장 시가로 읽는 삼보의 울력으로 편편이 엮어진 글들을 통해 문학과 불교가 만나는 곳에서 진지하게 자신의 삶을 회고하고 신심있는 불자로서의 자세를 가다듬게 될 것이다. 그리고 차분한 마음가짐과 문학에 대해, 불교에 대해 남다르게 갈고 다듬는 저자의 돈독한 애정을 가슴 가득 새겨볼 수 있다.

하산(下山), 그 다음 이야기 ──── 4
권경술 지음

법학자이자 승속(僧俗)을 넘나들며 불교의 심오한 사상을 배워 실천하는 권경술 교수의 풋풋한 삶의 이야기.
순수하고 소중했던 유년과 청년시절의 저자의 뜨거운 가슴속에 녹아들었던 꿈과 이상, 사랑과 종교를 향한 구도열이 담백하게 피력되고 있다.
자연속에서, 인간속에서 언젠가는 인류 모두가 삶의 고해(苦海)를 벗어나 영원한 자유에 이르기를 기원하는 저자의 진지한 소망과 신념이 인간 서로서로를 잇는 '따뜻한 연민의 정'으로, 동업중생의 평등한 의식으로 실현되길 기원하며 이 책을 통해 우리 모두 어린 시절의 소중한 기억, 잃어버린 동심을 찾을 수 있을 것이다.

붓다의 메아리 ──── 5
강건기 지음

이 책은 전북대학교 교수로 있으면서 지역불교 활성화를 위해 5년 전부터 전북 불교대학을 열어 부처님께 진 빚을 갚기에 여념이 없다는 강건기 교수의 글모음집이다.
부처님과 더불어 하나된 원음(圓音)의 삶, 동체자비의 삶이 가장 우리다운 인생살이임을 이야기하고 있는 이 책은 저자의 지난 10여 년 동안 불교계 신문이나, 잡지, 방송을 통해 발표된 내용을 간추려서 엮어 놓았다.
제1장 불교사상에 관한 내용을 모은 '붓다의 메아리', 제2장 현대사회속에서 우리의 신행문제를 다시금 재조명할 수 있는 '시대의 등불로 피어나라', 제3장 한국불교사상 및 결사관계에 관한 내용의 '이 땅에 가득한 부처님 말씀', 제4장 미국에서의 불교, 우리것의 재인식 등을 내용으로 한 '새로운 삶의 길', 마지막 제5장 '하나인 세계를 위하여'로 구분하여 엮었다.

최봉수

1961년 부산에서 출생하였으며, 동국대학교 불교대학 불교학과와
동 대학원 석·박사과정을 수료했다. 1989년도 전기 同校에서
철학박사 학위를 취득했으며 현재 동국대학교 사회교육원 교수,
인터넷 불교대학 책임교수로 있다. 저서에『原始佛敎資料論』
『原始佛敎의 緣起思想硏究』『原始佛敎와 形而上學』
『원시불교원전의 이해』『부파불교원전의 이해』
『불교원전 언어연구 1,2』『근본불교의 가르침』등과
팔리원전 편역서『춤과 사색의 한가운데』
『마하박가(율장대품)』『디가니카야(실라칸다왁가)』
『범본 극락장엄경』이 있으며,
그 외 논문 50여 편이 발표되었다.

저자와의
협의하에
인지생략

원전의 세계 [2]
팔리경전이 들려주는 **불교의 진리**

초판발행 ──── 1994년 3월 12일
초판 3쇄 ──── 2004년 5월 25일

옮 긴 이 ──── 최봉수
펴 낸 이 ──── 박상근(至弘)
펴 낸 곳 ──── 불광출판부
　　　　　　　138-844 서울 송파구 석촌동 160-1
　　　　　　　대표전화 420-3200
　　　　　　　편 집 부 420-3300
　　　　　　　팩시밀리 420-3400
　　　　　　　http://www.bulkwang.org
등록번호 ──── 제 1-183호(1979.10.10)

● 잘못된 책은 바꾸어 드립니다.
값 9,000원